U0574129

| 心理学经典译丛 |

Mind and Nature
A Necessary Unity

◆ Gregory Bateson ◆

心灵与自然
应然的合一

[英]格雷戈里·贝特森 著

钱旭鸯 译

张建新 审校

北京师范大学出版集团
BEIJING NORMAL UNIVERSITY PUBLISHING GROUP
北京师范大学出版社

关于作者

　　格雷戈里·贝特森（1904年5月9日—1980年7月4日），英国人类学家、社会学家、心理学家，被誉为"20世纪重要的社会学家之一"。他早期接受人类学训练，在新几内亚和巴厘岛从事模式和沟通研究，后转向精神病和精神分裂症研究，以及海豚研究。他对于早期控制论的形成有重要贡献，并将系统论和沟通/传播理论引介到社会科学和自然科学领域，晚年则致力于发展一种认识论的"元科学"。贝特森对于当代认识论、学习、精神病学、文化人类学和生态系统领域都有独特的和先锋性的思想贡献。其代表作包括《心灵与自然》《心灵生态学导论》《天使的恐惧》《纳文》等。

关于本书

　　本书是著名学者格雷戈里·贝特森的经典之作。贝特森从跨学科的路径整合了其对于生物之间以及生物与环境之间联结模式的探索，力图构建一幅世界是如何在心灵层面上联结在一起的图景。

　　在此书的理论体系中，贝特森将心灵置于自然历史、生命发展的核心。贝特森鼓励我们放弃封闭的、割裂的、单一的认识方式，邀请我们以更加广阔的、多元的、联结的、创新的视角对"心灵"这一基本概念进行重新审思。

赞誉之辞

"我曾在美国各类不同学校和教学医院，教授过各个流派的行为生物学和文化人类学，学生中包括大一新生和精神科的住院医生。我发现这些学生存在一个非常奇怪的思维差异，这种差异源于某种思维工具的缺失。在所有层级的教育中，无论是男生、女生，还是文科学生、理科学生，都相当普遍地存在这一缺失。更明确地说，这一缺失表现为学生们不仅对科学中的预设，而且对日常生活中的预设都缺乏基本的认识。"（贝特森《心灵与自然》，第二章）

提供这种思维工具，探索科学和日常生活中的预设，正是这本经典跨学科思想著作所致力于的。贝特森的《心灵与自然》影响了生物学、管理学、创造力研究、家庭治疗、传播学、系统论和认识论等不同学科的学者。

——塞尔焦·曼吉(Sergio Manghi)，
意大利帕尔马大学，《穿过贝特森》和《有翅膀的猫》作者

格雷戈里·贝特森的思想因其跨学科性而富有创造力。贝特森从彼此相距甚远的源头汲取营养，使水流汇集成河，并在这一汇流中发展出了一些能够帮助我们面对未来的关键思想。

——埃德加·莫兰(Edgar Morin)
法国国家研究中心，《地球　祖国》作者

《心灵与自然》是最珍贵的文学瑰宝之一：越是当我们继续陷入与自然脱节的关系的阴影中时，它所传达的信息就越来越强烈。贝特森为恢复生命的完整性指明了一条道路。

——布赖恩·古德温(Brian Goodwin)
英国舒马赫学院，《豹如何改变斑点：复杂性的进化》作者

一个远远超前于他的时代的思想家是多么叫人震惊。"然而我们合了又分，分了又合/逝者在生者的口唇间重逢。"这是格雷戈里最喜欢的诗之一。这用来描述他的影响是多么贴切啊！

——查尔斯·汉普登-特纳(Charles Hampden-Turner)
英国剑桥大学，《绘制企业思维》作者

这本经典之作整合了贝特森对生物之间以及生物与环境之间的联结的模式的思考。其中的警世之语，如今都已成为事实：人类企图主宰自然，却引发"生态危机"；企图改变行为，却缺乏"系统的智慧"。长久以来，这本书就如同我的道德指南针，告诉我哪儿才是真正的北方。

——林恩·霍夫曼(Lynn Hoffman)
美国圣约瑟夫学院，《家庭治疗基础》作者

《心灵与自然》是我们哲学根源与生物信息学(包括进化心理学)之间的桥梁。贝特森非常重视认识论。这是一本重要的书，现在出版很及时，因为作者远远超前于他的时代。

——哈罗德·莫罗维茨(Harold Morowitz)
美国乔治梅森大学，《熵与魔笛》作者

这是一本应当先慢慢读一遍，然后再读一遍的书。只有当我读了第二遍之后，我才觉得我理解了。在阅读的中间阶段，我发现自己被它弄糊涂了，有时甚至会感到不安。我现在认为这是一本重要的著作，所有学习生物学和社会进化的学生都应该读一读。

——劳伦斯·斯洛博金(Lawrence Slobodkin)
美国纽约州立大学石溪分校，《走向生态学的公民指南》作者

《心灵与自然》是一本重要的著作，它对心理学、生物学和心灵生态学都有着深远的影响。

——弗兰克·巴伦(Frank Barron)
加利福尼亚大学圣克鲁斯分校，《世上没有无根之花》作者

经历岁月洗礼，贝特森的思想、隐喻、对话和故事，开始展现出一张清晰生动之网。现在，是时候阅读并重温他的著作了。

——布拉德福德·基尼(Bradford Keeney)
加州整合学院，《变的美学》作者

《心灵与自然》是两种相互辉映、生生不息的重言式，它们的内在机制——进化与学习——是一个浩瀚生态系统的异质同构的组成部分。正如贝特森在本书绪论中所说："心灵对我来说就变成了外在于思考者的自然世界中万事万物的一种映射。"

——朱塞佩·隆哥(Giuseppe O. Longo)
的里雅斯特大学，《技术人》作者

格雷戈里·贝特森的著作远远领先于他的时代。直到现在，我们才意识到他惊人的智慧和深刻的洞察力。他的"联结的模式"在当时还只是作为一个隐喻，但今天已经成为我们这个数字时代的现实。他的"心灵生态学"为我们反思人类更大的环境责任提供了一个框架。《心灵与自然》要求我们必须批判性地审视我们该如何参与到对自然的改写之中。

——克劳斯·克里彭多夫(Klaus Krippendorff)
"格雷戈里·贝特森讲座教授"(控制论、语言和文化)
宾夕法尼亚大学安嫩伯格传播学院,《内容分析》作者

　　《心灵与自然》是格雷戈里·贝特森渊博思想的最佳结晶，这种思想的重要性在 21 世纪还将继续增长。我之所以一直关注贝特森的思想，原因之一是它总是能以新面目展现在我面前，使我饱尝难以言表的甘甜之美。

——斯图尔特·布兰德(Stewart Brand)
全球商业网,《万年钟传奇》作者

　　对我来说，格雷戈里·贝特森是 20 世纪真正的智者之一；虽然他有时不那么直截了当，但总是鼓舞人心。

——恩斯特·冯·格拉塞斯费尔德(Ernst von Glasersfeld)
马萨诸塞大学阿默斯特分校,《激进建构主义》作者

献给

诺拉
万尼
格雷戈里
埃米莉·伊丽莎白

审 校 序

张建新①

　　格雷戈里·贝特森在心理学界不甚有名，他的一个心理学家身份是短程焦点心理疗法（brief therapy）的代表——帕洛阿尔托学派的开创者。或许人类学学者对他了解得更多，他的《纳文》一书很早就作为人类学经典由商务印书馆引进出版。我留意到贝特森，是在多年前读了一本叫《变的美学：临床心理学家的控制论手册》的著作，这本书的作者布拉德福德·P. 基尼是贝特森的学生，书中的基本思想大多生根发源于贝特森在《心灵与自然：应然的合一》一书中的论点和证据，尤其是双重束缚、逻辑类型、地图非疆域等概念和论述方法，与我们惯常的心理学体系呈现出截然不同的理论风格，令我印象深刻。当北京师范大学出版社询问我是否对《心灵与自然：应然的合一》中译稿进行审校感兴趣时，我既心动又犹豫。一是我了解到贝特森的思想宏大超前，这本书的翻译和审校难度应该很大；二是有关"mind"与"nature"的著作已有很多，笛卡尔提出二元论后，在此基础上跟进的论文和论著车载斗量，那么贝特森的这

　　① 张建新，中国科学院心理研究所研究员，博士生导师。现任国际心理学联合会（IUPsyS）执委会委员，中国社会心理学会候任理事长；曾任中国心理学会副理事长，中国心理卫生协会副理事长，亚洲社会心理学会（AASP）主席。

样一本论著，对于二元论的"攻防战"又会有多少增益呢？但当我翻看原著及其中译初稿时（在此我要特别感谢钱旭鸯老师的最初译稿，它为本书的中文版本打下了极好的基础），很快就感觉到一丝清新、一种快意，用贝特森本人的话说就是感觉到了一种"差异"。差异就是比较之后的不同，就是在我个人的感觉阈限之上接收到的增量信息。因此，我便开始认真地做起审校工作。

首先要澄清一下关于书名中"mind"一词的翻译。我原本坚持将其译作"心智"而非"心灵"。心智是人们对已知事物的沉淀和储存，通过生物反应而实现动因的一种能力总和。一个人的心智指其各项思维能力的总和，被用以感受、观察、理解、判断、选择、记忆、想象、假设、推理，而后指导其行为。这似乎也正是目前我国心理学界取得共识的一种定义。古代人们谈及心智，大约有头脑聪明、才智、神志等意义。而关于心灵的定义，我们则认为它是将动物在生物学的层面上与植物区分开来的分界线；古语多指思想感情和心思灵敏。比较上述两词的定义，似乎心智与贝特森谈及的 mind 更为接近，因为在该书中，mind 不止被用于描述动物，也被用于描述植物及一切有生命的存在。

但每通读一遍贝特森的原著，就越发感到"心智"一词在贝特森的思想体系中显得过于狭窄。心智通常只与大脑、神经系统联系在一起，用还原论的理论讲，心智是可以用神经科学、遗传学、甚至物理学加以解释的现象。但在贝特森那里，mind 一词与所有复杂的生命系统都发生着关联，非生命系统与生命系统联结起来的更大系统也具有某种 mind；它不仅与意识相连，还与科学解释范围之外的"美"和"神圣"领域紧密缠绕。mind 是生成于并进化在非生命系统之外的非实体存在的真实，是无法用现存物理学原理予以简单解释的。因此，在贝特森的书中，使用"心智"的翻译似乎难以完整复现他对 mind 的思考原意。

贝特森在书中特别提到了中国的道家思想（也提及了包括基督教、印度教等的各种原初思想）。"道"的那种"道可道，非常道"的天下归一却又不可名状的存在，似乎对于贝特森建构 mind 与 nature 的统合逻辑系统具有一定的启发和影响。道家思想的开创者老子认为，天地万物都由道而生。他说："有物混成，先天地生。寂兮寥兮，独立而不改，周行而不殆，可以为天下母。吾不知其名，字之曰道，强为之名曰大。大曰逝，逝曰远，远曰反。"老子认为，在天地万物产生之前，就存在着一个无形、无象、无声、无名的"道"。虽然它看不到、听不见、摸不着，但它是一种确确实实的存在。它是一种规律，一种原理；抑或是一个圆满自足的没有缺陷的个体，是物质的本初，是构成宇宙万物不可分的基本粒子，并且"独立而不改，周行而不殆，可以为天下母"。后来在汉代传入我国的佛教则明确在哲学与宗教的意义上使用中文规定了心灵的定义，心灵即人的意识、精神、灵知："汝之心灵，一切明了"（《楞严经》卷一），"推极神道，原本心灵"（《佛记序》）。正是在此层面上，心灵具有了某种"道"的意味，也与贝特森的终极追求存在着某种不谋而合。

基于上述考虑，我还是使用了"心灵"（而非"心智"）一词，以对应原著中的英文单词 mind。当然，我知道，mind 一词可有多种翻译，而"心灵"一词反译成英文单词也不一定就是mind，还可能有spirituality、psyche等。

我在这里要特别强调的一点是，贝特森作为一名跨学科学者，他既有其作为人类学家的一面，又有作为严谨的科学家的一面；他既做生物学实验室研究，又深入田野进行调查研究，并对统计和数学模型在处理各类研究数据中的重要意义有着深刻的认识。作为一位具有深厚人文情怀的科学家，贝特森同爱因斯坦等人一样，内心深处存在着美和神圣，用中文（知情意）表达出来就是：除了致知的科学外，还有着致情的美和致意的神圣。

校审之初，我刚刚完成《心理学哲学导论》一书的翻译，多少还沉浸在实验心理学、认知心理学和脑神经科学研究成果对哲学思考的启发之中，常常会不经意地尝试从心理学的角度去理解贝特森的思想。但很快，我发现贝特森的思想绝非现代心理学所能囊括的，也远超出脑神经科学的范围，他是用一种从生命细胞到全然生态的宏大视角去思考生命和心灵的。他从多学科的比较之中，发现了一种具有形式之美的联结模式、联结之联结的模式，发现了两种甚至多重随机过程的互动之舞；他还设想了将生命之中的意识、美和神圣三者进行联结的可能性，展现出一位伟大科学家对一切存在背后的"道"的追求。

贝特森写《心灵与自然：应然的合一》一书的初衷充分展现在本书的第二章"每个小学生都知道……"中。他要改变人们对世界和自己认识的前提，正是因为人们还被这些"过时"的认识论前提（比如，名与实，客观与主观，意识与无意识，部分与整体，大与小，数与量，有和无，趋异与趋同，逻辑与因果，等等)强力地约束着，所以人们毫无勇气去突破这些前提给人类造成的认识藩篱，人们就只能看见树木而看不见森林，看不到生命过程中由意识、美和神圣联结的更大生态系统。贝特森在此书的附录中对此表达了极大的不满和担忧，并渴望各级教育改变当前的状态。他强烈呼吁成年人，特别是教育界为人师表的老师们，在科学有了长足发展和进步的今天，首先要能够放弃这些已经"过时"的认识论前提，然后用一种新的认识论去教育人类的下一代。贝特森在此书的附录中公开了他写给加利福尼亚大学校董会的一个讲话稿，我们从中可以体认到他对于认识论的重视，对于既定知识框架和教育体系的挑战，以及他对于人类与环境联结的生态系统的前瞻性预言。这些都展示了贝特森不仅是一位先锋思想家，还是具有强烈现实感和责任感的行动者。他是一位远超于其所在时代的伟大的思想家。

审校结束时，我似乎可以大胆地进行如下猜测：如果贝特森的健康没出问题，能够活得更长久一些，他会将他内心深处一直思考着的生态式的"心灵原理"嫁接在物理重言式的"自然原理"之上，甚至会将心灵与自然在形式上"联结"起来，建构出一种涵盖了自然原理并将时间、递归循环和逻辑类型层级加以内嵌的新的逻辑体系。想到此，我真心为贝特森过早去世感到十分惋惜，他的思想如果得以用文字表达出来并成为一种全新的认识论的话，那么如今略显"停滞"的科学(无论是物理学还是心理学)或许就会从中寻找到前行的路径，人类的创新活动也将会有更加明确的方向感。

贝特森是一位通才。人类发展至今，社会分工愈发多元和细致，导致人才大多为专才，他们在某个领域见识卓越、技术精湛，一旦超出该领域，他们便显得常识不足、技能捉襟见肘。但贝特森的一生在若干科学研究领域转换，从遗传学、动物行为学到文化人类学，他都通识通晓，而且这种跨领域的转换不是被动的，而是他本人主动而为的。因此，他能够主动地对科学研究对象的微观和宏观特性进行多领域、多角度的比较，从中找出形式上的共性，从而再在更高层级上思考"生态学"的心灵原理。贝特森还是一位奇才，每转换到一个新的研究领域，他都能够取得重大的"创新"成果，影响到生物学、传播学、家庭治疗、控制论等不同学科领域。他的创新更多地表现在理论的更新和方法的立异上。或许我们今天会说这才是真正的创新，在他人的理论框架之下获得的成果能被冠以"重大发现"的称号。重大发现又分为证实式的发现和否证性的发现，后者可能成为创新的端倪；但若理论上不具有"奇才"般的敏感性和思维高度，则也只是发现而已。正是这样一位通才和奇才，给我们留下了值得认真学习、思考和追随的深邃思想。

阅读此书确实需要花费脑力。贝特森学识渊博，旁征博引，加上他采用比较的方法，时常需要读者从一个领域跳到另外一个似乎完全不相干的领域。贝特森思想深刻，但也许是因为整个体系尚未完全成熟，所以他在文字表达中也有着跳跃的现象，有些似乎需要论证的地方却被一带而过。这要求读者一定要静下心来读此书，在各个章节文字的联结之中及背后探寻贝特森思想的连贯性和终极追求。用贝特森自己的话说："我常常无法忍受那些好像不能区分琐碎之物和深刻之物的同事们。但是，当学生们要求我来界定这种差异时，我又会紧张得发呆。我已经含糊地说过，任何可以启示宇宙'秩序'或'模式'

的本质的研究都肯定不是琐碎的"（参见贝特森《心灵生态学导论》导言）；如果你"打破那个将学习内容联结起来的模式，你定会毁坏一切的品质"（参见贝特森《心灵生态学导论》）。这种联结模式是需要我们慢慢加以体会、推理和理解的。

我个人建议，读者拿到此书后，不妨先来读第八章，其标题为"那又怎样？"。该章以贝特森父女对话的形式对贝特森的思想做了一种综述。了解其思想的粗略轮廓之后再去阅读其他各章内容，或许会帮助读者更好地了解每章内容在贝特森宏大理论框架中的位置以及各个章节之间的关联。该章通过贝特森与作为人类学家的女儿进行对话这种写作形式，使女儿对父亲的崇敬、挑战和顽皮的心态跃然纸上，让我们的阅读本身充满了情趣，并让我们感受到智慧的冲击，这自然会大大增强我们去阅读其他各章的兴趣和动机。

本书内容富饶而宏大，极具创新性、挑战性和启发性。因此，如果有人想用几段话来对其加以概括，那么恐怕会适得其反，会让自己显得贫瘠而渺小。为了不让自己显得贫弱，我还是直接引述贝特森的几段原话吧。

关于创新性，贝特森提出了一个关于心灵（心智）的新模型："（1）"心灵"是由本身非心灵的部件构成的，它内在于这些部件的某种组织之中。（2）这些部件是由时间进程中的事件启动的。虽然外部世界的差异是静态的，但是如果你与它们发生关联时，这些差异就会产生事件。（3）心灵附带有能量。刺激（作为一种差异）本身并不提供能量，但是刺激的反应者具有能量，其能量通常是由新陈代谢提供的。（4）之后，因与果便形成了循环性（或更复杂的）链条。（5）所有的信息都会被编码。

(6)最后，也是最重要的，就是产生了逻辑类型这一事实。"(第244页)恐怕在标准的教科书上是很难见到如此对心灵加以定义的。

关于挑战性，贝特森写道："所谓更广阔的视角，就是关于多元的视角，我因此要提出的问题是：作为董事会成员，我们是否愿意为促进学生、教职员工以及董事会会议桌旁的各位发展出更加广阔视角的智慧而贡献一分力量，让它引导我们的系统在缜密性与想象力之间重新回归于恰当的同步与和谐？"（附录）

关于启发性析，贝特森说："本书的直接任务便是构建一幅有关世界是如何在心灵层面上联结在一起的图景。思想、信息、符合逻辑或实用的一致性所需的步骤，以及其他相似的事物之间是如何结合在一起的呢？逻辑（即创造思想之链条的经典程序）与事物和生物的外部世界（其部分或整体）之间是如何建立起关系的？思想真的是在链条中发生的吗？或者只是学者们和哲学家们将这种线形的结构强加于它的？试图避开'循环论证'的逻辑世界又是怎样与一个将因果循环推理作为主导而非特例的世界建立起关系的呢？"（第25页）若系统认识论从线性逻辑走向联结逻辑，那么世界图式将会是什么样貌呢？

现在是时候恭请各位读者自行前往《心灵与自然：应然的合一》的天地，去领略贝特森的过人之处了。

2019 年 7 月 18 日
于天坛西门

序　言

一个更广阔的视角

塞尔焦·曼吉（Sergio Manghi）

> 我们探索不停休
> 终究全力到尽头
> 出发之地竟现身
> 相认相识似初度
>
> ——T. S. 艾略特（T. S. Eliot）

　　《心灵与自然》第一版早在 1979 年就出版了。在那一年的秋天，格雷戈里·贝特森（Gregory Bateson）受邀到位于伦敦的现代艺术研究所进行讲演。贝特森 75 年前出生于靠近牛津大学的英格兰格兰切斯特村。1930 年起，他开始在美国生活；他移民到美国时，正是他的人类学研究探索进行到最为紧张的时期，也是他与玛格丽特·米德（Margaret Mead）进入到充满智慧而又浪漫的关系不久之后（Bateson，1984）。

　　1979 年之行并不是他第一次返回故土，但那确实是一次极为特殊之旅。行前，他曾被人们多次问到想在"最后的讲演"

中讲些什么内容。贝特森用自传式的同时（对他而言显然）又是传记文学式的附记回答了这个问题。几年后发表的附记题词中，他模仿艾略特诗作《四个四重奏》(*Four Quartets*)中的句子写道："重返出发之地，却似首次相识。"(Bateson，1991，p. 307)

在完成《心灵与自然》书稿之前的几年里，他因为严重的肺癌不得不中断写作。只是在他女儿玛丽·凯瑟琳(Mary Catherine)的帮助下，他才最终完成这本著作。贝特森于1980年的夏天去世。

在他的最后讲演中，贝特森回顾了自己沿环形轨道经历的非同一般的探索生活：他的事业起步于生物科学，最后又回归到生物科学；他出生在英国，现在又回到了故乡。但是在他的眼中，他重返的生物科学和英国都已经事过境迁了，他好似都是第一次才认识它们。在出发和回归之间，他经历过人类学的研究，从事过控制论的探索，研究过精神分裂症的关系本质以及更广泛的动物与人类的沟通，又进行了对认识论与生态学的反思。到20世纪60年代后期，他的思考成熟起来，写作了《心灵生态学导论》(*Steps to an Ecology of Mind*，1972)一书。

他从事生物科学研究起源于他拥有一个教养良好、专注学术的家庭[他的父亲，威廉·贝特森(William Bateson)，是一位著名的遗传学家]。但在他现在的视角看来，原有的生物学只是心灵生态学——一个更为广泛的生物学的一部分。在心灵生态学中，理智不再与情感分离，自我不再与他者和脉络(context)分离，人类学领域也不再与那个不断进化、不可预期、富于创新的更为广阔的生物世界相分离。

而他将英国留在身后（他这样告诉我们），是因为那时他对英国社会系统的设置假定以及制度仪式之中的美学思想感到沮丧，而且失去了兴趣。但是，现在的英国已经变成为一个更为广大的社会系统的一部分，也就是我们所说的全球化的世界。总之，世界急迫地需要使用新的视角去理解自己——正好像第一次与它相识。

贝特森从20世纪60年代开始创立的"生态学"语汇，已经被公认为是对20世纪人类对自己在星球时代的生存状态进行重新思考的最重要贡献之一。换句话说，这是一种更深度地探索我们是其中一员的更大（人际的、社会的、自然的）系统的尝试，这个系统正在快速地将人性与技术所含的拯救力量中日益增长的神秘信仰整合起来：那是一种将意识目标列在首要地位的危险的信仰。他在1968年的两次重要会议上都恰如其分地讲到了这一点（也包含在《心灵生态学导论》第五部分的最后两篇文章之中）。

较之《心灵生态学导论》一书所勾勒出的框架，《心灵与自xi然》计划对心灵生态学提出一个更加明确、完整和周密的形式。贝特森在理论上迈出的关键步骤是，他将心灵（请参见本书第四章关于"心灵"准确且不同寻常的定义）放在了自然历史中、生命过程的自我生成语法中，以及不断增长的且不可逆行的显著变化中最为核心的位置："如果你要了解心灵过程，那就去看看生物进化的过程吧；反过来，若要了解生物进化过程，那就去看看心灵过程吧。"这让我们想起了他作为加利福尼亚大学校董会董事的发言记录（见本书附录）。

通过这一未解之矛盾术语，贝特森将我们通常认为是异质和遥远的现象(如变形虫的解剖、神圣的仪式、海豚交流、核军备竞赛、生态危机等)统统都带入了我们的思考。他的"不相干问题"(Rieber,1989)引导我们用新的视角(惊呆地看着自己)去审视我们自己关于"心灵"的观念。也就是说,这些问题引导我们从更广阔的视角去检视那些思维的惯性行为,这种惯性推着我们或者将心灵描述为加工信息的逻辑—认知工具(输入—加工—输出),或者另一方面,将心灵生动地描述为某种不可言喻而超自然的东西;我们思维的惯性仍然遵循着启蒙—浪漫时代的二元论,它至今仍然约束着我们大多数现代理论的想象,甚至也约束着各种尚无定论的后现代学说。

正像我们知道的那样,本书并没有像预想的那样受欢迎,这使贝特森很难过。他认为自己是科学世界中一个合乎逻辑的部分[他定义自己是"一个从事西方科学工作的普通上班族"(Bateson,1991,p.271)];他开始时对研究并没有兴趣,甚至充满怀疑。在他看来,使自己变得对科学热情起来的事情似乎是在他参加了若干次加州反文化宣讲活动后,他受到了那些"超自然主义"对世界粗陋解释的刺激。

无论如何,正是在这种"双重不理解"的内心,因此也就是在他自己不可简约的、极强的双倍抗拒(对"只求严格却无想象",以及"只有想象却不严格"的抵抗)的内心之中,我们可以看到贝特森学说的生成性。甚至更加令人吃惊的是,我们看到贝特森在下述领域中的先见和理论在过去的二十年发展期间已经得到了广泛的验证,例如,知识的生物学、复杂系统、后达尔文进化论、在触发暴力和疯狂的行为催化背后的人性的关系本质、文化人类学的拐点以及人类沟通中隐喻的重要作用,等等。

　　"双重描述"方法（见本书第五章中贝特森对此的命名）持
续地向我们顽固的心灵习惯提出尖锐的挑战。它也促使我们认
识到在我们对必然性的科学追求或者反科学追求的背后隐藏着
"深层的认识论恐慌"（Bateson and Bateson，1987，p. 15）。

　　在完成《心灵与自然》一书的草稿后，贝特森写了一首名为
《草稿》（"The Manuscript"）的诗作，其结尾如下：

> 所有一切都是为了那些先觉者
> 催眠师、治疗师和传教士
> 他们将追随我
> 只用极少的我的预言
> 去布下更多的陷阱
> 为那些人，他们无法忍受
> 　孤独的
> 　　真理
> 　　　骨架

　　贝特森的学说不仅是理论上的指导，而且，它不可分割地
也是风格上的教导，即所谓认识中的美学风格（Manhi，2000）。
出于此种理由，贝特森即使给我们奉献了如《心灵与自然》那样
的相对系统的知识，他也没有让我们将他的理论构想称为"我们
的"，因此，反而我们更应该成为"贝特森氏的"。他启发我们要
在生存于其中的或大或小的环境中去培育自己的个人敏感性，
以便对那些我们仍然使用着尚且未被意识到的交流手段去参与

的所有具体、不可思议且恐怖的"互动共舞"保持察觉。

在我们进入 21 世纪之时，他给我们留下的一个更为珍贵的教诲是：当自由主义经济快速全球化以及生存、武器和沟通的技术全面进步（善恶共存）之后，十分有必要去提高我们人类的觉悟，意识到我们是伟大而神秘关系（个人、群体、人类、性别、种族）之中的一个部分。

此外，十分有必要去关注我们对联结的模式做出的反应，要遵循《心灵与自然》给予的友善的指引，本书现在已经成为许多人心目中有关心灵生态学的"典范之作"。如同贝特森在本书结尾部分与女儿玛丽·凯瑟琳展开的"幕间演说"中建议的那样，这种必要性必须同时具有理性、审美意义和宗教性。他提示的另一项关键的必要性支持着贝特森在他生命的最后几个月去关注神圣的认识论，就像幕间演说中所预言的那样，相关著作将在他去世后面世，由他的女儿将其片言只语重新加以整理并完成[《天使的畏惧》（*Angels Fear*，1987）]。

伦敦的那个秋天是他生命中的最后一个秋天，贝特森用艾略特的诗句说出了人们可以从他的著作中学到的最为珍贵也是最为困难的事情。我们不仅会学到很多，要比以前学到更多，比他人学到更多，不仅学到被认为隐藏于我们所跳互动共舞之下的规律，无论其或大或小，无论其或短或长，也无论其是社会的或是自然的，而且我们还学会以另一种方式了解我们自己以及我们生活的世界。这种方式是一种自我反思和参与式的，它是一种能够以不断将对象放到更宽阔视野下的方式，将为我们揭示出我们已经知晓的世界和我们已经成为的人类背后非凡的故事，无论故事是好是坏，它们都将呈现出令人惊叹的万千新气象来。

2001 年 9 月 11 日
于帕尔马(意大利)

参考文献

Bateson, G. *Steps to an Ecology of Mind* (New York: Ballantine, 1972).

Bateson, G. *A Sacred Unity. Further Steps to an Ecology of Mind*, ed. by R. E. Donaldson(San Francisco: Harper Collins, 1991).

Bateson, G., and Bateson, M. C. *Angels Fear. Toward an Epistemology of the Sacred* (New York: Macmillan, 1987).

Bateson, M. C. *With a Daughter's Eyes* (New York: Morrow, 1984).

Bateson, M. C. "Comment a germé *Angels Fear*", in Winkin, Y., ed., *Bateson. Premier état d'un héritage* (Paris: Seuil, pp. 26-43, 1984).

Manghi, S., ed. *Attraverso Bateson. Ecologia della mente e relazioni sociali* (Milano: Cortina, 1998).

Manghi, S. "For an Aesthetics of Knowing", in *World Futures*, vol. 55, pp. 277-292, 2000.

Manghi, S. *The Winged Cat. Three Essays for an Ecology of Social Practices* (Cresskill, Nj: Hampton Press, forthcoming).

Rieber, R. W. "In search of the impertinent question", in Rieber, R. W., ed., *The Individual, Communication and Society. Essays in Memory of Gregory Bateson* (Cambridge: Cambridge UP, pp. 1-28, 1989).

英文版编者导言

阿方索·蒙托里(Alfonso Montuori)

> 关于文化的演进似乎存在一个"格勒善法则"(Gresham's law)。根据这一法则，极简化的观点总会替代繁复的观点，粗俗而可憎的事物总会替代美妙的事物。然而，美好的事物却仍然存续着。(第5页) xv

在你手里拿着的这本书中，贝特森在"绪论"部分写下了上面的话语。他是非常正确的。如果曾经存在过一位博学而复杂的思想家的话，那么贝特森就是，但显然他被公认为富于挑战性的工作已经在很长时间里被粗俗的甚至可憎的思想替代了。曾有若干年，虽然贝特森在美国不曾出版任何著作，但如同帕尔马大学的塞尔焦·曼吉在前面的序言中表明的那样，欧洲（特别是意大利）的学者对贝特森思想的兴趣却一直保持着热度，介绍贝特森的书籍和讲座的数量有很多。他著作中的一些思想，如双盲理论(the double-blind theory)，已被广泛接受，但他更为深邃的使命却远远还没有被人们认识到。因为在当下时代媒体声音对字节数量的苛求，似乎更加需要用极简化的观念去表达日益复杂的情境，谢天谢地，美好的事物仍然存续着，因而，我们需要将贝特森的声音更加广泛地传播开来。

我认为，以下列出的有趣理由解释了贝特森为什么遭受到了相对偏颇的理解。它们是从众多如此的理由中挑选出来的，且都陷入了被贝特森批评的西方思维的特殊模式之中。

> 当前，还没有一种现代科学将其特别兴趣放在片断信息的组合之上。但我将会论证，进化过程必须依赖于信息的这种双倍增量。每步进化都是在现存系统之上信息的增加。正因如此，连续片断信息之间的组合、和谐或矛盾，以及信息的层级化，都将带来许多生存的问题，并从而决定了许多改变的方向。（第26页）

贝特森的工作事实上已经成熟为一种"将其特别兴趣放在片断信息的组合之上的科学"，它让我们去关注"联结的模式"。他做出了很多的贡献，其中包括进化理论、认识论、临床心理学和精神病学，以及文化人类学、学习与沟通，等等。他的研究方法无疑是多学科的，特别是在他与控制论相遇之后。但这种不专注于某一学科的做法，在学界是不受欢迎的，因为一个人游离在研究领域之外，他就会失去将某个学科作为其安身立业之所的权利和荣誉。贝特森对众多领域都表示出了兴趣，并提出了严谨的新方法，但是他确定无疑地属于哪里呢？谁是他的"听众"呢？人们又将怎样对他如此跨界的一生工作加以总结呢？他的文章和著作如此自然地从一个学科领域主题转向了另外一个完全不同的学科领域，以至于很难不令某一学科的研究者感到焦灼不安。有人会问：他的研究与此领域的相关性是什么？他会走向哪里？他正要离开我所感兴趣的领域了吗？我何时可以确定我对他的研究不再感兴趣，并确定他的研究不再与此领域相关了？

但是，贝特森的目标远远超出了使用多学科手段去研究某个特殊领域中的特殊问题。正如他自己写道：

> 我曾在美国各类不同学校和教学医院，教授过各个流派的行为生物学和文化人类学，学生中包括大一新生和精神科的住院医生。我发现这些学生存在一个非常奇怪的思维差异，这种差异源于某种思维工具的缺失。在所有层级的教育中，无论是男生、女生，还是文科生、理科生，都相当普遍地存在这一缺失。更确切地说，这一缺失表现为学生们不仅对科学中的预设，而且对日常生活中的预设都缺乏基本的认识。（第 29 页）

xvii

他强调说，因为缺乏思维的工具，人们的心灵便发展出上述这般的习惯；他还给人们提供了掌握预设的知识——对此，他甚至不无讽刺地说，这些知识应该是"每个小学生都知道的"。这正是本书的中心主题。它让我们也突然明白了为什么贝特森常被误解。他所做的不是在面对多学科的挑战且当某个不相关领域变得相当吸引人时，像某个古怪的闯入者[如同埃德加·莫兰（Edgar Morin）所称的聪明偷猎者]简单地出现在某个领域。他的兴趣只在于强调人们思考问题的最根本途径。这种对思考进行的思考，是更为基础性的任务，也是更难以向读者表达和讲述清楚的任务。这项任务超越了任何特殊的学科领域（比如生物学和人类学），超越了多学科融合的问题，超越了对两种文化的区分，也超越了科学和人文学科。贝特森是在寻找最基础的组织原则，它使我们把文化作为一个整体来进行思考。

为此，本书的直接任务便是构建一幅有关世界是如何在心灵层面上联结在一起的图景。思想、信息、符合逻辑或实用的一致性所需的步骤以及其他相似的事物之间是如何结合在一起的呢？逻辑（即创造思想之链条的经典程序）与事物和生物的外部世界（其部分或整体）之间是如何建立起关系的？思想真的是在链条中发生的吗？或者只是学者们和哲学家们将这种线形的结构强加于它的？试图避开"循环论证"的逻辑世界又是怎样与一个将因果循环推理作为主导而非特例的世界建立起关系的呢？（第 25 页）

将大学内各个学系隔离开并组织起来的建筑结构、大楼和墙体等，都是各个学科之间以及常驻其中的心灵与思维方式之间的转换边界：它们因此而相互分开着，其研究的内容独立于其脉络，不容于其他观念，也脱离了围绕在它们周围的自然、社会、政治、文化和经济世界。还是依埃德加·莫兰的说法，贝特森所从事的研究是我们现在所称的跨学科工作，其本质不只是要跨越不同学科的边界，而且要重新摆放我们心灵的图景，以便让我们理解观念生态学和心灵生态学，让我们重新认识。贝特森引导我们跨过对清晰而独特的观念及明确而独立的人群的笛卡尔探寻，而去寻找一种更加生态化、更加复杂并且更加富于创造性的认识。

xviii

我们不仅不能预测到下一瞬间将会发生什么，更为重要的是，我们也无法预料微观世界、天文宏观世界或者地质久远古代的下一个维度是什么。科学作为一种知觉方式（恰如所有科学所宣称的那样），就像所有其他知觉方式一样，在收集真相之外可见信号时，它的能力也是有限的。

科学探索；但不证明。（第 34 页）

贝特森要求我们去获取一种对探索及其途径更美好、更优雅的认识，要认识到当心灵从证实转到探索、从简单答案转到复杂问题的过程中，还存在各种各样的限制性和可能性。他创造性的研究让我们接近了心灵的自然、自然的心灵以及联结的模式。

目　录

第一章

绪　论

　　柏拉图学派的普罗提诺(Plotinus)借着至高神化育出 2
的、美得无形无音的花与叶，证明了上帝(Providence)已
降临至世间万物。他指出，若不是出自那将无形而恒常之
美无限渗透至一切的神性，这些脆弱的芸芸众生又何以被
赋予如此完美无瑕又赏心悦目的美。

——圣奥古斯丁(Saint Augustine)，

《上帝之城》(The City of God)

　　在 1977 年 6 月，我以为已开始了两本书的写作。一本我 3
称之为《进化思想》(The Evolutionary Idea)，另一本称之为
《每个小学生都知道①》(Every Schoolboy Knows)。第一本书

---

　　①　这是麦考利勋爵(Lord Macaulay)最喜欢用的短语。他的名言是："每个
小学生都知道是谁囚禁了蒙特苏马(Montezuma)，是谁绞死了阿塔瓦尔帕
(Atahualpa)。"

　　以下为译者注：(转下页注)

尝试根据控制论和信息论，对生物进化理论进行重新审视。然而，当我开始写这本书时，我发现很难想象能有一位真正的读者会如我所愿，可以理解我所要表达的正式而简单的假设。一个极其显而易见的事实是，这个国家（美国）和英国（我猜想乃至整个西方国家）的教育都在刻意地避开所有至关重要的议题，以至于我不得不写第二本书，用以解释那些对我来说非常初级的思想——那些与进化以及与几乎所有其他生物学或社会学思考（甚至日常生活、吃早餐等）密切相关的思想。正规教育几乎从来没有教授学生任何有关发生在海岸、红杉林、沙漠及平原上事物的本质。面对自己的孩子时，即便是成年人也无法合理解释如下的概念，诸如熵、圣礼、句法、数字、数量、模式、线性关系、名称、类、相关性、能源、冗余、力量、概率、部分、整体、信息、重言说、同源、质量（牛顿理论或者基督教义）、解释、描述、维度规则、逻辑类型、隐喻、拓扑学，等等。蝴蝶是什么？海星是什么？美与丑又是什么？

在我看来，若将这些最基本的想法写作成书，或可以冠之

（接上页注）麦考利勋爵（1800—1859），英国诗人，历史学家，辉格党政治家。

蒙特苏马二世，墨西哥阿兹特克（Aztec）末代皇帝，1502—1520 年在位。1519年，当西班牙探险者到达美洲时，阿兹特克帝国仍在扩张，社会仍在进化发展，但被外来者所遏止。蒙特苏马二世被俘，死于囚禁之中。帝国迅速为装备精良的欧洲人所征服。

阿塔瓦尔帕，印加帝国皇帝，也是西班牙殖民征服之前的最后一代（第十三代）萨帕·印卡（皇帝），1532—1533 年在位。阿塔瓦尔帕于 1532 年发动内战，成功击败同父异母、继承皇位的弟弟瓦斯卡尔，夺取了皇位。但在阿塔瓦尔帕获胜不久之后，西班牙殖民者弗朗西斯科·皮萨罗（Francisco Pizarro）来到印加，在与阿塔瓦尔帕会面的时候对其发动突袭，成功将他俘虏，并于 1533 年 7 月 26 日在卡哈马卡将其绞死，印加帝国灭亡。

以一个略带讽刺的书名:《每个小学生都知道》(*Every School-boy Knows*)。

但当我坐在林迪斯芳岛①(Lindisfarne)撰写这两份书稿 4
时,有时会在一份书稿中添点内容,有时又在另一书稿中添点
内容。渐渐地,两份书稿的内容越来越接近,而将它们的内容
合起来正好构成了一种我所说的柏拉图观点(Platonic view)②。
我似乎正在把有关认识论(epistemology)的最基本思想,即我
们如何能够认识每一件事物,写入《每个小学生都知道》这本书
中。我在上面使用代词"我们"时,当然也包括海星、红杉林、
分裂着的卵以及美国参议院等。

而在这些受造物需要分别加以认识的"每一件事物"中,我
则纳入了诸如"如何长出五重对称的身体","如何在森林火灾
中存活下来","如何在生长的同时又保持相同形状","如何学
习","如何撰写宪法","如何发明并驾驶汽车","如何数到
七",等等。非凡的受造物携带着种种不可思议的知识和技能。

更为重要的是,我还把"如何进化"也纳入其中,因为对于
我来说,进化与学习都必须遵守同样的形式规则(formal regu-

---

① 林迪斯芳岛,也被称为圣岛(Holy Island),位于英格兰东北部诺森伯兰
郡(Northumberland)海岸线上,是英国最早期的基督教场所之一。——译者注
② 柏拉图最著名的发现在于观念的"真实性"(reality)。我们通常认为,餐
盘是"真实的",而餐盘的圆形则"只是一个理念"。但是,柏拉图指出:首先,餐
盘不一定是圆的;其次,我们可以认知到,世界还包含着许许多多模仿、趋近或
追求"圆形"的事物。他因此断定,"圆形"是一种理想(ideal)[从观念(idea)衍生而
来的一个词],而且宇宙中这类观念的构成部分,是真正解释宇宙的形式和结构的
基础。对柏拉图来说,正如对威廉·布莱克(William Blake)还有许多其他人来说,
我们的报纸称其为"真实"的"物质宇宙"(Corporeal Universe),不过是真正的真实,
也即形式和观念所衍生出来的。太初有观念。

larities)或所谓的"定律"。你会看到，我已经开始使用"小学生"的想法，不仅反思我们人类的认识，而且思考更加广阔的认识(*wider knowing*)，后一种认识是一种黏合剂，可以将海星、海葵、红杉林和人类的组织联系在一起。

我最终还是将两份书稿合二为一，因为在描述进化过程以及人类集合体(尽管对于像你我这般两腿直立的天才来说，委员会和国家组织可能听起来很搞笑)的特征时，只存在一种单一的认识。

我正在超越那条有时将人类封闭起来的边界。换言之，在我写作时，心灵(mind)对我来说就变成了外在于思考者的自然世界中万事万物的一种映射。

总体而言，自然现象中所反映出来的，不是人类物种的最残酷、最简单、最兽性和最原始的方面；相反，恰恰正是人类身上的那种更为复杂、美妙、精细和高雅的部分反映着自然。并不是由于我的贪婪、我的目的性以及我的"兽性"和"本能"等，才使我认识到镜子的另一面，那里存在"自然界"；相反，我在自然那里所看见的恰恰是人类身体的对称性、美与丑、优美以及人类生活和微不足道智慧的根源之所在。人的智慧、他身体的优雅甚至他创造美丽事物的习性，正如同他的残酷一样，都具有"动物性"。毕竟，"动物性"这一特殊词语本义就是"被赋予了心灵或灵[灵魂式精神(animus)]"。

由此背景推论，那些有关人的理论，若源自解释最为动物性和最为适应不良行为的心理学，那么它们在回答赞美诗人的问题——"主啊，人到底是什么?"时，就都变成了不可尽信的前提了。

我从未能接受《创世记》关于源起的故事："起初，大地一片空虚混沌。"这一原初白板（tabula rasa）为热力学提出了一个恐怕再过十亿年也无法回答的难题。说地球原初是一块什么白板，或许还不如说它是一个人的胚胎——一个受精卵。

这些有关认识论（尤其是人类认识论）的陈词滥调都来自过时的物理学，它们与我们知之甚少的生命状况，形成了一种甚为奇怪的对照。作为物种之一的人类，在所处的生命宇宙背景之下，似乎就应该是全然独特的、完全物质性的；然而，生命宇宙却是普遍（而非特殊）的、是具有灵性（而非物质性）的。

关于文化的演进似乎存在一个"格勒善法则"（Gresham's law）[①]。根据这一法则，极简化的观点总会替代繁复的观点，粗俗而可憎的事物总会替代美妙的事物。然而，美好的事物却仍然存续着。

凡有组织的事物（我还真不知道有什么无组织的事物，即便它们存在的话），哪怕是如同蒸汽引擎与调节器般简单的一组关系，也比大部分正统宗教所描述的人类精神图像，都显得更为智慧和精巧。

此类想法的萌芽从孩提时代便已深植于我的脑海之中。先让我谈谈两个背景，我的这些想法正是从那里开始源源不断地产生出来的。在 20 世纪 50 年代，我曾承担了两项教学任务。

---

① 格勒善法则（又译格雷欣法则），亦称"劣币驱逐良币规律"，是 400 多年前英国经济学家格勒善（Thomas Gresham）所发现的一个有趣经济现象：两种实际价值不同而名义价值相同的货币同时流通时，实际价值较高的货币，即良币，必然退出流通——它们被收藏、熔化或被输出国外；实际价值较低的货币，即劣币，则充斥市场。——译者注

一是为帕洛·阿尔托(Palo Alto)退伍军人管理局精神病院中的精神科住院医生上课，另一是为旧金山加利福尼亚艺术学院的青年"避世派"(beatniks)①信徒上课。我要讲述的就是，我是如何开始这两门课，以及如何应对这两个迥异的学生群体的。当你把两节完全不同的第一堂课并列摆在一起时，就会了解我想要说的是什么了。

我给那些精神科住院医生分发了一份小测试卷，告诉他们，到课程结束时他们需要理解试卷上的问题。问题 1 要求他们为(a)"圣礼"和(b)"熵"两个概念给出简短的定义。

总体而言，20 世纪 50 年代的年轻精神科医生无法回答其中任一个问题。时至今日，有少数人可以谈一谈熵了。而且，我假设仍会有一些基督信徒问："什么是圣礼？"

我在课堂上讲述了 2 500 年以来宗教和科学思想中的核心概念。我认为，如果他们想要成为人类灵魂的医生(医学训练的医生)，他们至少需要了解这些古代辩论中各方的观点。他们应当熟知宗教和科学中的核心思想。

而对于另一个班的艺术生，我则更加直接。该班是由10～15 个学生组成的小群体。当时我已经知道，我在这个班上将要面对一个近乎敌意的怀疑论氛围。很显然，当我跨进教室门时，我已被学生们当作一个将会为核战争和农药等常识进行辩护的魔鬼化身。当时(甚至在今天？)，科学都被人们认为是"价值中立"的，不受"情绪"的影响。

---

① "避世派"，亦称"垮掉的一代"，特指 20 世纪 50 年代在生活、穿着和行为上表现另类的年轻人。——译者注

对此，我早有防备。我带了两个纸袋到课堂。先打开其中的一个袋子，拿出一只新鲜烹制的螃蟹，放在桌上。然后，我讲了大致如下的话，以挑战全班学生："我希望你们可以做出令我信服的论证，表明这个物体就是一种生物的遗骸。如果你愿意的话，可以想象自己是火星人。在火星上，你非常熟悉各种生物，因为你们自己确实是活着的。当然，你还从来没有见过螃蟹或龙虾。许多像我手上拿着的这些东西，或许是被流星带到了这里，它们中还有不少碎片。现在，你们需要观察它们并得出结论说，它们就是生物的遗骸。你们将如何得出这一结论呢？"

当然，我给艺术生和精神科医生还提出了一个完全同样的问题：是否存在一种称为熵的生物物种呢？

这两个问题都涉及生命世界（在这一世界中，要做出各种区分，差异便是原因）与诸如台球和星系等非生命世界（在这一世界中，力和碰撞是事件的"原因"）之间分界线背后所潜藏的概念。这就是荣格（Carl G. Jung）根据诺斯替派（Gnostics）所称的受造物（creatura，生物）和普累若麻（pleroma，非生物）。[①] 在问题中我问道："普累若麻物质世界（其中力和碰撞就为解释提供了足够的基础）与受造物世界（若没有了差异和区分，其中的任何事物都无法得到解释）之间存在哪些差异呢？"

在我的生活中，我一直将有关木棒、石头、台球以及星系的描述置于同一个普累若麻盒子里，并将它搁置一边；而使用另一个盒子盛放有生命的东西：螃蟹、人、美的问题、差异问

7

---

① C. G. Jung, *Septem Sermones ad Mortuos* (London: Stuart & Watkins, 1967).

题等。第二个盒子的内容正是本书主题所关注的对象。

最近，我正在研究西方教育的不足。在我写给加利福尼亚大学董事会的信中，悄然出现了如下这段文字：

> 打破那个将学习内容联结起来的模式，你定会毁坏一切的品质。

在这里，我提出了"联结的模式"(the patterns which connects)这个同义词组，它也可当作本书的另一个可取书名。

"联结的模式"。为什么学校从来不教授这个联结的模式呢？是因为老师们知道他们携带着死亡之吻，凡它所触及之物都会变得淡而无味，因此他们就聪明地不去触碰或者教授任何真实生活中重要的东西了吗？又或者是因为他们不敢教授任何真实生活中重要的东西，从而携带了死亡之吻呢？这些老师到底怎么了？

是什么模式将螃蟹和龙虾或者将兰花和报春花联结在一起？又是什么将这四样东西与我联结在了一起？你和我的联结又是怎样的？而所有这六样东西又怎样在一个方向上与变形虫联结起来，在另一个方向上与精神分裂症联结在一起？

我想告诉你的是：我为什么做了一辈子的生物学家？我一直所从事的研究是什么？关于我们所生活和存在的整个生物世界，我有哪些想法能够与你们分享？所有这些又是如何在本书中被摆放在了一起？

接下来必然要谈及的非常难懂，听起来似乎相当空洞(empty)，但对你我来说却又是极其关键而重要的。在这一历史时刻，我相信，它关乎正在面临威胁的整个生物圈之生存。

那么，到底是什么模式将所有的生物联结在了一起？

让我回到手中的螃蟹和“避世派”信徒的班级上。我其实是 8
非常幸运的，所教授的学生并非科学家，他们甚至带有反科学的偏见。像他们一样没有受过科学训练的人，都略带有一些美学上的偏向。当我说“他们跟彼得·布莱(Peter Bly)是不一样的”时，我就定义了美学这个词。华兹华斯(William Wordsworth)是这样唱出彼得·布莱的个性的①：

对他而言，河畔的报春花，
只是一朵黄色的报春花，
除此之外什么也不是。

与彼得相反，这些学生与报春花相遇时，则会报以赞许(recognition)和同理心(empathy)。我这里所说的“美学的”，是指对“联结的模式”的回应。所以你们看，我是幸运的。也许是机缘巧合，让我在面对这些学生时，提出了一个美学的问题(虽然我当时就知道它其实不是)：你自己与这一生物之间有什么关联？有什么模式把你与它联结在了一起？

通过把他们置于一个想象的星球——“火星”上，我便把他们从有关螃蟹、变形虫、卷心菜等的观念中剥离开来，迫使他们对

① 华兹华斯(1770—1850)，英国浪漫主义诗人。引文中的诗句出自写于1798年、发表于1819年的叙事诗《彼得·贝尔》(*Peter Bell*)。该诗是他对一个未开眼的蒙昧者的描述。本段译文参照秦立彦翻译版本(《华兹华斯叙事诗选》，北京，人民文学出版社，2018)。

生命的判断回归到与生命体本身相一致的境地："你带着自身的参照标准，用它们来观察这只螃蟹，却发现，螃蟹其实也带着同样的参照标准。"这个问题要比我自己所知道的更为精妙复杂。

为此，学生们便开始看着这只螃蟹。他们首先观察到螃蟹具有对称性；也就是说，它的左半边身体与右半边是近似的。

"非常好。你是说它是构成的（composed），就像一幅画？"（没人回应我）

然后，他们又观察到，螃蟹的一只钳子比另一只要大些。所以，它又不是对称的。

我暗示他们，如果许多东西随着流星飘落到火星上，他们将会发现几乎所有螃蟹都是某一边（或左或右）的钳子大于另一边。（学生们还是没回应。他们可能在想"贝特森你到底想说什么？"）

有人回应对称性问题时说："是的，一只钳子会大于另一只，但是两个钳子的构成部分是一样的。"

啊！这是多么美妙而高贵的评论呀！我们常视大小尺度为非常和特别重要的观念，而发言者以如此温文尔雅的方式将它丢进了垃圾桶，从而走向了联结模式。他抛弃了仅以大小衡量的不对称性，而选择了一种在形式关系上更为深邃的对称性。

是的，的确这两只钳子的特征（丑陋的词）包含了身体部分之间的相似关系。这里没有数量，永远只有形状、形式和关系。而这正是将螃蟹归属于受造之物——一种生物的依据。

随后，学生们发现，不仅仅两只钳子生长在同样的"基础平面图"（即相应的身体部位之间都有着相应的关系结构），而且其他螃蟹腿各个相应部位之间也存在如此关系。我们甚至可以从每条蟹腿上找到与蟹钳子各部分相对应的部位。

而且，你自己的身体上当然也存在同样的现象。上臂的肱骨与大腿的股骨相对应，尺骨对应于胫骨，手腕上的腕骨对应于脚上的跗骨，手指对应于脚趾。

螃蟹的解剖结构重复而富于节奏。就像音乐那样，它具有韵律的重复性。确实如此，螃蟹从头到尾的方向正好与时间顺序相对应：依据胚胎学（embryology），蟹头要比蟹尾生成得更早。而从头到尾的信息流也是可能的。

专业生物学家谈及的种群发生同源性（phylogenetic homology），针对的正是这类（class）事实。种群发生同源性的一个例子是人的四肢骨骼与马的四肢骨骼具有形式上的相似性，另一个例子则是螃蟹的肢爪（appendages）与龙虾的肢爪也存在形式相似性。

这是一类事实。另一类事实（与同源性有些类似?）则是人们所称的序列同源性（serial homology）。它的一个例子是从动物（螃蟹或人）的头到脚，其各部位的附属肢体之间有着节律性的重复变化；另一个例子（也许各个部位不具有可比性，因为它们在时间序列上存在差异）则是人或螃蟹具有双侧对称性。①

_____

① 在序列同源的例子中，人们不难想象，肢体前段部位会为紧随其后生长出来的后段部位提供某种信息。如此的信息或许决定了新生段部位的方向、大小甚至形状。总之，前段是时间序列上的先行者，或可成为后继者的准逻辑先例或者模板。因而前段和后段部位之间的关系是非对称且互补的。可以理解甚至预期的是，右和左之间的对称关系也可能是非对称的，即是说，每一侧都对另一侧的生长有着补充性的控制作用。这样每一对就构成了相互控制的回路。但令人惊讶的是，人们对于那些肯定存在生长与分化控制机制的无数信息交换系统的认识几乎还是空白。

好了，让我再次重申。螃蟹的各个部位是通过诸如双侧对
10 称性、序列同源性等模式联结在一起的。我们将这些生长在螃
蟹个体内部的联结模式称为一级联结（first-order connec-
tions）。而当我们观察螃蟹和龙虾时，会再次发现它们之间也
是通过模式联结的，我们称之为二级联结（second-order con-
nections），或种群发生同源性。

现在我们再来看看人和马，此时同样会再次在两者之间看
到对称性和序列同源性模式。当我们同时观察人和马时，我们
发现两者之间共享着有差异（种群发生同源性）的相同模式。当
然，我们也会发现这些模式同样会弃大小、数量于不顾，而倾
向选择形状、模式和关系。换言之，当这种形式上相似性的分
布逐渐被揭露出来时，生物的整体解剖结构就展现出了三个层
级或三种逻辑类型的描述命题：

（1）受造物中任何成员的各个部位都可以与该个体其
他部位进行相互比较，这就是一级联结。
（2）将螃蟹与龙虾或者人与马进行比较，也可以找到
部位之间的类似关系（即得到二级联结）。
（3）而螃蟹与龙虾之间的比较还可以与人和马之间的
比较进行比较，比较的比较就构成了三级联结。

我们已经构建出了一个如何思考的阶梯——对什么进行思
考来着？哦，对了，是联结的模式。

我的中心论点现在可以用词语表达出来了：联结的模式是
一个元模式（metapattern），即模式之模式。正是这个元模式

定义了更为广泛的普遍原则（vast generalization），即模式是联结的。

我在前面几页中就曾警告过，我们将面临空洞性，事实上的确如此。心灵是空的；它即无物（no-thing）。它只存在于观念之中，观念本身亦是无物。只有观念是内在的，内嵌于它们的示例之中。而这些示例本身又是无物。举例来说，蟹钳并非自在之物（Ding an sich）。严格来说，它不是"东西本身"。相反，它是由心灵创造出来的，即是说，它被造出来作为某物的一个示例而已。

让我们再回到那个年轻艺术家的班级。

你还记得我有两个纸袋子吧，其中一个装着螃蟹，而在另一个袋子里，我放了一个美丽的大海螺。我问他们：凭什么标记可以知道这个带螺旋纹的螺壳曾是生物的一部分？

在我女儿凯茜（Cathy）约七岁时，有人送给她一只猫眼戒指。她戴上它时，我问她那是什么。她说是一只猫眼。

我说："但猫眼又是什么？"

"哦，我知道这不是猫的眼睛。我猜它是某种石头吧。"

我就说："你把它摘下来，看看它的背后。"

她摘下后惊呼道："哦，它上面还有螺旋的纹路呢！那它一定曾经是什么活的东西。"

事实上，这些带点绿色的圆盘是一种热带海蜗牛的鳃盖骨（盖）。第二次世界大战结束时，士兵们从太平洋带回来许多这样的猫眼石。

凯茜的大前提是正确的，除了水旋涡、星系和螺旋风之外，世界上所有螺旋确实都是由生物创造的。关于这个问题有大量的文献，有兴趣的读者可以进一步查阅[可用斐波那契数列（Fibonacci series）和黄金分割（golden section）作为关键词]。

从上面的描述可以得出，螺旋是一个图形，它在开放的一端朝着某个维度一点点生长的同时，还维持着自己的形状（即各部位之间的比例）。你看，其实不存在什么真正静态的螺旋。

但是，这个班的学生遇到了难题。他们还在寻找着那些像刚才非常欣喜地在螃蟹身上发现的所有美丽的外形特点。他们以为，老师希望他们找到的就是形式上的对称、组成部位的重复、有变化的重复，等等。但是，螺旋形状既不是双侧对称的，也没有被分割成段。

他们必须去发现：（a）所有对称性和部位的分割都是生物生长这一事实的某种结果或者收益；（b）生长会对形式提出要求；（c）螺旋形刚好满足了（从数学上的理想意义来说）以上二者之一。

因此，海螺壳携带着蜗牛的前时特征（prochronism）[①]——记录着海螺在自己的过去历程中，如何一步步地解决了模式形成（pattern formation）中的形式问题。这同时也表明了它属于联结的模式中的一种模式。

到目前为止，我提供的所有示例——属于联结的模式中的

[①]　在词源学中，存在一个"时代错误"（anachronism）的概念，其具有两个主要含义：一是不合时代的事或人，或称过时的现象或人物；二是指时间计算或日期判定上出了错，即提到某个事件、情形或风俗时所指的具体时间出了舛误。就词源学而论，存在两种情况：一种情况是指将人、事或物误记在实际发生之前，即早于确切发生的时间，也称为前时特征；另一种情况是指将人、事或物误记在实际发生之后，即迟于确切发生的时间，也称后时特征（parachronism）。——译者注

那些模式成员，如螃蟹和龙虾、海螺壳以及人和马的解剖模式等，都是表面静止的。这些例子在常规变化的作用下，都呈现出了固定的形状，正如济慈(John Keats)的《希腊古瓮颂》(*Ode on a Grecian Urn*)中的角色一般，最终这些示例也把它们自己固化下来了：

> 树下的美少年，你的歌声
> 不会停，而树也永不枯萎；
> 莽情人，你永远，永远吻不成，
> 眼看要得手——你且莫悲；
> 纵你无缘，她也难抽身，
> 你的情不休，她的美不褪！①

　　教育使我们将各种模式(除音乐模式之外)都看作固定的东西。这样做虽然更简单省力，但却毫无意义。事实上，开始思考联结的模式时的正确方式，首先(无论这是什么意思)应该将它想象为一支由相互作用的部分共同跳出来的互动之舞；其次才可将它看作由各种类型的物理边界，以及生物本身特别的各种限制所固定下来的形式。

　　我之前曾讲过一个故事，现在再来讲一遍。有一个男人很想了解心灵，但不是自然界中的心灵，而是存在于他私人大型计算机中的心灵。他问计算机(毫无疑问，用他最好的 Fortran 语言问)："你是否计算过，你将来会更像人类那样思考吗?"于

---

① 此处采用了余光中的译文。——译者注

是，机器马上开始分析自己的计算习惯。最后，这台计算机把答案打印在一张纸上，就像此类机器一般都会做的那样。这个男人赶紧跑去拿答案，发现上面清楚地印着一行字：

这让我想起了一个故事。

故事是生物种属相互联结起来的一个小节点或者复合结，我们称之为相关性（relevance）。学者们在 20 世纪 60 年代都在争论着"相关性"，而我则认为，若 A 和 B 都是同一个"故事"的部分或组成部分，那么任意 A 就与任意 B 具有了相关性。

我们在这里又遇到存在于不止一个层面上的联结性（connectedness）：

首先，A 和 B 之间存在联结，就在于它们都是同一故事的组成部分。

其次，人们之间存在联结，就在于所有人都用故事来进行思考（那台电脑无疑是对的。这正是人们的思维方式）。

现在我想要说明的是，无论我告诉你故事这个词究竟有何含义，用故事进行思考的事实并不会将人类与海星、海葵或者椰子树、报春花等割裂开来。相反，如果世界是相互联结着的，而且如果我现在所说的从根本上说是正确的话，那么，用故事进行思考就一定是所有心灵共同拥有的，无论心灵是指人类的心灵，还是指红杉林或海葵的心灵。

13　脉络（context）①和相关性必须不仅是所有被称为行为（其

---

① "context"一词也被译为"语境""情境"。——译者注

故事被投射到"行动"之上)的特征,而且也是所有那些内部故事(如海葵生长次序)的特征。海葵的胚胎生长一定是由故事内容构成的东西;其背后,正是海葵以及像你我一样的生物历经了数百万代的进化过程,而进化过程本身也一定是由故事内容展开的。在种族发育的每个步骤以及前后步骤之间都必然存在相关性。

普罗斯彼罗(Prospero)①说:"如同梦一样,我们就如同梦那样是被造就出来的东西。"他说得当然几乎没错。只是,我有时会想,梦不过是这些东西的碎片而已。造就出我们的东西似乎是完全透明而不可察觉的;似乎我们可以觉知到的唯一显现,是透明矩阵中的裂缝和破裂的平原。梦、知觉和故事也许都是这个一致而永恒矩阵中的裂缝和不规则之处。这不就是普罗提诺所指的"渗透至一切之中的无形而恒常之美"吗?

什么样的故事可以将所有的 A 和 B 及其组成部分联结在一起呢?以这种方式联结在一起的组成部分便是生存之物的根本所在,这个普遍事实是真实的吗?这里,我要提出脉络和贯穿时间的模式两个概念。

例如,我去见一个弗洛伊德精神分析师时会发生什么呢?当我走进诊室,便创造出了一种我们称之为"脉络"的东西;当我在身后关上诊室门,这个脉络至少在符号(符号是观念世界的一个小片段)意义上就是局部而孤立的。此时,诊室和诊室门的地理位置就变成了某种奇怪的、非地理信息的表征。

---

① 莎士比亚(Shakespeare)《暴风雨》(*The Tempest*)中的主要人物之一,是一位魔法师。——译者注

但是，我是带着故事而来的——这些故事当然不只是要讲给分析师听的故事集，而是已经内化为我生命存在的故事。童年经验到的模式和序列都内在于我。我的父亲做了哪些事情；我的姨母又做了什么事情；他们的所作所为都发生于我的身体之外。然而，无论我学到了什么，我的学习经验却又的确产生于我生活中重要他人（父亲、姨母）所作所为的经验序列之中。

现在，我面对着这个分析师，这个新出现的重要他人必须被视为父亲（或者视为一个父亲的反面人物），这是因为任何事物如果不被放置于某些脉络之中的话，它们就都毫无意义。这种视角被称为移情（transference），它是人际关系中的一般现象，是人与人之间所有互动关系的普遍特征。总之，因为你我之间昨天所发生的事情会延续下来，从而形塑你我之间今天的互动。原则上讲，这种形塑就是从过去学习中而来的一种移情。

14　　这种移情现象也印证了前述计算机所知觉到的"人类用故事进行思考"这一事实。精神分析师必须延伸至或融入到患者童年故事中的普罗克鲁斯忒斯之床（Procrustean bed）①。但是，通过面见精神分析师，我其实已经收窄了关于"故事"的观念。我已经暗示了，故事一定与脉络关联着。脉络是一个极其关键的概念，我们还没有完全定义它，因此我们现在就来对它进行考察。

"脉络"与另一个尚未定义的概念——"意义"相联系。没有脉络，言语和行动根本就没有意义。不仅人类语言沟通是这样

---

① 普罗克鲁斯忒斯（Procrustes）是古希腊神话中的一个强盗，其开黑店，拦截路人。设置一长一短两张床，强迫旅客躺在床上，身矮者睡长床，强拉其躯体使与床齐；身高者睡短床，用利斧把长出的腿截短。——译者注

的，所有心理过程和所有心灵间的沟通其实也都是这样的，这还包括了那些告诉海葵如何成长，以及告诉变形虫下一步应该做什么等沟通过程。

我对下面两种脉络做了一个类比：一种是处于表层、被部分意识到的个人关系领域中的脉络，另一种则是处于更为深层、更为远久的胚胎发育和同源中的脉络。我断言，无论脉络一词意味着什么，它在描述所有这些相距遥远的相关过程时，都是一个恰当而必要的词。

现在，让我们回顾一下同源性。传统上，人们通过引用同源性的案例来证明确实发生了进化。现在我要反过来做。我先假设进化发生了，进而探询同源性的性质。比如我们会问：在进化的理论之下，究竟什么是器官呢？

什么是象鼻？它的种属发生学意义是什么？遗传学告诉过它要长成什么样子了吗？

如你所知，答案是象鼻即象的"鼻子"［这是连吉卜林（Kipling）都知道的！］。我把"鼻子"一词用引号引起来，因为象鼻的界定是在其自身成长过程中由一个内部沟通过程完成的。内部沟通过程认为象鼻是"鼻子"，正是因为象鼻所处脉络才将它认定为鼻子：凡位于两只眼睛之间和嘴巴之上的器官就是"鼻子"，所以象鼻就是鼻子。可见，是脉络确定了其意义，而且一定是接收到该意义的脉络为遗传指令提供了意义。当我称这个器官为"鼻子"，那个器官为"手"时，我其实只是在引用（或许错误引用）成长中生物体所发出的发育指令（developmental instructions），并且生物组织一旦接收到该指令，它们就领会到了该指令的意图。

有些人喜欢用其"功能"，如嗅觉，来定义鼻子。但是如果你再仔细分析这些定义时，你其实是用一个时间脉络（而非空间脉络）来达到同样的目的。当你看到器官在生物体和环境之间相互作用的序列中扮演的某种特定作用时，你就为该器官赋予了意义。我称这种脉络为时间脉络。脉络的时间分类与空间分类相互交叉。但在胚胎学中，第一个定义必定总是由形态（formal）关系来加以确认的。一般而言，胎儿象鼻闻不到任何东西。所以，胚胎学是关于形态的学问。

让我进一步以歌德的发现为例说明这类联结及这种联结的模式吧。歌德是一位相当了不起的植物学家，他在识别非同寻常性（nontrivial）（即发现联结的模式）方面具有卓越的才能。他为开花植物提出了大致的比较解剖学词汇。他发现将"叶子"定义为"扁平的绿色东西"，或将"茎"定义为"圆柱形东西"，是无法令人满意的。给出定义的途径——毫无疑问，是深藏于植物生长过程中的，所以要在这一过程中寻找定义——应该注意到胚芽［即婴儿茎（baby stem）］是在叶子的角上形成的。由此，这位植物学家便基于茎、叶、芽、角等之间的关系构建了下面的定义。

> 茎就是承载着叶子的东西。
> 叶子就是在它的角上有芽的东西。
> 茎就是曾经有芽的那个位置。

所有这些都是——或许应该是——我们所熟悉的。但是，下面的内容则可能是新的。

相似地，在语言教学中存在一种从未被矫正的混淆。虽然今天的专业语言学家可能知道什么是什么，但学校教给孩子们的仍然是一派胡言。孩子们会被告知，"名词"是"人、地方或事物的名称"，"动词"是"关于行动的词"，等等。也就是说，他们还在幼年时就被教导说，要根据事物自身是什么来定义某一事物，而不是根据它与其他事物间的关系来进行界定。

我们大多数人都会记得老师教授我们名词是"人、地方或事物的名称"时的情景，也都还记得进行解析或分析句子时的那种无聊透顶的感觉。今天所有这一切都应该被改变。我们应当告诉孩子们：名词是一个与谓语有特定关系的词；动词与名词，即其主语，有着特定关系；等等。应当将关系作为词的定义的基础，这样，任何孩子都可以指出，"'走（go）'是动词"这个句子是错误的。

我至今仍记得分析句子时的无聊，以及后来在剑桥学习比较解剖学时的无聊。学校教授的这两个科目都非常不真实。学生本可以（could）被教授一些关于联结的模式的知识：所有传播/沟通都需要脉络；没有脉络，就没有意义；脉络赋予意义，因为脉络存在不同的分类。老师们本可以这样进行论证：成长与分化必须由沟通来控制。动物和植物的形状是由信息转化而来的。语言本身是一种传播/沟通形式。输入的结构必须以某种方式在输出结构中得以反映。解剖学中必定包含着语法的类似物，因为所有解剖结构都是信息材料的转化，而这种转化则必定是由脉络加以塑造的。也就是说，脉络塑造（contextual shaping）只是语法（grammar）的别称而已。

现在我们回到联结的模式，回到那个更为抽象、更为一般（和最为空泛）的命题，即确实存在一种联结模式之模式。

16

本书的基本观点是，"我们都是生命世界的一部分"。我在本章开头引用了圣奥古斯丁的一段话作为本章引子，它清晰地表明了这位圣人的认识论。在今天，这样的表达会唤起我们的怀旧情怀。我们大多数人已经失去了那样一种将生物圈和人类视为整体的感觉，而这种整体感会使我们与对审美价值的肯定重新结合在一起。今天我们中的大多数人都不相信，无论我们有限的经验中存在多少起起伏伏的情节，但更大的整体依然美丽。

　　我们已经丧失了基督教的核心。我们丢掉了湿婆（Shiva）①，这位印度教的神祇，其舞蹈在细微层面上既有创造性，又具破坏性，但从总体上来说还是美艳的。我们亦失去了阿布拉克萨斯（Abraxas），这位在诺斯替教（Gnosticism）中掌管白天和黑夜的可怕而又美丽之神。我们已经放弃了图腾崇拜，那种人类组织与动植物组织并行存在的神秘感。我们甚至失去了濒死的上帝。

　　我们开始玩弄生态学的观念，虽然我们会即刻将这些观念琐碎世俗化为商业或政治语言，但至少在人类胸膛之中还存有这样一种冲动，想要将我们作为其中一部分的全部自然世界统合起来，并使之神圣化。

　　然而，人们可以看到，世界上曾经存在并且仍然存在许多迥异甚至对立的认识论。这些认识论都强调了终极的统合——虽然不那么肯定；它们也都强调了终极的统合具有审美意义的观点。这些观点的一致性让人看到了希望，量化科学具有的巨

_17_

---

　　①　湿婆（Shiva），与梵天（Brahma）、毗湿奴（Vishnu）共同作为印度教三大神；湿婆是毁灭之神，兼具生殖与毁灭、创造与破坏双重性格。——译者注

大权威或许还不足以否定终极的统合之美。

我坚持这样一个假设：我们对统合之美感的丧失，只是源于一种认识论上的错误。我相信，这一错误可能比古老认识论中存在的所有微小错乱之和都更加严重，古老认识论全都赞同存在根本性的统合。

洛夫乔伊（Arthur Lovejoy）在《存在巨链》（*The Great Chain of Being*）①一书中曾优雅地讲述过我们失去统合感的部分故事。该书的故事从经典希腊哲学讲述到康德哲学以及 18 世纪德国唯心论的端倪。这是一部关于世界现在和过去都永恒地建立于演绎逻辑（deductive logic）之上的人类思想的故事。这个思想观念在《上帝之城》（*The City of God*）的铭文中被清楚地表达出来。至高心灵或逻各斯（Logos）处于演绎推理链的源头；排在其后的是天使，而后才是人，再后则是猿类等，直至植物和石头。所有事物都按照那个预设了热力学第二定律的前提，被安置并束缚于演绎逻辑的排序之中。该前提断言，"更完美"的事物绝不可能产生于"不太完美"的事物。

在生物学的历史上，正是拉马克（Lamarck）②颠覆了这一存在之巨链。他坚持认为，心灵内在于生物之中，可以决定生物的形态转变，从而使自己摆脱了那种消极且直观的前提，即完美必须始终先于不完美。他因此提出了一种从纤毛虫类（原

---

① Arthur O. Lovejoy, *The Great Chain of Being*: *A Study of the History of an Idea* (Cambridge: Harvard University Press, 1936).

② J.-B. Lamarck, *Philosophie Zoologique* (1809) translated as [Zoological philosophy: An exposition with regard to the natural history of animals, trans. Hugh Elliot] (New York & London: Hafner Press, 1963).

生动物)开始，逐步上升至男人和女人的"种变说"(transform-ism)(我们称之为进化论)。

拉马克的生物圈仍然是一个链条。尽管重点从至高的逻各斯转向了内在的心灵，但其认识论的统合性还保留着。

随后的五十年见证了工业革命指数式增长，以及机械(engi-neering)完胜心灵的辉煌，因而，为《物种起源》(*Origin of Species*，1859)准备好的、适应了文化新发展的认识论出现了，它不再将心灵作为一种解释原理，而将它排除在外。但这只是一种堂吉诃德(Don Quixote)大战风车般的幻象①。

反对者提出的抗议要比原教旨主义者的尖叫来得更加深刻。批判达尔文(Charles Darwin)最有力的塞缪尔·巴特勒(Samuel Butler)认为，对心灵作为一种解释原理的否定是不能容忍的，因而他试图把进化论再拉回到拉马克学说。但是他没能做到，因为他所遵循的还是"获得性状的遗传"这个假设(甚至达尔文也同意这个假设)。然而，这个假设(生物对其环境的反应可能会影响到后代的基因)本身是错误的。

我做出的论证将表明，这个假设错误属于逻辑归类中一个特殊的认识论错误；它所导致的关于心灵的定义，完全不同于达尔文和拉马克两人所模糊坚持的心灵观。尤其是，我还将设定，思想与处于随机(stochastic)过程中的进化演变十分类似。

本书将提到，思想层级结构——也被伯特兰·罗素(Bertrand Russell)称为逻辑类型(logical typing)——将取代《存在

---

① 在《堂吉诃德》中，当堂吉诃德和"仆人"桑丘来到"康苏埃格拉"(Consuegra)一带时，将几十架大风车幻想成坏人"巨人"，并与其展开殊死搏斗。——译者注

巨链》中的分层结构，并试图提出一个生物圈的神圣统合；相比较于历史上各种宗教所提出的神圣统合版本，这种统合在认识论上出现的错误会相对少一些。重要的是，无论对与错，它在认识论上应该是清晰明确的。只有这样，我们才有可能对它做出同样清晰明确的批判。

为此，本书的直接任务便是构建一幅有关世界是如何在心灵层面上联结在一起的图景。思想、信息、符合逻辑或实用的一致性所需的步骤以及其他相似的事物之间是如何结合在一起的呢？逻辑（即创造思想之链条的经典程序）与事物和生物的外部世界（其部分或整体）之间是如何建立起关系的？思想真的是在链条中发生的吗？或者只是学者们和哲学家们将这种线形的（lineal）结构强加于它的？试图避开"循环论证"（circular argument）的逻辑世界又是怎样与一个将因果循环推理作为主导而非特例的世界建立起关系的呢？

我们将要研究和描述的是一个由相互关联的信息材料、抽象的重言式逻辑、前提和例证所构成的庞大网络或者矩阵。

然而，截至1979年，尚没有任何描述这种一团乱麻状态的传统方法。我们甚至不知道从哪里开始。

五十年前，我们可能认为，完成这样一项任务的最佳方法或者是逻辑的，或者是量化的，或者两者兼而有之。然而，我们将认识到，就像每个小学生都应该知道的那样，逻辑无法准确而无矛盾地处理递归回路问题，而数量也恰恰不是复杂传播/沟通系统加以处理的内容。

换言之，逻辑和数量显示出它们并不是描述生物、生物间的相互作用以及生物内部组织的合适手段。我们会在适当的时

19

候表明这种不恰当的特殊性质，但就目前而言，我们要求读者接受这种说法是真的，即到 1979 年为止，还没有传统途径可以对生物组织和人际交往现象进行解释，或者哪怕只是进行描述。

约翰·冯·诺伊曼（John von Neumann）于三十年前在他的《博弈论》（*Theory of Games*）中就指出，行为科学中缺乏可作为生物学和精神病学的简化模型（reduced model）——如牛顿质点就是物理学的一个简化模型。

当然，还是有一些相互不太衔接的智慧思考会有助于完成本书的写作任务。因此，我将采用儿歌《小杰克·霍纳》中把李子一个接一个地掏出来，再挨个摆放开的方法，以便创造出一个阵列，让我们能够排列出一些关于心灵过程的基本标准。

在第二章"每个小学生都知道……"中，我将为读者汇集一些我认为简单而必要的真理例子。如果要让小学生们学会如何思考，这些例子首先是必需的；其次它们也是必要的，因为我相信，生物学的世界正好适合于这些简单的命题。

在第三章，我将以相同的方式进行写作，但是会将读者的注意引导到若干案例之上，这些案例将把两个或多个信息源汇集在一起，以产生出一种不同于任何单独信息源的信息。

当前，还没有一种现代科学将其特别兴趣放在片断信息的组合之上。但我将会论证，进化过程必须依赖于信息的这种双倍增量（double increments）。每步进化都是在现存系统之上信息的增加。正因如此，连续片断信息之间的组合、和谐或矛盾，以及信息的层级化，都将带来许多生存的问题，并从而决定了许多改变的方向。

在第四章"心灵过程的标准"中，我将讨论事实上一直以来都与地球生物圈结合起来共同创造心灵的那些特征。本书的其余部分将更加侧重于生物进化的问题。

整本书都将围绕着这样的主题，即思考生物世界中存在的大量秩序与失序的问题。这种思考不仅是可能的，而且也是值得的。今天我们已经拥有了大量的思想工具，但我们还不曾使用它们，其部分原因在于我们(老师和学生都一样)对许多已出现的启示尚且无知；还有部分原因在于，人们并不愿意接受那些因对人类困境进行清晰思考而获得的必要提示。

第二章

每个小学生都知道……

22
> 多数人皆为教育所误导；
>
> 他所信者恰是教育所灌输者。
>
> 若牧师只如护士一般工作，
>
> 那么成人也只如长不大的孩童。
>
> ——约翰·德莱顿（John Dryden）[①]，
>
> 《牝鹿与豹》（*The Hind and the Panther*）

23
　　科学就如艺术、宗教、贸易、战争甚至睡眠一样，也建立在预设（presuppositions）之上。只是，它与其他大多数人类活动的分野在于：科学思维的发展路径不仅由科学家们的预设，也由科学家们的目标所决定，而且科学思维的发展就是要不断验证和修改旧的预设，并创造出新的预设。

　　后一种有关科学预设的活动显然要求（但并非绝对要求）科

---

　　① 　约翰·德莱顿（1631—1700），英国诗人，剧作家、文学评论家。

学家们能意识到并能够表达出自己的预设；而且还要提供方便和必要的条件，让其他科学家了解相同领域中同行们的各种预设。更重要的是，它一定要让阅读科学材料的读者也可以了解作者的预设。

我曾在美国各类不同学校和教学医院，教过各个流派的行为生物学和文化人类学，学生中包括大一新生和精神科的住院医生。我发现这些学生存在一个非常奇怪的思维差异，这种差异源于某种思维工具的缺失。在所有层级的教育中，无论是男生、女生，还是文科生、理科生，都相当普遍地存在这一缺失。更确切地说，这一缺失表现为学生们不仅对科学中的预设，而且对日常生活中的预设都缺乏基本的认识。

那些从来没有想过自己的前提和预设可能有错的人，除了专门技能（know-how）之外，是什么都学不到的。

本书主题显然与宗教的核心和科学正统观念的核心有密切的关系。大多数学生都需要接受有关何为预设的教育。这个预设正是我们在这里想要揭示的东西。

然而，还存在另外一个难题，一个几乎只在美国的社会脉络中才会有的难题。毫无疑问，美国人就如任何其他民族一样，在有关预设上非常刻板（就像本书作者在这些事上的刻板一样）。但是，他们对于任何预设的清晰陈述都有着一种非常奇怪的反应。他们通常认为这样的陈述带有敌意，或者具有嘲讽性，又或者（也是最严重的）是专制性（authoritarian）的。

于是，在美国这块宗教自由的国土之上，宗教教育在国家教育体制中却没有受到法律的保护。宗教信仰较弱家庭的成员在他们自己家庭之外自然就得不到任何宗教训练。

因此，以正式而清晰的方式来陈述任何前提或预设，其实就是一种相当微妙的抗拒，而不是对矛盾的挑战，因为听者并不知道什么是矛盾假设，也不知道如何去表述矛盾假设；它所挑战的其实是因人为教养而形成的耳聋（cultivated deafness）。有了这种"耳聋"，孩子们就对家长、老师及宗教权威的宣教充耳不闻了。

尽管如此，我还是相信科学预设的重要性，相信建构科学理论的方式有好有坏，也坚信只有将预设清晰地表达出来，才能使预设有所改进。

因此，本章将尽力清晰地表述一系列的预设，其中有些看起来会比较熟悉，有些会比较陌生，因为读者一直以来从未接受过"有些预设根本就错了"的教育。另外，有些用于进行判断的思维工具如此之钝，以至于几乎毫无用处；而另一些思维工具又是如此之锐，以至于令人望而生畏。然而，睿智者对两者都能运用自如。

因而，很值得尝试去认识哪些基本预设是所有心灵共有的，或者反过来，通过列出一系列心灵所共有的基本沟通特性去对心灵加以界定。

1. 科学从未证明过什么

科学有时改进假设，有时证伪（disproves）。然而，证明（proof）则完全是另外一码事，也许除了在完全抽象的重言式逻辑领域之外，它从来就没有发生过。我们时常会说，如果给定如此这般的抽象推测或前提，那么如此这般的结果就一定会出现。但关于知觉的内容或者由知觉归纳推理得到的内容是否真实，则又是另外一回事了。

让我们姑且说，真理意味着我们的描述与所描述事物完全对应，又或者，我们进行抽象和演绎推理的全部网络与我们对外部世界的全部认识完全对应。但这种意义上的真理是不可得的。即便我们忽略编码的障碍，忽略我们的描述都是以文字、图形或者图像表达的情况，即便不去理会所有这些转译的障碍，我们所描述的是有血有肉、不断运动着的事物，我们仍然永远无法断言我们对任何事物拥有了最终知识。

论证这件事情的一个惯用方法大致如下：比方说，我提供给你一个序列（可能是数字序列，也可能是其他序列），我再提供给你一个预设，即这个序列有一定的秩序。为简单起见，我们就以一串数字为例：

2，4，6，8，10，12

然后我问你："这个序列的下一个数字是几?"你可能回答说："14。"

但是如果你真的这么回答了，我会说："噢，不。下个数字是27。"也就是说，你从这个首先给出的例子中归纳出的结论——这是个偶数序列——被证明是错的，或者只是与未来情况近似的。

让我们进一步探究这个问题。我用下面这个新序列来继续我的陈述：

2，4，6，8，10，12，27，2，4，6，8，10，12，27，2，4，6，8，10，12，27…

现在，如果我再请你来猜接下来的数字是多少，你可能会说是"2"。毕竟你已经知道 2 到 27 这个序列的三次重复。如果你是一个不错的科学家，你可能就会受到奥卡姆剃刀（Occam's razor）或简化规则（rule of parsimony）预设的影响，也就是说，你会偏好那些符合事实的最简单假设。在简单性的基础上，你便做出下一个预测。但所谓的"事实"又是什么呢？毕竟，超出给定（也许是不完整的）数列范围的事实，对于你来说是不得而知的。

你以为你可以预测，实际上我也把这个预设暗示给了你。你唯一的依据就是你（被训练出来的）对于简单答案的偏好，而且你相信我刚才的质疑实际上意味着这个数列是不完整的，但还是有序的。

不幸的是（或者，也许是幸运的），下一个事实是什么，我们永远不得而知。你所拥有的只是对简单性的期望而已，而下一个事实总是会将你带入下一层级的复杂性之中。

或者这样说吧，对于我能够提供的任意数列，如果在简单性的标准下，通常只有少数几种方法可以描述此数列，但是如果不受简单性标准的限制，就会有无限种替代方式可用来描述此数列。

假设以字母来代表上面的数字：

x，w，p，n…

这样的字母可以代表任意数字，甚至分数。我只要以口头、视觉或其他感觉形式，甚至痛觉或运动觉的形式，重复上面的序列三到四次，你就能开始知觉到我提供给你的模式。这个模式将在你的心灵——以及我的心灵中变成一种旋律，并具有了美学价值。到此为止，这个模式就变得熟悉且可理解了。

但是，为序列增加元素、反复重现序列或那些迫使你产生新知觉的东西，都可以改变、破坏原有模式，以至于模式究竟会发生怎样的改变，我们是没有绝对把握可以预测到的，毕竟它们尚未发生。

我们对于当下如何通往未来所知甚少。我们可能永远不能够说，"哈！我对于那个序列的知觉和解释，可以完全覆盖到它下一个或未来出现的组成元素"，或者说，"下次我碰到这些现象出现时，我就能够预测其整个过程"。

预测永远不是绝对有效的。因此，科学就不可能通过证明某些普遍性原则，甚至也不可能通过验证单一的描述性陈述等方式，来达到最终真理。

还有其他方式可以论证这种预测的不可能性。本书的论证（到目前为止，只有当我所说与你所知相互一致时，才可能说服你；而且这些论证在未来短短几年内也可能会被推翻或彻底改变）意味着，科学是一种知觉的方式，是一种将我们称之为"感觉"的东西转化为知觉的方式。但知觉的运作只能基于差异的存在。所有接收到的信息必定是有关差异的信息，所有对差异的知觉又都受限于感觉阈限。太过细小或太过缓慢的差异都不能被知觉到，因为它们不能成为知觉的对象。

由此可见，作为科学工作者，我们能够知觉到的也总是要受到阈限的制约。也就是说，阈下之物是不会成为被送入知觉磨粉机中的谷物的。任何时刻的知识都是我们可用的知觉工具阈值的函数。人们发明的显微镜、望远镜、可测量纳秒的计时工具或称量百万分之一克物体质量的仪器设备等，都提升了知觉的能力，同时也揭示出在发明这些仪器设备之前，我们在原有知觉能力水平上根本无法预测的那些事物。

我们不仅不能预测到下一瞬间将会发生什么，更为重要的是，我们也无法预料微观世界、天文宏观世界或者地质久远古代的下一个维度是什么。科学作为一种知觉方式（恰如所有科学所宣称的那样），就像所有其他知觉方式一样，在收集真相之外可见信号时，它的能力也是有限的。

科学探索(probes)；但不证明。

2. 地图非疆域，名称非所名之物

这个原理因阿尔弗雷德·科日布斯基(Alfred Korzybs-ki)①而出名，它在许多方面都给人以启发。它提醒人们，当我们想着椰子或猪肉时，一般而言，在我们大脑里并没有椰子或者猪肉。但以更抽象的方式来说，科日布斯基坚信，在所有思想、知觉或知觉沟通中，在描述和被描述的事物（即自在之物）之间，都存在一种转换、一种编码的过程。更重要的是，描述与被描述的神秘事物之间的关系往往具有分类的性质，即将事物归属于某一类。命名就是在进行分类，而绘制地图在本质上与命名是同样的过程。

28 总体而言，科日布斯基是一位哲学家，他试图说服人们去训练自己的思维方式。但是，他不可能说服别人。因为当人们

———————————

① 阿尔弗雷德·科日布斯基(1879—1950)，波兰工程师、数学家、哲学家，提出了系统的"普通语义学"理论。——译者注

将他的格言用于人类心灵过程的自然历史时，事情其实没那么简单。名称与所名之物以及地图与其划定的疆域之间的区分，可能真的只是由大脑优势半球来加以辨别的。负责符号与情感的大脑半球，通常情况下是右半球，就可能无法对名称与其所名之物进行区分。当然，它也不关心这种区分。因此，某些非理性的行为就必然会在人类生活中出现。我们的确有两个大脑半球，这是我们无法逃避的事实。两侧半球也的确以不同的方式各自运行着，我们也无法逃避这种差异所导致的混乱。

比如说，用优势脑半球——左半球进行思考时，我们会把旗帜之类的东西看作某个国家或者组织名称的代表。但右半球则不会做这种区分，它会把旗帜神圣地等同于它所代表的事物。所以"星条旗"（Old Glory）①就是美利坚合众国。如果某人踩在它上面，人们的反应可能是暴怒。而这种怒气不会因解释地图与疆域之间的关系而有所减弱（毕竟，践踏这面旗的人自己也将这面旗认同于它所代表的事物了）。类似于这种不对名称与其所名之物之间做出逻辑区分从而引发人们反应的情境，一定还数不胜数。

3. 没有所谓的客观经验

所有经验都是主观的。这是从后面第 4 节所得出的唯一的简单推论：我们自以为我们"知觉"到的表象，都是我们的大脑所创造的。

所有知觉，即所有意识知觉，都具有表象特征（image char-

---

① 星条旗系对美国国旗的爱称。——译者注

acteristics）。这一点非常重要。疼痛发生在某个地方。疼痛有始有终，出现在特定部位，并在感知背景中凸显出来。这些便都是一个表象的基本要素。当某人踩到我的脚趾时，我所经验到的不是他正踩在我的脚趾上，而是我形成的他踩到我脚趾的表象；这个表象是由神经信号传达至我的大脑后重构而成的，因而发生于他踩我脚趾之后。我们对外界的经验总以特定的感觉器官和神经通路为中介。在此意义上，感知对象是个人所创造的，我对事物的经验是主观而非客观的。

然而，十分有必要指出的是，至少在西方文化中，很少会有人去质疑像疼痛或者外部世界的视觉表象这类感觉资料的客观性。我们的文明正是深深地植根于这种错觉之上。

4. 表象形成过程是无意识的

在引导感觉器官指向某一信息源的有意行动（conscious action）与从（"我"似乎看到、听到、体验到、尝到或者闻到的）表象中获取信息的有意行动之间发生的一切，似乎都符合上述那条普遍原理。即便疼痛也毫无疑问是一个被创造出来的表象。

毫无疑问，人、驴和狗都会有意识地去听，甚至竖起耳朵朝向声源的方向。至于视觉，在我视野范围内移动的东西都会吸引"注意"（无论其含义是指什么），我因而会转动眼睛甚至头部去看。这往往是一种有意识的行动，但有时它又几乎是自动的行动，以至于不会引起注意。我常常会有意识地转动头部，但却没注意到视野中哪些视线引起了我头部的转动。外围视网膜所接收到的大量信息仍处于意识范围之外——这些信息可能

（但又不一定）是以表象形式存在着。

我们无法意识到知觉的过程；我们能够意识到的是这个过程的结果。当然，结果才是必要的。于我而言，以下两个普遍事实就是经验认识论的起源：其一，我看表象是有意识的，但我对产生该表象的过程是无意识的；其二，在这些无意识的过程中，我利用了最终构建出表象的所有种种预设。

当然，我们都知道，我们"看见"的表象实际上是由我们的大脑或心灵制造出来的。但是，在理智层面上理解这一结论与认识到事实确实就是如此，是有区别的。我被迫注意到这一区别，是源于大约三十年前小阿德尔伯特·埃姆斯（Adelbert A-mes, Jr.）①在纽约向我演示的深度是如何影响视觉表象（visual images）的实验。埃姆斯是一名眼科医生，主要治疗瞳孔大小不一（anisocoria）的患者。这些患者两眼所形成的视觉表象大小不同。这使得埃姆斯开始研究深度知觉中的主观成分。对这种现象的研究十分重要，它会为经验认识论或者实验认识论奠定基础。我接下来将详细叙述我所见到的埃姆斯实验。

埃姆斯将实验安排在纽约市一个偌大而空旷的公寓内。我还记得，当时进行了大约五十个实验。当我去看他演示时，我是那里唯一的访客。埃姆斯向我问好，并建议我从头开始看这个实验序列。然后，他就回到一个装修成办公室样的小房间里工作了一会儿。另外，除了两张折叠躺椅，整个公寓没有其他任何家具。

_____

① 小阿德尔伯特·埃姆斯（1880—1955），美国科学家，在物理学、生理学、眼科学、心理学、哲学领域有着杰出贡献。他有关视觉感知错觉的构造，特别是埃姆斯屋（Ames room）和埃姆斯窗（Ames window）非常著名。——译者注

我看了一个又一个实验。每个实验都包含了某种会影响深度知觉的视错觉(optical illusion)。整个系列实验的主旨在于，用五条主要线索引导被试创造出表象中的深度现象，而该表象与我们用眼睛看世界时创造出来的表象完全一样。

　　第一条线索是大小①，即视网膜上物体成像的大小。当然，我们无法观察到(see)这个成像。更准确地说，关于距离的第一线索就是物体投射在眼球上所形成的夹角。但实际上，这个夹角也是看不见的。因而，视神经所反映的距离线索也许又变成物体投射夹角变化(change in angle subtended)。② 上述事实可以通过黑暗中的一对气球进行演示。这对气球自身受到同样的光照，它们里面的空气相互连通。气球的位置是固定的。但当一只气球变大，另一只气球缩小时，观察者看到的是，变大的气球正在靠近自己，而缩小的气球则往后退去。随着空气在两只气球间来回流动，两只气球看起来就像在交替往复地前后移动着。

　　深度的第二条线索是亮度的对比。还是用气球来进行演示：让两只气球保持同样大小，并且基本保持静止。此时只有光照发生改变，先照在一只气球上，然后再照在另一只气球上。光照的这种交替会让两只气球看起来就像在依次靠近和远离观察者。这与气球大小的改变所产生的效果是一样的。

31　　随后的实验序列还显示出，大小与亮度这两个线索可以相

---

　　① 更精确地说："第一条线索是大小的对比……"
　　② 我发现，不但视觉感知的过程对于意识来说是无法得知的，而且，对于像发生在"看"这样最简单的行为中的事情，我们也无法用语言来建构任何可接受的描述。对于那些无法意识到的事物，语言无法予以表达。

互对抗，并产生矛盾的效果。例如，当两个线索同时出现时，缩小的气球总是那只被照得更亮的气球。这个组合实验结果说明了一点，某些线索会比其他线索更占支配地位。

当天演示的整个线索序列包括大小、亮度、重叠、双眼视差、头部运动造成的视差。在所有线索中，头部运动所造成的视差最具支配性。

看完了二三十个这样的演示后，我需要休息一下。于是，我走向其中一张折叠躺椅，坐了下来。结果，折叠躺椅被坐塌了。埃姆斯听到响声后，出来看看我是否有事。然后，他又和我一起做了下面这两个实验。

第一个实验是关于视差的。在一个约五英尺①长的桌上放有两样东西：一盒好彩牌(Lucky Strike)香烟，被一根细长尖钉固定在离桌面约几英寸②高的位置。在桌子的远端，有一个纸质火柴盒，同样被尖钉支起来。

埃姆斯让我站在桌子的近端，并描述我所看到的两个物体的位置，以及它们看起来有多大。（在埃姆斯的实验中，被试总要先观察现象，然后才被告知错觉之处。）

然后，埃姆斯告诉我，在桌子的近端，有一块带圆孔的木板，竖立于桌子的边缘放置。我可以通过这个圆孔，顺着桌子长边的方向进行观察。我通过圆孔观察后，他让我告诉他我看到了什么。当然，对于我来说，那两个物体仍处在之前我已经知道的位置上，它们的大小依然如故。

———————

① 1英尺约为0.3米。——译者注
② 1英寸约为2.54厘米。——译者注

通过木板圆孔观察时，我不能俯视整张桌子，而且只能用一只眼睛看。埃姆斯建议我，可以通过左右移动木板来获得物体的视差。

当我随木板向一侧移动我的眼睛时，图像完全改变了——像变魔术一般。好彩烟盒突然移到了桌子的远端，而且大小变成普通香烟盒的两倍高、两倍宽。甚至烟盒纸上的表面纹理都发生了改变，上面的微小不平整之处现在似乎变大了。而那个火柴盒突然看起来像玩具屋大小了，而且位置也移到了桌子中间的地方，恰好是好彩烟盒原来所处位置。

究竟发生了什么？

答案很简单。在桌子下面我看不到的地方，有两根杆子或者棍子。在我移动木板的同时，它们会使两个物体向同侧运动。众所周知，在正常视差下，当我们从一辆疾驰的火车上往外看时，离我们近的物体转瞬即逝，如在铁轨边吃草的牛群一下子就看不到了。而远山在我们的视线中离开得极慢。和牛群相比，它们好像在和火车一同运动。

桌下的杆子使近处物体与观察者一起移动。在这种情况下，烟盒就好像在很远处运动，而火柴盒则好像在近处运动。

换句话说，通过移动我的眼睛和带圆孔的木板，我创造了一个颠倒的显现（appearance）。在这种情况下，无意识的表象形成过程制造出了合适的表象。烟盒的信息被解读为远处的一个烟盒表象。但是烟盒的高度与眼睛所成的角度并没有改变。因此，烟盒现在就显得特别巨大。相应地，火柴盒看起来似乎被拉近了，但它与眼睛所成的角度与它在真实位置上并没什么不同。实验便创造出一种表象，它使火柴盒的位置看起来只有原先距离的一半，其大小也只有原来的一半大。

知觉机制按照视差原理创造表象。这一原理最初是由文艺复兴时期的画家们清晰地表述出来的。整个利用视差线索创造表象的过程，完全发生于我们的意识之外。我们以为自己所了解的宇宙运行原理，其实就深埋于我们的知觉过程中。

在自然历史层面上，认识论大部分都是无意识的，因此也很难改变。埃姆斯给我演示的第二个实验就表明了这种改变的困难。

这个实验被称为梯形的房间(trapezoidal room)。实验时，埃姆斯让我观察一个大盒子。这个盒子大约五英尺长，三英尺高，前后有三英尺深。这个盒子是个奇怪的梯形形状。埃姆斯让我仔细检查它，以了解它的真实形状和尺寸。

盒子的前面有一个足够大的窥视孔，可以容下两只眼睛进行观察。实验开始前，埃姆斯让我戴上一副棱柱形的眼镜。这眼镜会破坏我的双眼视觉，让我产生一个主观假设，以为自己是有双眼视差的，而实际上我几乎完全没有任何双眼线索。

当我从窥视孔看进去时，盒子的内部看起来是长方形的，而且似乎还是个带长方形窗户的房间。当然，暗指构成窗户的那些线条绝非那么简单；它们画出来的样子就是要让人感觉它是长方形的，但其实它是梯形的。之前我就看到，我正对着的那一面墙是倾斜的。它的左端离我较远，右端离我较近。

埃姆斯给我一根棍子，让我把棍子伸进去，碰到固定在左边墙上打印纸上的一个点。我相当轻松地完成了。然后埃姆斯说："你看到右边也有一张类似的纸吗？现在我要你用棍子击打那张纸。先用棍子的末端碰到靠左边的那张纸，然后尽全力

33

地击打右边的那张纸。"

我狠狠地击打过去。但棍子的一端只移动了大概一英寸，就撞到了房间的后面，再也移动不了。埃姆斯说："再试一次。"

我试了大约五十次。我的胳膊开始酸痛。当然，我知道我必须校正我的动作：当我击打时，我要将棍子往回拉一下，以避免碰到后面的墙。但是我所做的都只在我的视觉表象引导下进行。我尝试往回拉的动作，与我本能的动作是相矛盾的。（我假定，若我闭上眼睛，我可能会做得更好些；但当时我没有试过。）

我从来没有成功地打到右边墙上的第二张纸。但有趣的是，我还是取得了进步。我终于能够在棍子撞上后面的墙之前，将棍子一端移动好几英寸。当我不断练习改善我的动作时，我的视觉表象也有所变化，感觉这个房间变得更像梯形了。

埃姆斯后来告诉我，实际上，经过更多的练习之后，人们可以学会毫不费力地击中第二张纸，同时还能学会看出房间真正的梯形形状。

"梯形的房间"是系列实验的最后一项。实验演示结束后，埃姆斯邀请我一同去吃午餐。我先到公寓的卫生间里洗漱一下。我打开一个标有"C"（即 cold，冷水）的水龙头时，一股带着热气的开水流了出来。

34　　　随后，我和埃姆斯一起下楼找餐馆。我对自己形成的视觉表象已经完全没有信心，我甚至都不敢过马路了。我都不敢确定，那些来来往往的汽车是否真的处于它们当前看起来的位置上。

总之，由知觉呈现给"心灵之眼"（mind's eye）的表象所发出的即时命令，是自由意志所无法抗拒的。但是，通过刻苦的练习和自我校正，人们可以部分地改变那些表象。（第七章将进一步探讨校准中的这类变化。）

尽管这些实验非常精彩，但是表象形成的真相几乎仍然完全是一个谜。它是怎么实现的，我们不知道——事实上，我们也不知道它的目的是什么。

可以这样说，它构成了一类适应性的感觉系统，它只是把表象传递给意识，而不在形成意识上虚耗各种心理活动。但是，并没有任何明确的理由可以解释为什么心灵要使用表象，或者更进一步说，为什么要去觉察心灵过程的任何组成部分。

有理论猜测，表象形成可能是一种在某些种类的界面（interface）之间传递信息的便捷或经济的方式。很显然，当一个人必须在两台机器之间行动的时候，让机器以表象的形式把信息传递给他或她，是比较方便的。

这里举一个已经被系统研究过的例子，即军舰上的炮手发射防空炮的例子。① 从各种瞄准设备收集到的有关飞行着的射击目标的信息，会被整合为屏幕上一个移动的点（即一个影像）并呈现给炮手。在同一个屏幕上还有另外一个点，这个点的位置表示防空炮的瞄准方向。炮手可以通过控制设备上的旋钮操纵第二个点的移动，以调整瞄准方向。炮手必须不断调整旋钮，直到两个点在屏幕上重合，然后就开火。

这个系统包含了感觉系统与人、人与效应系统（effector

---

① 这是我与约翰·斯特劳德（John Stroud）私下谈话的内容。

system)之间的两个界面。当然，我们可想象到，在这类例子中，输入和输出信息都能以数字形式加以处理，而无须转化为图像模式（iconic mode）。但是，在我看来，图像设备（iconic device）肯定更为方便。这不仅仅是因为我们人类是心灵表象的创造者，也是因为在这些界面之间，影像（表象）要更为经济，或者说，也更为高效。如果上述理论猜测是正确的，那么我们的猜想——哺乳动物们创造出表象是因为它们的心灵过程必定要与很多界面发生关联，也应该是合情合理的。

我们对知觉过程毫无察觉，也带来一些非常有意思的副作用。比如说，当这些过程不经感官输入材料的检验时，就如在梦境、幻觉、遗觉（eidetic）象中发生的那样，那么，质疑这些表象所表征的外界的真实性，有时候就变得十分困难了。相反地，我们对产生知觉表象的过程知之甚少，也可能是件好事。只有不去理会知觉是如何运作的，我们才会比较容易相信（believe）感觉告诉我们的一切。否则，不断地去怀疑感官汇报给我们的证据，可能会是极糟糕的事。

5. 将感知到的世界分割为部分和整体是出于便利，也可能是必要的，但并无必要确定分割的具体方式[①]

我曾多次试着将这个普遍原则教给班上的学生，为了达到

[①] 在这里提出的对形式必要性的提问可能有一个答案：有证据表明，宇宙的特点在于，它的各部分之间的因果或其他类型的联系的不均匀分布。也就是说，联系较密的区域，它们之间因存在联系不那么密的区域而彼此相隔。这可能是因为存在必然的、不可避免的进程，能对互联密度做出反应。于是，密者愈密，疏者愈疏。在这样的情况下，宇宙必然可以以一种形式呈现——整体以互联中相对较疏的区域为界。

这一目的，我还用了图 2-1 来做示范讲解。我用粉笔把这幅图相当准确地画在黑板上，但是，没有用字母标注各个角。我要求学生们写一页纸的书面英语来描述"它"。在每个学生完成描述后，我们对结果进行了比较。这些结果可分为以下几种：

36

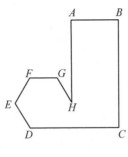

图 2-1

(1) 例如，大约有百分之十或不到的学生说，这个物体是一只靴子，或者，更形象地说，是一个有痛风脚趾的男人的靴子，或者甚至是一个马桶。显然，要让听者们根据类似于这样的类比或者图像化去描述再现出原物，是非常困难的。

(2) 更多的学生看到了这个物体包着含一个长方形和一个六边形的大部分，并用下面的方式将它分成几个部分：他们努力地试图描述出不完整的长方形和六边形之间的关系。其中有很少一部分学生（但令人惊讶的是，每个班通常都有一两名）发现了可以画一条直线，把 B、H 两点连起来，然后延长 BH 线至底线 DC。将交点标记为 I，那么 HI 就能使一个正六边形完整起来（见图 2-2）。这条虚线可以决定长方形的比例，但当然，不能决定它的绝对长度。我通常会祝贺这些学生，因为他们具备了提出类似科学假设的能力，即根据某种想象出来的事物，来"解释"可感知到的规律。

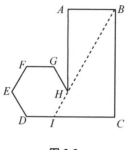

图 2-2

37

（3）很多受过良好训练的学生则采用了操作性方式来进行描述。他们会从物体轮廓线上的某个点（有趣的是，总是顶点）开始，通常按照顺时针方向把所画的图形标示出来。

（4）另外还有两种广为人知的描述方式，但到目前为止还没有任何一个学生采用过。没有学生用"它是由粉笔和黑板构成的"这句话来描述；也没有学生采用网片法（the method of the halftone block）进行描述。后者是先将黑板表面划分为一个个格子（任意的长方形），再根据每个网格中是否包含了物体的某个部分，给出"是"或"否"的描述。当然，如果网格太大而物体较小，大量信息就会丢失。（想象一下，如果整个物体的大小小于一个网格，那么，根据网格落在物体上的不同分布，对该物体的描述将只包含一至四个肯定命题。）然而，原则上，这正是报纸插图由电脉冲传输网格的方式，实际上也是电视的工作方式。

需要注意的是，所有这些描述方式都无法解释黑板上的对象——那个六边形—长方形。解释必定源自描述，但是，正如这里的几个例子所显示的那样，生成解释的描述又必定带有任意性的特征。

6. 趋异序列是不可预测的

根据大众对科学的一般印象，所有事物在原则上都是可预测且可控制的；而在现有知识状态下，即便某一事件或过程是不可预测、不可控的，那么，只要再多增加一些知识，特别是再多一些技能（know-how）知识，我们就能预测和控制这些顽劣的变量了。

但这个观点是错误的，它不仅仅在细节上存在错误，在原则上它也是错误的。我们甚至有可能找到大量现象，由于某些非常基本而又可理解的原因，它们根本无法被预测和控制。这类现象中最为熟悉的例子，莫过于打破诸如玻璃一类表面具有同质性的物体了。液体和气体中的分子布朗运动也同样是不可预测的。

如果我向一扇玻璃窗扔一块石头，在适当的情况下，玻璃会破碎或破裂成星形的样子。如果我的石头像子弹那样快速地撞击玻璃，那么就会在玻璃上打出一个清晰的锥形孔洞，也就是所谓的撞击锥孔（cone of percussion）。如果我的石头太小、速度太慢，就有可能根本打不碎玻璃。这个层面上的预测和控制是完全可能的。假设我投掷时没有用力不当，我便可以轻易地确定结果将会是上述三种结果（星形碎片、撞击锥孔、没有破损）中的哪一种。

但是在产生星形裂痕的情况下，预测或控制星形裂痕的路径和位置则是不可能的。

38

奇妙的是，实验方法越精细，其结果就越难以预测。比如，我选用可以找到的同质化程度最高的玻璃，将其表面打磨成最精准的光学平面，并且尽可能精确地控制石头运动，以保证石头近乎精准地垂直撞击玻璃表面，所有这一切的努力都只会使撞击结果变得更加难以预测。

但是，如果我用的是一块表面被刮坏的玻璃，或者一块已经有裂痕的玻璃(这算是作弊吧)，我就可以做出一些大致接近结果的预测。由于某种(我所不知道的)原因，玻璃的裂痕方向与刮痕平行，在刮痕一侧裂开大约 0.01 英寸长，以至于刮痕只会在裂痕的同一侧出现。裂痕超出刮痕末端以外，会突然改变方向，且方向无法预料。

在拉力的作用下，一根链条会在它最脆弱的连接点断裂。这是我们可以预测的。困难的是，在链条断裂前如何找到这个最脆弱的节点。我们能够知道普遍的事物，但却理解不了特定的事物。我们知道，某些链接的设计就是要让链条在特定拉力作用下、在特定节点上断裂。但对于一根质量很好、具有很高的同质性的链条，我们就无法预测它的断裂。因为我们不知道链条上哪个节点最为脆弱，也就无法精确地判断出需要多大的拉力才能使这根链条断裂。

如果我们在一个干净、平整的烧杯中，加热一种纯净的液体(比方说纯净蒸馏水)，那么，第一个气泡会出现在哪里？会在什么温度下出现？又在哪个瞬间出现呢？

这些问题都是无法回答的，除非在烧杯内表面有微小的凹凸不平，或者在液体中有一粒灰尘。没有一个改变启动状态的明显核心点，任何预测都是不可能的。因为我们不确定将从哪里开始变化，也不确定它从何时开始变化。正因如此，我们就不能确定液体会在什么温度下开始沸腾。

如果这个实验非常严格地进行——使用极纯净的水和极平整的烧杯，那么过热现象①就会产生。最后，水会沸腾起来。到了最后，总会出现一个差异（difference），它将成为变化的核心点。之后，过热部分的液体最终会"发现"这个差异点，并强烈地沸腾一会儿，直到温度降回到与周围气压相适的正常沸点。

液体的凝固以及从过饱和的溶液中析出晶体，都属于类似的情况。事件核心点，即差异点（就拿过饱和溶液来说，也许就是一个微观晶体），是启动整个过程所必需的。

我们在本书其他部分都应该注意到，在有关特定个体的陈述与有关个体集合的陈述之间，存在一道很深的沟壑。这些陈述属于不同的逻辑类型，由其中一个类型预测另一个类型，其结果始终是不确定的。例如，"液体在沸腾"的陈述与"那个分子将会第一个开始剧烈运动"的陈述，就属于不同的逻辑类型。

*　　　*　　　*

这个概念与历史学说和进化论背后的哲学，以及我们对所生存世界更广义的理解，都有着各种各样的联系。

从历史学说层面讲，一些学说认为那些作为历史核心点的个体，即那些曾推动社会深刻改变或革新的伟人们，在某种意

---

① 把物质加热到通常发生相变的温度以上而仍不出现相变的现象。——译者注

义上与他们所促成的变革无关。比如，它们认为，西方世界在1859 年已经足够成熟（可能过于成熟），准备好了创造和接受一个反映工业革命的伦理道德并为之辩护的进化理论。从这一观点出发，查尔斯·达尔文本人的作用就显得不那么重要了。如果他没有提出进化理论，别人也会在接下来的五年内提出一个相似的理论。实际上，阿尔弗雷德·拉塞尔·华莱士（Alfred Russel Wallace）①和达尔文理论之间的并行性，乍看起来，似乎是在支持这个观点。②

有的学说主张，社会发展就像一根链条，必定存在一个最脆弱的节点。在合适的社会力③或张力的作用下，某个人会成为第一个推动趋势发展的人，至于这个人是谁则无关紧要。

40 但是，谁是第一个推动趋势的人，确实是重要的。如果用华莱士代替达尔文，我们今天的进化论可能是非常不同的。因为华莱士比较了带有调节器的蒸汽机与自然选择的过程，所

① 华莱士（1823—1913），英国博物学家、探险家、地理学家、人类学家、生物学家。——译者注
② 这个故事值得重提。华莱士是一位年轻的博物学家。在 1856 年（达尔文《物种起源》出版三年前），在印度尼西亚德那第的热带雨林中，他染上疟疾。神志失常后，在精神恍惚的情况下，他发现了自然选择的原则。他将此写成一封长信，寄给达尔文。在信中，他是这样描述他的发现的："这个原理的作用恰如蒸汽机中的离心调节器的作用一样，在任何不规律性变得明显之前，就会检测到并纠正它们；动物世界也以同样的方式，不允许任何失衡的缺陷达到显著的量级，因为失衡会让生存变得困难，灭绝也势必会随之而来，所以在它们出现的第一时间就会被动物察觉到。"（引自：*Darwin, a Norton Critical Edition*，ed. Philip Appleman, W. W. Norton, 1970.）
③ 注意这里物理隐喻的使用，对于所讨论的生物现象来说是不太合适的。实际上，这整个关于社会生物问题和物理进程的比较，一方面来说，可能是有争议的，另一方面来说，则是乱用不恰当隐喻。

以，整个控制论运动可能会提前 100 年就出现了。又或者，这个巨大的理论进步可能由 19 世纪末克劳德·伯纳德（Claude Bernard）①的理论演变而来，因而它就会出现在法国了。伯纳德发现了后来人们所称的身体稳态（homeostasis）理论。他观察到躯体内环境（milieu interne）具有平衡性，或者说可以进行自我修正。

我认为，"谁来充当变革的核心并不重要"这样的说法是不恰当的。恰恰是因为个人的核心作用，才使得对未来历史的预测是不可能的。

7. 趋同序列是可预知的

这一普遍原则与第 6 节审视过的原则恰恰相反。两者之间的关系取决于趋异（divergence）与趋同（convergence）两个概念的对比。虽然这一对比是一个特例，但对于罗素层级体系中相继层次之间的差异来说，它又是非常基本的。我们将在第四章中讨论罗素的理论。但我们现在需要注意的是，罗素层级体系中的成分彼此之间的关系，就如成员之于类、类之于类之类，或者命名之物之于名称的关系一样。

趋异序列的重要性在于我们对它们的描述关乎个体，尤其是单个分子。玻璃上的裂痕、水开始沸腾的第一步以及所有其他例子都显示出，事件发生的位置与时间是由少数单个分子的瞬间集合所决定。相似地，对于布朗运动中单个分子路径的任何描述都不允许进行进一步的推断。某一瞬间发生的事，即便

_41_

---

① 克劳德·伯纳德(1813—1878)，法国生理学家。——译者注

我们能够知道它，也不能为我们预测下一刻将会发生什么提供信息。

相反，太阳系中行星的运转，盐离子混合物中化学反应的趋势，台球之间的撞击，这些都包含着无数分子，却都是可预测的。这是因为我们将大量群组或者类别的个体行为当作了事件描述的对象。这才给了科学使用统计学的一个正当理由，并且使统计学家们永远铭记，他们的陈述只是针对群组或者类别这些集合体而言的。

从这个意义上说，所谓概率定律（laws of probability）在对个体行为的描述和对总体行为的描述之间，起到了中介的作用。我们稍后会看到，自拉马克时代始，进化论的发展就一直伴随着个体与统计之间这种特殊的冲突。如果拉马克明确肯定，环境中的变化会影响整个种群的普遍特征，那他就与最新的遗传实验——比如沃丁顿（Waddington）的遗传同化实验（将在第六章讨论）等达成一致了。但是，拉马克及其追随者们似乎天生带有一种混淆逻辑类型的癖性。（对于这个问题以及正统进化论者面对的相应困惑，我们将在第六章中讨论。）

尽管如此，不论是在进化还是在思维这样的随机过程中，新事物只能从随机中产生。要使新事物从随机产生出来，或者当新事物恰好出现时，就需要某种选择机制来说明新思想的持续存在（ongoing persistence）。因此，像自然选择这样的自明之理（truism）、重言式（tautology），就必定会出现。新事物要想继续存在，就必须比其他可替代的事物更为持久。在随机的涟漪中，能够留下来的波纹比那些留不下来的波纹要来得更加持久。概言之，这就是自然选择之说。

8. "一无所有只能换来一无所有"①

这句引自《李尔王》(*King Lear*)的话，将中世纪以至更为
现代的一系列至理名言尽数归纳起来了，这包括：

(1)物质守恒定律及其逆命题——没有新物质能从实验室里造出来。[卢克莱修(Lucretius)说过："即便是神力，也不能从无创造出有。"②]

(2)能量守恒定律及其逆命题——没有新能量能从实验室里造出来。

(3)巴斯德(Pasteur)所证明的原理——没有新生命能从实验室里造出来。

(4)没有信息，就无法创造新秩序或新模式。

有人可能会说，类似于上述这些否定陈述不过是人们预期事物的规则，而不是自然法则。然而，它们是如此接近真理，以至于所有的例外都变得极其有趣了。

特别有趣的内容其实隐藏在这些深奥逻辑否定(negations)间的关系之中。比如，今天我们知道，在能量守恒与物质守恒之间有一座桥梁；借由这座桥梁，上述每一个否定本身又被物

---

① "Nothing Will Come of Nothing"，是莎士比亚《李尔王》中的金句，通常译为"一无所有只能换来一无所有"。在这一节，作者借以论证"无不能生有"命题的不充分性。——译者注

② Lucretius, *On the Nature of the Universe*, translated by, Ronald E. Lathan (Baltimore：Penguin Books).

质到能量、能量到物质之间的互换给否定了。

　　然而，从当前的关联性来说，这一系列陈述的最后一项才是我们的主要兴趣所在，即存在于沟通、组织、思维、学习和进化等领域中的命题：没有信息，则"无不能生有"。

43　　这个法则不同于物质和能量守恒定律，它并不含有否定信息、模式或者负熵损坏和丢失的从句。唉（但也要为之高兴），模式和/或信息都太容易被随机所吞噬。在某种程度上，秩序的信息和原则，好像只存在于沙子之中或者只写于水面之上。几乎任何扰动，哪怕仅仅是布朗运动，都足以摧毁它们。信息会被遗忘或变得模糊。译码本也可能会遗失。

　　读不懂的信息便不再是信息。如果没有罗塞塔石碑（Rosetta stone），我们对埃及象形文字便一无所知。这些文字就不过是莎草纸或岩石上留下的高雅装饰物。事物要有意义（哪怕只是被作为模式），那么每一种规则都必须与互补的规则（或者技能）有所交集，而这些技能也如那些模式本身一样，会稍纵即逝。它们同样也是埋于沙子中或写于水面上的。

　　以技能的出现来回应信息，是进化过程的另一面。这就是协同进化（co-evolution）。

　　吊诡的是，在信息和组织的世界里，"无不能生有"这一深刻的不完全真理遭遇到了一个有趣的矛盾，即在没有任何指标性事件的环境下，零也是一种信息。幼蝉爬上一棵树，在伸出的细枝上等待。如果它闻到了汗味，就会落下来，落在一只哺乳动物身上。但如果它等了好几个星期都没有闻到汗味，它也会落下来，然后爬上另一棵树。

　　你没有写的信、没有道的歉、没有给猫拿出的食物——所有这些都是充分而有效的信息。因为零在脉络中是有意义的，正是信息接收者创造了这个脉络。这种创造脉络的力量正是接收者的能力；而获得这一能力是接收者在上述协同进化中所起到的那部分作用。他或她必须通过学习或靠幸运的基因变异（即在随机的基础上出现的成功突破），来获得这一技能。某种意义上，当合适时机到来时，接收者必须做好发现它的准备。

因此可以想象，即使没有信息，"无不能生有"这一命题的反面在随机过程中也是有可能存在的。准备状态（readiness）可以作为选取随机要素的机制，使所选取的随机要素成为新信息。当然，要从随机要素中产生新信息，就需要确保一直都有一定量随机要素的存在。

这种情况将组织、进化、成熟和学习等整个领域分成了两个独立的领域：一是渐成论（epigenesis）或胚胎学的领域；二是进化与学习的领域。

渐成论是沃丁顿偏好的词语，用来指称他主要感兴趣的领域，而这个词的旧称为胚胎学。它强调了胚胎发育走的每一步都是一种生成（becoming，希腊文为 genesis）的动作，生成必须建立于改变之前的原有状态之上（upon，希腊文为 epi）。很明显地，沃丁顿对传统信息论嗤之以鼻。在他看来，传统信息论完全不允许"新"信息的产生，而他认为，渐成过程的每个阶段都会产生"新"信息。的确，根据传统理论，这种情形中根本不存在新的信息。

理想情况下，渐成论应该与复杂性重言式的发展一样，在公理和定义被制定之后，就不需添加任何成分了。毕达哥拉斯定理（Pythagorean theorem，即勾股定理）内隐于（即已经被整合进）欧几里得公理、定义以及假设中。需要做的只是将公理

44

进行展开，但对于人类而言，还需要知道按照什么步骤顺序来展开。只有用文字和符号把欧几里得的重言式命题写在纸上，并按照时间进程顺序将其描述出来时，才会需要后一种特殊的知识信息。在理想的数理逻辑重言式中，没有时间，没有展开，也没有论证。但是，那里所隐含着的当然不存在于空间之中。

渐成论和重言式构成了重复的世界，与此相反，还存在一个包含了创造、艺术、学习与进化的完整领域，其中持续的变化过程是靠随机性作为原动力的。渐成论的本质是可预测的重复；而学习与进化的本质则是探索与改变。

在人类文化的传承过程中，人们总是试图复制，将父代的技能和价值观传递给下一代；然而，这样的尝试往往不可避免地会失败，因为文化传承与学习相关，而非与脱氧核糖核酸（DNA）相关。文化传承的过程是渐成论和学习这两个领域的一种混合或综合。为了复制，必须是通过学习，因为父母所拥有的正是他们自己通过学习所获得的。如果下一代奇迹般地拥有了能够赋予其父代技能的 DNA，那么那些技能也可能是不同于父代的，甚至是非活性的。

有趣的是，处于这两个世界之间的是解释这一文化现象——它将那些不熟悉的事件序列映射到重言式命题上①。

---

① 我用了"映射到……上"（to map onto）这个词组，是出于以下原因：所有描述、解释、再现，在某种意义上，必然是一种对衍生物的映射，从现象到被描述在某个表面、矩阵或坐标系上。就真实的映射而言，接收的矩阵通常是一张平整的、有限范围的纸。当被投射的物体太大，或者比如说是球状的，困难就出现了。如果接收的矩阵是环形曲面（甜甜圈），或者如果它是不连续的线形序列点，其他困难也因此产生。每个接收矩阵，甚至是一种语言或者假设的重言式网络，都有它自己的形式特征。因此，原则上，被投射的现象就会被曲解。宇宙，可能是普罗克鲁斯忒斯设计的。那是个希腊神话里的邪恶角色。每个住在他旅店里的旅客都必须截肢或将腿拉长，以适应那张床。

最后，人们会发现，渐成论和进化这两个领域在更深层次上，具有热力学第二定律孪生模型（twin paradigms）的特征：(1)概率的随机运作总是会吞噬秩序、模式以及负熵；(2)但随机运作以及多余的不受束缚的选择性（熵）对于新秩序的创生则是必要的。正是出于随机性，有机体才能获得新的变异，也正是在这里随机学习才能收集到解决方案。进化达到的生态极峰相，即所有分化可能性达到了生态饱和（ecological saturation）的状态。学习导致心灵过载。但通过回归到未开化的、大量生产出来的卵的状态，持续发展的物种就会一次又一次地清空自己的记忆库，以便为新事物的到来做好准备。

9. 数不同于量

数与量之间的差异是行为科学中任何理论思考的基础，同时也是想象生物体彼此之间或内部发生事件的基础（这种想象本身是生物体思维过程的一部分）。

数是计数的产物，而量是测量的产物。这意味着，数字是精确的，因为在每个整数与下一个整数之间存在不连续性。2与3之间有一个跳跃。但就量而言，则没有这样的跳跃；因为在量的世界中，不存在跳跃；任何量都不可能是精确的。可以准确地说，你有3个番茄；但是你永远不会有丝毫不差的3加仑水。量永远是近似的。

即使我们已经清晰地区分了数和量之间的差异，我们还必须认识和了解另一个概念，它与数和量还是有区别的。我以为，这个概念还没有相应的英语单词，所以我们退而求其次，只要求记住，有一个由模式构成的子集，其成员通常被称为

"数字"。不是所有的数都是计数的产物。实际上，有一些更小、更为寻常的数字，它们通常不是数出来的，而是一眼看上去，就能看出它是那种模式。玩牌的人不用专门停下来去数黑桃 8 中的点数，就能认出这个牌来；他们甚至可以认出所有"10"点以下牌的特征模式。

换言之，数是由模式、完形和数字运算构成的世界；而量则是模拟运算和概率运算的世界。

有些鸟能以某种方式辨别 7 以下的数字。但它们是通过计数还是通过模式识别做到的，我们就不得而知了。最接近于检验这两种方式之间差异的实验，是奥托·凯勒（Otto Koehler）对寒鸦所做的实验。这只鸟被训练去完成如下的套路动作：先准备好很多带着盖子的小杯子。在这些杯子里，放置了一些切成小片的肉。有的杯子里只有 1 片，有的有 2 片或 3 片，有的 1 片也没有。在与杯子分开放置的一个盘子里，则放了很多肉片，其数量多于杯子里所有肉片的总和。寒鸦要学会打开每个杯子，拿掉杯盖，吃掉杯中的每一片肉。最后，当它吃完杯中所有的肉片后，它可以飞到盘子那儿，再吃掉同样数量的肉片。但如果它在盘子中吃的肉片数量多于杯中肉片数量的话，它就会受到惩罚。这只寒鸦能够学会这套动作。

现在问题来了：寒鸦到底是通过计数的方法，还是通过其他方法来确定肉片数量的呢？凯勒非常精心地设计了这个实验，是想逼这只鸟使用计数的方法。按照实验设计，鸟不得不去开杯盖，这会打断它吃肉的行动；有些杯子里放有不止一片肉，有些杯子不放肉片，这会进一步干扰它的动作套路。通过这些设计，实验者试图使寒鸦不可能通过创造出某种模式

(pattern)或节奏来识别肉片的数量。在实验者尽其所能的施压下，这只寒鸦只好被迫去数肉片的数量了。

当然，我们仍然可以想象，从杯子中取肉的动作会变成某种带有节奏的舞蹈，而当鸟在盘子中吃肉时，这个节奏会以某种方式再度重复。虽然这个问题仍悬而未决，但总体来说，这个实验还是相当令人信服地支持了以下假设：寒鸦是在数肉片的数量，而不是识别肉片的数字模式或自身的动作模式。

从这个问题来看，生物世界颇为有趣：我们应该把展示数字的各种例子视为完形的例子、数字计数的例子，还是仅作为量的例子呢？例如，以下是彼此存在一个相当明显差异的两个陈述："这朵玫瑰有 5 片花瓣，5 片萼片。实际上，它的对称具有五角模式"，与"这朵玫瑰有 112 枚雄蕊。那朵有 97 枚。这朵只有 64 枚"。控制雄蕊数目的过程与控制花瓣或萼片数目的过程当然不一样。并且，有趣的是，在双玫瑰身上，一些雄蕊似乎转化成了花瓣。于是，决定有多少花瓣的过程，已经不是限定花瓣为五角模式的一般过程，而更像是决定雄蕊的量的过程了。我们可以这样说，正常情况下，每朵玫瑰的花瓣是"5"片，但雄蕊却有"很多"。"很多"是一种量，每朵玫瑰都各不相同。

记住这种差异后，我们再来看生物世界，并问这样一个问题：生长过程的固定模式所能处理的最大数目是多少？一旦超过这个数，物质就转由量来加以处理。就我所知，在植物与动物的对称中，尤其是在放射状对称中，"数字"2、3、4、5 都是最为常见的。

读者或许会发现，收集自然界中有关严格控制的模式化数字(patterned numbers)的实例，是非常有意思的。由于某些原因，较大的数字似乎只在线性连接起来的节段上才能看到，比如哺乳动物的脊椎、昆虫的腹节、蚯蚓的体节等。〔在躯体前端，体节数（segmentation）受到相当严格的控制，直到附有生殖器官的那几节。这个数字在各个种属之间是不同的，但大致可以达到 15 节。而在生殖器节段之后的躯体尾部，就有"很多"节了。〕除了这些发现之外，还有一个非常有趣又常见的现象：如果一种生物在某些部位组合中，呈现出某个数字的放射状对称，那么它将会在其他部位重复这个数字。1 朵百合有 3 片萼片，那它就会有 5 朵花瓣，有 6 枚雄蕊以及 3 室子房。

　　这看起来似乎是人类操作的怪癖或者特性——我们西方人通过计数或者模式识别的方式获得数，而通过测量来获得量——其结果却导致某种普遍真理。不仅寒鸦，玫瑰也都强制性地表现出了上述特性：玫瑰表现在它的解剖结构中；而寒鸦则表现在它的行为（当然还有它的脊椎节段）中。数与量的这种深刻差异就在它们之中显现出来。

　　这意味着什么？这个问题非常古老，当然可以追溯到毕达哥拉斯。据说，他在研究和弦之间的关系时，也遇到了类似的规律。

　　第 5 项讨论过的六边形—长方形图形也是提出这些问题的一种方式。在那个案例中，我们看到有多种多样可以进行描述的成分。在该特定的情况下，如果认为某一种组织描述的方式比另一种方式更加有效，那就会陷入错觉之中。但在生物学数与量的问题上，我们似乎遇到了更深刻的东西。现在的情形真的与六边形—长方形情景有所不同吗？如果有，又是如何不

同的？

　　我觉得，无论这两个情景中的哪一个，都不太像六边形—长方形问题乍看起来那样微不足道。我们回到圣人奥古斯丁的永恒真理那里："倾听圣人大约公元 500 年时那如雷贯耳的教训：7 加 3 等于 10；7 加 3 一直以来都等于 10；7 加 3 无论何时何地都只能等于 10；7 加 3 将永远等于 10。"①

　　毫无疑问，当我在声明数与量的差别时，我也近乎在声明一个永恒真理。奥古斯丁一定会同意这一点的。

　　但我们可以回复这位圣人说："是的，您说的非常对。但这真的是您想说且本来打算说的吗？当然，3 加 7 等于 10，2 加 1 再加 7 等于 10，1 加 1 加 1 加 1 加 1 加 1 加 1 加 1 加 1 加 1 也等于 10。实际上，您想要宣称的永恒真理，要比您所用的 3 加 7 等于 10 的特例，承载着更为深刻的信息。"但我们都认同，要毫无歧义、精确地阐述出那更为抽象的永恒真理，是相当困难的。

　　换句话说，用以描述那个六边形—长方形图形的许许多多种方式，有可能只是同一种更深刻、更普遍的重言式（如果欧几里得几何学被看作一个重言式系统的话）的不同浮现（surfacing）而已。

　　我认为，这样说是正确的：对六边形—长方形的各种描述措辞不仅最终会与描述者认为他们所见到的达成一致，而且与存在一个更加普遍而深刻的重言式（它是组织各种描述的根据）

49

---

　　① 引自：Warren McCulloch, *Embodiments of Mind* (Cambridge：MIT Press，1965).

也将达成一致。

从这个意义上来说，我相信，数与量之间的区别并非微不足道，通过对玫瑰"5"片花瓣与"很多"雄蕊的剖析，就显示了这一点。我在对玫瑰的描述中加入了引号，暗示着这些数和量的名称只是形式观念（formal ideas）的一种体现，这些形式观念内在于生长中的玫瑰。

10. 量决定不了模式

原则上讲，通过调用单个量来解释一个模式是不可能的。但要注意，两个量之间的比率（a ratio between two quantities）已经是模式的开始了。换句话说，量和模式是不同的逻辑类型①，不会轻易地融合于同一种思维（thinking）中。

模式的发生（genesis）看上去好像是由于量的出现；但实际上在某个量对系统产生影响之前，模式其实就已经潜在着了。有一个例子是我们比较熟悉的：一根链条在拉力的作用下，会在最脆弱的连接点断裂。当量（即拉力）改变时，一个潜在的差异就显现出来了，或者用摄影师的话来说，就显影出来了。照相底片的显影，正是潜在差异的显现（这些差异来自先前不同的曝光程度，其差异信息就储存在底片感光剂上）。

我们来想象有一座岛屿，上面有两座山。一个量变，也就是海平面的上升，可能会使这座岛屿变成两座岛。当海平面高

①　伯特兰·罗素关于逻辑类型的概念将在后文做更详细的介绍，特别是在第四章的最后一个小节。现在，我们只需要理解，因为一个类别不会是它自己的成员，所以由各种各样的情形推导（例如，从成对事项之间的差异推导）出的结论，与由单一事项推导（例如，从一个量推导）出的结论，是不同的逻辑类型。

于两座山之间的鞍部高度时，两座岛便会出现。我们再一次看到，在量对模式产生影响之前，质的模式是潜藏着的；而一旦模式发生改变，这种变化便是突然而不连续的。

在解释性论文中有一种很强的倾向：偏好用拉力大小、能量之类的量来解释模式的发生。但我认为，所有这样的解释都是不恰当或者是错误的。从一位施加量变的行动者的观点来说，任何可能发生的模式改变都是不可预料且趋异的。

11. 生物学中没有单调"值"

50

单调值是指那些只能增加或减少的值。它的曲线没有弯曲，也就是说，它的曲线永远不会从增加转变为减少，反之亦然。对于生物来说，那些需要的物质、事物、模式或者一系列经历，在某种意义上是"好"的（如食物品种、生活条件、温度、娱乐、性等），但永远不是"越多越好"。相反，所有对象和经历都有一个具有最优值的量。超出这个值，变量就变得有害了，而低于那个值，就要处于匮乏的状态。

生物学量值的这个特征并不适用于金钱。金钱的值总是可加的。例如，比起 1 000 美元，1 001 美元更受人喜欢。但对于生物学量值来说，情况并非如此。钙就不是越多越好。生物从饮食中获取钙的量有一个最适值，超出这个值，钙就变得有毒了。相似地，我们所呼吸的氧气、食物、饮食养分，或许所有的关系成分等，都是过犹不及的。我们甚至可能接受了太多的心理治疗。一个没有任何争吵的关系很无趣，一个有太多争吵的关系很有害。人们想要的关系也应当含有适量的冲突。甚至当我们考虑金钱时，若不是从钱本身，而是从它对拥有者的影响来考虑的话，我们可能会发现，一旦钱超出了某个值，也会变得有害。无论如何，货币哲学（即认为金钱是好的、钱越多越好的那套预设）是完全违反生物价值观的（antibiological）。尽管如此，人们似乎还在持续地把这种哲学教给所有生物。

12. 有时，小才是美

可能没有哪个变量能像大小变量那样，把生存问题如此生动而清晰地摆放在分析者眼前。大象有其大的烦恼；鼩鼱有其小的麻烦。然而，对它们来说，这都是最合适的体型。大象不会因为体型变小许多而过得更好；鼩鼱也不会因为体型变大许多而感到开心。我们或许可以说，它们都沉迷于自身现在的大小。

51 有些大小问题，纯粹是物理性的，诸如太阳系、桥梁和腕表的大小问题。但除此之外，还有些大小问题是生命集合体所特有的，无论它是单个生物，还是整个城市。

让我们先来看看物理性的大小问题吧。例如，机械的不稳定性问题之所以产生，是因为地心引力与内聚力并不遵循同样的定量规则。当土块掉到地上时，大的土块比小的土块更容易摔碎。冰川生长过程中，部分融化掉，部分破碎掉，因此必定会以雪崩的形式改变其存在状态，即从大的基体上不断分离出小的部分。相反，即便是在物理宇宙，那些极其微小的事物也会变得不稳定，因为表面积与质量之间存在非线性关系。当我们试图把加以溶解的材料打碎时，小的碎块由于具有更大的表面与体积之比，因此更易溶解；而大的碎块则会到最后才消失。诸如此类。

为了将这些想法带入到一个更为复杂的生物世界，我先来讲述一则寓言：

一匹多倍染色体马的故事

据说，无论谁提到多倍染色体马时，诺贝尔奖得主们仍会感到十分迷惑。然而，20世纪80年代末，乌有之乡伟大的基因学家波希夫（P. U. Posif）博士却因把玩普通拉货车的马（Equus caballus）的 DNA，而获得了诺贝尔奖。颁奖词说他为当时新出现的交通学这门科学做出了杰出贡献。无论如何，他获奖是因为他的创造——一项几乎篡夺了神权的应用科学成果，没有其他更合适的词加以形容了——我是说，创造出一匹恰好比普通克莱兹代尔马（Clydesdale）大两倍的马。比起后者，它体长两倍，身高两倍，身宽也是两倍。它还带有多倍染色体，其数目是后者一般染色体的四倍。

波希夫总是宣称，曾经有那样一个时刻，当这个无与伦比的生物还是一只小马驹时，它还可以用四肢站立。那是多么美妙的画面啊！但是不管怎样，等到这匹马亮相于公众时，所有现代文明的传播工具都没有关于这匹马曾经站立过的记录。简言之，它太重了。它的体重是普通克莱兹代尔马的八倍。

在公众和媒体面前，波希夫博士总是坚持要把那根塑料水管关掉，而这根塑料水管是维持其正常哺乳动物体温所必需的。但我们总是很担心，它的内脏可能会被烫熟了。毕竟，这可怜的东西的皮肤和皮脂厚度都是正常马的两倍，而它的表面积只有正常马的四倍。因此，它无法正常地散热。

每天早晨，这匹马不得不被提着站立起来。人们需要借助一个小吊机，把它吊到一个装有轮子的箱子上，并通过调整箱子里的弹簧，承担它的腿所承受的一半重量。

波希夫博士过去曾宣称，这只动物聪明绝顶。当然，它有其他马八倍（重）的大脑。但我真看不出来，除了任何一匹普通马都感兴趣的问题以外，它还会关心什么更复杂的问题。它几乎没有空闲时间，因为总有这事或那事要做，如总是在喘气，这一方面是为了降低体温，另一方面是为自己那个八倍大的身躯供氧。毕竟，它的气管横截面积是正常气管的四倍。

还有，就是它总要吃东西。它每天的食量是普通马的八倍；所有食物都要通过只有正常口径四倍的食管。它的血管也相应地变窄了，这使得血液循环变得更加困难，这也给心脏带来了额外压力。

一匹可怜的马。

这则寓言展现了当两个或两个以上拥有不同变化曲线的变量相互作用时，不可避免会发生的事情。这就是变化与耐受之间相互作用后发生的事情。比如，对于交通系统来说，无论是汽车总数，还是人口总数，只要它们是逐渐增长，都不会有明显可察觉的影响；直到突然间，它们超过了耐受的阈值，交通就开始拥堵起来。一个变量的改变使另一个变量的临界值显露了出来。

在所有这些例子中，最广为人知的是原子弹中的核裂变反应。铀元素在自然界中生成，不断地发生裂变，但并不会爆炸，因为还没有建立起链式反应。每一个原子，当它破裂时，会发出中子。如果这些中子撞击另一个铀原子，可能会造成裂变，但大多数中子都丢失了，因而没有发生撞击。除非铀块达到了某个临界体积，否则，在每次裂变中，仅有平均不到一个中子会撞击到另一个原子，因而链式反应就会不断减少。但如果让铀块变得更大一些，那么中子将以更高的比例撞击铀原子，造成持续裂变。如此一来，这个过程将获得正指数增益，最后引发爆炸。

在上述虚构的马的例子中，马的身长、表面积、体积（或质量）都出现了错位，因为它们的增长曲线具有互为非线性的特征：表面积随身长的平方改变；体积随身长的立方改变；表面积则随体积的 2/3 次方改变。

对于这匹马（以及所有真实生物）来说，问题还会变得更为严重。为了生存，它们也必须维持躯体中的许多内部运动，例如，血液、食物、氧气、分泌物的体内运输，以及以神经和激素信息形式存在的内部信息运输。

鼠海豚，体长大约 3 英尺，身披大约 1 英寸厚、表面积约 6 平方英尺的海兽脂。它的热量平衡非常出名。它能在北极水域非常舒服地保持热平衡。一只大鲸，体长大约是鼠海豚体长的 10 倍（也就是说，体积是 1 000 倍，表面积是 100 倍）。鲸脂大约 12 英寸厚。它的热量平衡则完全还是神秘未知的。据推测，它们有着更胜一筹的运输系统，可以将血液送至背鳍和尾部，而背鳍和尾部正是所有鲸类动物散热的地方。

发育生长这一事实，又为生物躯体大小问题添加了一层复杂性。躯体生长会改变生物的比例吗？面对生长限制的问题，不同的生物自有不同的解决办法。

有个简单的例子就是椰子树。椰子树不会通过调整树的周长来补偿高度。而橡树在其木质间都有生长组织(形成层)，其树皮的长度和宽度在其一生中都会不断增长。但是椰子树的生长组织只存在于树干的顶端(所谓百万富翁吃的沙拉，只有在砍倒椰子树后才可能获得)，除了树干基部略有生长之外，它只会长得越来越高。对于椰子树来说，高度的限制只是它适应生态位(niche)的常态部分。生长过高而得不到树径的补偿，就带来了纯粹机械的不稳定性，这也是椰子树步入死亡的正常方式。

54

许多植物将它们的寿命与时节或自己的生殖周期联系起来，以回避(或者说解决?)生长限制的问题。一年生植物每年都会繁殖新的一代。像所谓的龙舌兰(丝兰，yucca)虽然可以生存很多年，但是它们跟三文鱼一样，在繁殖后不可避免地会死去。除了花头上有多个分枝以外，丝兰并不会长出其他分枝。分枝上所开的花即是它自身的茎段末端；当该部分完成了它的使命之后，这株植物也就死去。它的死对于其生存方式来说是再正常不过了。

在一些较高级的动物身上，生长也是受控制的。当生物长到某个特定年龄或阶段，就会停止生长(即该物种生物组织中的化学或其他的信息会阻止其继续生长)。受到控制后，细胞就会停止生长与分裂。当控制机制不再运行时(无法产生信息，或无法接收信息)，癌症就产生了。那么这些信息来自哪里呢？

是什么激发了它们的传输？这些信息可能存在于什么样的化学编码中？是什么控制着哺乳动物外在身体两侧近乎完美的对称？我们对于控制生长的信息系统还知之甚少。那里必定存在一整套至今几乎尚未得以研究的联动系统。

13. 逻辑是因果关系的不良模型

当我们谈论逻辑序列与因果序列时，我们使用了同样的词汇。我们会说："如果欧几里得的定义与假设被接受，那么三条边相等的两个三角形完全相等。"我们也会说："如果温度降到0℃以下，那么水就会开始结冰。"

但是，在三段论中的逻辑"如果……那么"，与因果推论中的"如果……那么"非常不同。

在依靠因果关系运作的计算机中，通过一个晶体管激发另一个，因果序列就可用来模拟逻辑。三十年前，我们曾问：一台计算机可以模拟所有逻辑程序吗？答案是肯定的，但这个问题本身肯定是错误的。我们应该这样问：逻辑能模拟所有的因果序列吗？答案应该是否定的。

当因果序列构成循环（或者比循环更为复杂的）序列，那么，将这些序列描述为或映射到无时间性的逻辑上时，就会出现自我矛盾。所产生的悖论是纯粹的逻辑所无法容忍。普通蜂鸣器电路是展现这一明显悖论的一个例子，而它只是遍及生物学圈的体内稳态中数百万个例子之一。蜂鸣器电路如图2-3所示。当衔铁线圈与电极在 A 点接触时，电流通过电路。但电流的通过会激活电磁铁，这会使衔铁线圈弹开，从而断开 A 点的接触。电流停止通过电路，电磁铁恢复不活跃的状态，这时衔铁线圈又返回与 A 点接触。就这样不断重复着这个循环。

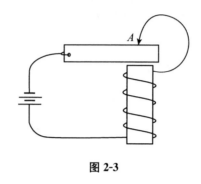

图 2-3

如果我们用因果序列来详细解析这个循环，我们可以得到以下几点陈述：

> 如果 A 点有接触，那么电磁铁被激活。
>
> 如果电磁铁被激活，那么 A 点的接触被断开。
>
> 如果 A 点的接触被断开，那么电磁铁不被激活。
>
> 如果电磁铁没有被激活，那么 A 点就又接触。

当我们清楚地知道上述"如果……那么"间的连接是一种因果关系，那么这个序列就会令人十分满意。但是，一旦将"如果"和"那么"这些糟糕的双关语放到逻辑世界中，就会带来灾难性的后果：

> 如果有接触，那么接触被断开。
>
> 如果 P，那么不是 P。

因果关系中的"如果……那么"包含了时间，但逻辑关系中的"如果……那么"则是无时间性的。由此推之，逻辑是因果的一个不完整模型。

14. 因果关系不能逆行

逻辑经常可以逆转，但结果不会先于原因。自柏拉图与亚里士多德时代开始，这个概括对于心理学与生物学来说，就一直是个大障碍。希腊人倾向于相信被后人称为终极因（final causes，又译目的因）的东西。他们相信，在事件序列末端所产生的模式，可以被看作在这一序列之后出现的发展路径的某种起因。这就导致出现了一整套所谓的目的论（teleology）[终极（telos）的意思是一个序列的末端或者目的]。

生物学思想家们面对的是适应的问题。一只螃蟹之所以拥有蟹钳，看上去似乎是为了抓住东西。这里的困难就在于，人们经常从蟹钳的目的进行反向论证，从而推论出蟹钳发育的原因。蟹钳的存在是因为它们有用——这种观点在生物学中长久以来被视为异端邪说。这种观点包含了目的论的谬误，它是因果关系在时间上的颠倒。

线形思维总是要么导致目的论的谬误（即目的决定过程），要么导致某种超自然控制者迷思的出现。

实际情况应该是，当因果系统形成循环时（将在第四章讨论这一问题），环路中任何一部分的改变，都可以被看作其后所发生的环路中任意一处的任一变量改变的原因。因此，室温升高可以被看作恒温器开关改变的原因；或者说，恒温器的运作可被看作对室温的控制。

15. 语言通常只能强调任何交互作用的一个方面

我们通常讲某个"事物"好像可以"有"某种特性。我们会说，一块石头是"硬的""重的""黄色的""密度大的""易碎的""烫的""移动的""静止的""可见的""可食用的""不可食用的"，等等。

我们的语言就是这样表达的："这块石头是硬的。"对于市场来说，这种表达方式也就够了："那是个新品牌""这些土豆烂掉了""这些鸡蛋很新鲜""这个容器坏掉了""这颗钻石有瑕疵""一磅苹果就够了"。诸如此类。

57 但是，在科学或认识论中，这种表述方式则是不够好的。要做清晰的考虑的话，最好是使用所有特征、属性、形容词等，来描述时间进程中发生的至少两组交互作用。

"这块石头是硬的"意味着：(a)当被戳及时，它能够抵抗穿透力；(b)石头中由分子组成的各部分之间存在某种持续性相互作用，使这些部分之间能以某种方式结合在一起。

"这块石头是静止的"这句话是相对于说话者的位置以及其他可能的移动物体而言，对石头位置做出的描述。它同时也论及石头的内部物质：它的惯性，它没有发生内部形变，它缺少表面摩擦，等等。

语言通过主语和谓语的句法结构不断地宣称，"事物"(things)"具有"某些特征和属性。更为精确的一种表述方式或许是这样的：该"事物"(things)之所以被创造出来，之所以被视为不同于其他"事物"且被认为是"真实"的，就在于它们自身的内在关系，在于它们与其他事物及说话者外在关系中的行为。

我们有必要彻底明白的一个普遍真理是：在普累若麻的(pleromatic)和物质的(thingish)世界中，无论这些"事物"究竟是什么，它们都只有通过自己的名字、特征、属性（即显露出它们内在或外在的关系及交互作用），才能进入沟通与意义的世界。

16. "稳定性"与"变化"只描述了我们叙述的一部分

在本书的其他章节中，"稳定的"（stable）和"变化"（change）这两个词都非常重要。因此，在本书的介绍性部分先来审视一下这两个词是明智的。这两个词究竟包含着或隐藏了什么样的陷阱呢？

"稳定的"常被作为描述某事物的形容词。化合物、房子、生态系统或政府等，都可以用"稳定的"来加以描述。如果更深入探究这个问题，我们会被告知，"稳定的"事物在某些特定的外部或内部变量的冲击或施压下，会维持不变；或许，也会被告知，"稳定的"事物能够抵挡时间的流逝。

如果我们开始探究"稳定性"一词用法背后的深意，我们也许会发现一系列机制。在最简单的层面上，我们有纯物理的硬度或黏度，用以描述稳定物体与其他物体相互作用关系的性质。在更为复杂的层面上，由相互作用联动过程构成的、我们称之为生命的整体，都会参与到将我们身体保持在一个变化的状态的过程之中，而该状态则要维持诸如体温、血液循环、血糖等，乃至生命本身处于必要的稳定常态。

高空钢丝上的杂技演员通过不断校正不平衡状态，从而保持自己的稳定。

这些较复杂的例子告诉我们，当我们用"稳定性"来描述生物或自我修正回路时，应当遵循我们正在谈论到的实体的范例。对于在钢丝上表演的杂技演员来说，他或她口中的"平衡"很重要；而对于哺乳动物的身体来说，"体温"则很重要。这些重要变量每时每刻的变化状态都会传达给身体内部的通信系统。所谓遵循实体的范例，就是要参照某些描述性命题具有的持续性来定义"稳定性"。"杂技演员在高空钢丝上"的陈述，即便在微风吹拂和钢丝震荡的影响下，仍持续为真。这样的"稳定性"，是对演员姿态及其平衡杆位置的描述不断发生变化的结果。

由此推之，当我们讨论生命实体时，对于其"稳定性"的陈述，总是要参照某些描述性命题，以便使"稳定的"一词的类型更为清晰。接下来，尤其在第四章，我们会看到，每个描述性命题都要根据其主语、谓语、语境的逻辑类型，才能确定其特征。

相似地，所有关于变化的陈述，也需要同样的精确性。像法语格言"万变不离其宗"(plus ça change, plus c'est la même chose)这般深刻的定律，应该将其自以为是的聪明归咎于逻辑类型的混乱。虽然"变"与"不离其宗"都是描述性命题，但它们所属逻辑类型的层级却是不同的。

现在，有必要对本章探讨过的预设清单做一些评论了。首先，这个清单在任何意义上都是不完整的，而且，要列出真理或普遍原则的完整清单，也是不太可能的——如果这张清单是可以穷尽的，那它还是我们生活世界的特征吗？

我在准备这章的写作过程中，放弃了大概有十多条曾考虑纳入的备选项，还有一些则从这章移出，被整合到第三至第五章中了。然而，尽管这个清单涵盖不全，读者仍能利用这一清单，做一些可能的练习。

首先，当我们有了一个清单时，科学家们的自然反应就是开始对其中的成员进行分类或者排序。我在一定程度上已经这么做了，将清单中的内容分为了四组，每组内容都以各种各样的方式联系在一起。要列出这些客观事实或预设之间可能的联结方式，还真不是一件非常省力的事。我所做的分类如下。

第一组包括了第 1 至第 5 项，它们似乎都与编码这一必然现象相关。举例来说，我们很容易看出，"科学从来不能证明什么"这一命题与地图和疆域间的区别是同义词。两个命题都从埃姆斯的实验以及自然历史中"客观经验不存在"这一普遍原则而来。

非常有意思的是，在抽象和哲学层面，这一组普遍原则非常依赖于如奥卡姆剃刀原理或者简约规则之类。若没有这样的最终标准，就没有可以在不同假设之间做出选择的最终方式。一个必要的标准就是简单性对复杂性。伴随这些普遍原则而来的，还有它们与神经生理学、埃姆斯实验等的联系。于是，我们马上就会问道：知觉所提供的材料，是否与更抽象哲学化的材料不太相符呢？因为知觉过程包含了类似于奥卡姆剃刀原理或简约规则之类的东西。第 5 项有关部分与整体的讨论，是对我们称之为描述这一过程中转化的普遍形式所做的详细说明。

第 6 至第 8 项构成了第二组，它们涉及有关随机与有序的问题。读者会发现，"新事物只能由随机而生"的概念与熵的不可逆性，几乎是完全矛盾的。关于熵与负熵这整个议题，以及与这些词和能量相关的一系列普遍原则之间的对比，将在第六章有关灵活性的经济学的讨论中涉及。这里只需要注意到的是：这一组中明显的矛盾与第三组得出的区别（第 9 项对比了数与量）之间，呈现出有趣的形式类比。这种处理量的思路与我们思考能量概念的思路在许多方面有着相似性；而数的概念则与模式和负熵的概念更加紧密相关。

当然，进化的核心奥秘还在于以下两者之间的对立，即关于热力学第二定律的陈述，以及对"新事物只能由随机而生"的观察。达尔文的自然选择学说在一定程度上所解决的正是这一对立。

60 本章列表中的另外两组分类分别由第 9 至第 12 项以及第 13 至第 16 项所组成。我让读者自己去描述这两组的内在关系，或者根据自己的思路去创建其他的分类群组。

在第三章，我将会列出一系列的普遍原则或预设，以继续描绘我的论题背景。然而，我将更加接近关于思维和进化的核心问题，并试图回答以下的问题：两条或两条以上的信息或命令，是以什么方式或者和谐运作或者相互对立的呢？在我看来，这个问题及其多重答案，对于任何思维理论或进化理论来说，都是极其关键的。

第三章

世界的多重描述

我一而再、再而三告诉你的便是真的。

——刘易斯·卡罗尔（Lewis Carroll），

《猎鲨记》（*The Hunting of the Snark*）

第二章"每个小学生都知道……"已经向读者介绍了若干有关世界的基本想法、初级命题或真理。每一个严谨的认识论和每一位认真的认识论学者都必须与它们和平相处。

本章要讨论的普遍原则更为复杂，因为我将以直接、开放的形式提出我要问的问题："当我们把两个或两个以上信息源结合起来时，随之会得到或增加什么认识呢？"

读者可以将本章及第五章（"关系的多重描述"）作为每个小学生都应知道的另外两项内容。事实上，在写本书时，这两章内容本来是放在"两种描述胜过一种"标题的下面。但是，随着本书三年来或多或少试验性的写作，这一标题下聚集的内容范围已相当广；而且很明显，各种信息片段的结合为我在第一章所称的"联结的模式"界定了一种非常有力的方式。在这里，将两种或两种以上信息结合在一起的特定方式，也让我注意到了这一伟大模式所特有的诸多层面。

在本章中，我将聚焦于各种不同的结合方式。具有感知觉的生物正是通过这些结合方式来获得周遭世界的信息，以及将自身作为外部世界组成部分的信息（就像生物看着自己的脚趾一样）。我将在第五章中讨论更加微妙也更具生物性或动物性的信息结合方式，它们会为生物感知者提供更多有关内部关系及内部过程的知识，也即关于"自我"（self）的知识。

在每一个案例中，我提出的首要问题都关乎：信息的结合可以为我们增加什么样的理解？但是，需要提醒读者的是，看似浅显的问题背后在一定程度上潜藏着更加深刻或许也更加神秘的问题："各种信息源的比较启发了对某个特定案例的研究，那么这是否有助于我们理解宇宙是如何整合在一起的呢？"我的工作方法是去问在每一个案例中直接得到的额外知识是什么，但我最终的目的是要探究更大规模的联结的模式。

1. 差异的案例

在所有这些案例中，最简单且意义最为深远的事实是：至少要有两个事物才能创造出差异。要产生有关差异的消息（即信息），必须有两个存在（真实的或者想象的），才能使它们之间的差异出现在两者的交互关系中。只有这样，两者之间的差异才能在诸如大脑或电脑之类的信息加工实体中被表征为差异。

这里存在一个既深刻又难解的问题："至少要有两个"事物

才能产生出差异，这一差异通过制造差异而变成为信息，那么所谓"至少要有两个"事物的性质是什么呢？很显然，对于心灵与知觉而言，这两者中单独的任一个都是一种非存在（non-entity、non-being）。纯粹的存在不产生差异，纯粹的非存在亦不产生差异。那是一种不可获知的自在之物，如同一种孤掌难鸣之音。

因此，感觉的内容就是某个变量的一对值在一段时间后被传达给某一感觉器官；至于感官如何反应，则取决于这对值的成分之间的比例。（有关差异的性质问题还将在第四章第二条标准中做更详细的讨论。）

2. 双目视觉的案例

让我们来看一个简单而熟悉的双重描述（double description）案例。当我们将一只眼睛收集到的数据与另一只眼睛收集到的数据进行比较时，会获得什么呢？通常，我们双眼瞄准的视域是相同的，这看上去是感觉器官的一种浪费。但解剖学表明，眼睛的这种用法一定带来了相当的好处。双眼视网膜上的神经分布以及通过视神经交叉通道再分配的信息，是形态发生（morphogenesis）过程中的非凡奇迹，它必定意味着伟大的进化优势（evolutionary advantage）。

简言之，每个视网膜表面是一个近似半球形的杯子形状，眼睛水晶体将所见之物的倒像聚焦到视网膜上。于是，左前方的图像将聚集到右侧视网膜的外侧和左侧视网膜的内侧。令人惊讶的是，每个视网膜的神经分布被一条清晰的垂直界线分为两个系统。因此，右眼外侧的视神经纤维所携带的信息与左眼内侧的视神经纤维所携带的信息在右脑中汇合。类似地，左侧视网膜外侧的信息与右侧视网膜内侧的信息则在左脑中相聚。

表面上未做划分的双眼图像，实际上是由来自右脑左前方的信息与来自左脑右前方的相应信息复合而成的。这两股合成的信息聚集到一起，又综合成一幅单一的主观图像，在这幅图像中先前划分双系统的垂直界线早已消失无踪了。

这种精致的运作安排带来了两种优势。人用眼睛看能够提高视野边缘的分辨率和对比度；当印刷字体很小或照明很暗时，也能看得清楚。更重要的是，视野深度的信息因此被创造出来。用更正式的语言来说，双眼视网膜所提供的信息之差异，本身就是一种不同逻辑类型的信息。

在图 3-1 中，字母 A 表示从第一个信息源（如右眼）获得的一类信息成分，B 表示从第二个信息源（如左眼）获得的一类信息成分。那么，AB 则代表双眼所提供的另一类信息成分。AB 必须要么包含了两者的子集成员，要么是空集。

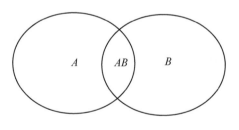

图 3-1

如果 AB 包含着真正的成员，那么就表示来自第二个信息源的信息已经在 A 中划出了一个亚分类，而这个亚分类是 A 无法单独建立的（也就是说，B 与 A 相结合之后，就会产生 A

单独作为第一个信息源时不能有的信息逻辑类型）。

现在，根据这个一般准则，我们继续去寻找其他案例，尤其要关注这些案例中新逻辑类型信息是如何在合并多重描述之后产生的。原则上，无论双重描述的信息是以不同的方式收集到的，还是以不同的方式编码出来的，我们都可预料会出现一种隐喻意义上的额外"深度"信息。

3. 冥王星的案例

人类感觉器官只能接收差异的信息；而且这些差异必须被编码成时间进程中的事件（即成为有关变化的信息）后，才能被知觉到。那些仅持续几秒的普通静态差异，只有通过细致察看才能被知觉到。类似地，要想知觉到非常缓慢的变化，就必须将细致察看与连续时间中不同时刻的观察结果结合到一起。

一个能够说明这些原则的简洁（即经济的）例子就是克莱德·威廉·汤博(Clyde William Tombaugh)使用的设备。1930年，当汤博还是个研究生时，他便发现了冥王星。

根据对海王星轨道所受到干扰的计算，海王星活动的不规则性似乎受到来自轨道外部某些行星万有引力的作用。计算结果表明，在某个特定时间，这一新星体就会出现在星空中的某一区域。

人们要寻找的这一星体无疑是非常小而暗淡的（大约 15 星等），而且它出现时与星空中其他星体的差别，事实上仅在于它移动得非常缓慢，缓慢到人类肉眼几乎无法察觉。

天文学家使用闪视仪这一天文仪器解决了这个问题。他们以略长的时间间距拍摄星空中某个适当区域中的照片，然后将这些照片在闪视仪中两两进行对比研究。闪视仪的工作原理与双目显微镜相反；它并不是由两个目镜和一个镜台所组成，而是有一个目镜和两个镜台。这样一来，只要拨动杠杆，某一时刻在一个镜台上所见到的照片，就会被另一个镜台上的照片所替代。把两张照片放在两个镜台的精密对准器上，所有的恒星就会精确地重合在一起。因此，当杠杆被拨动时，恒星是不会移动的，但是有一颗行星会从一个位置跳到另一个位置。然而，即便如此，照片上还是出现了许多不断跳动的物体（小行星），而汤博就必须在它们之中寻找到跳跃程度更小的那个物体。

在做了成百上千次这样的对比之后，汤博终于看到了冥王星的跳动。

4. 突触总和的案例

突触总和是神经生理学中的一个技术术语，指的是只有在神经元 A 和 B 的共同刺激下，神经元 C 才能产生神经冲动的情况。无论是单独的神经元 A，还是单独的神经元 B，都不足以使神经元 C 产生神经冲动；但是，如果神经元 A 和 B 在微秒间隙内共同产生神经冲动，C 就会被激活（见图 3-2）。要注意的是，这种现象的传统术语——总和，表示来自一个信息源

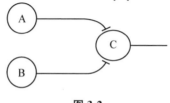

图 3-2

的信息累加到另一个信息源的信息之上。但实际上所发生的，并不是一种相加，而是形成了一种逻辑产物，一个更类似于乘法的过程。

这种激活的安排对于神经元 A 释放的信息来说，是将 A 发出的刺激分为了两个部分或者两个子类别，即与神经元 B 同时发出刺激的部分，以及没有与 B 同时发出刺激的部分。相应地，神经元 B 发出的刺激也可分为两类，即与 A 同时发出刺激的部分，以及没有与 A 同时发出刺激的部分。

5. 幻觉刀子的案例

正当麦克白（Macbeth）计划谋杀邓肯（Duncan）国王的时候，行为中的恐惧让他产生眼前出现了一把刀子的幻觉（第二幕第一场①）。

在我面前摇晃着，它的柄对着我的手的，不是一把刀子吗？

来，让我抓住你。

我抓不到你，可是仍旧看见你。

不祥的幻象，你只是一件可视不可触的东西吗？

或者你不过是一把想象中的刀子，从狂热的脑筋里发出来的虚妄的意象？

我仍旧看见你，你的形状正像我现在拔出的这一把刀

---

① 即莎士比亚《麦克白》（Macbeth）第二幕第一场。本译文选自朱生豪译本《莎士比亚悲剧集》，北京，作家出版社，2016）。——译者注

子一样明显。

你指示着我所要去的方向，告诉我应当用什么利器。

我的眼睛倘不是受了其他知觉的愚弄，就是兼领了一切感官的机能。

我仍旧看见你；你的刃上和柄上还流着一滴一滴刚才所没有的血。

没有这样的事！

杀人的恶念使我看见这种异象。

这一文学案例可以作为所有双重描述（来自两种或两种以上不同感官的信息结合在一起）的一个典型例子。麦克白通过其触觉的验证，"证明"了刀子只是一个幻觉，但是即便如此，也还是不够的。也许他的眼睛"比任何感官都要厉害"。只有当"血"溅在幻觉出的刀子时，他才做出了全盘否认："不会有这样的事情。"

将来自一种感官的信息与另一种感官的信息相比较，并结合幻觉中的变化，麦克白便得到了"其经验不过是想象"的元信息。根据图 3-1，这里的 AB 其实是空集。

6. 同义语言的案例

很多时候，用第二种语言进行描述有助于增进洞察力，而无须增加额外的所谓客观信息。将某一数理定理的两种证明方法结合起来，有助于学生更好地掌握所教授的数学关系。

每个小学生都知道$(a+b)^2 = a^2 + 2ab + b^2$，而且他可能也知道，这个代数方程式是进入一个庞大的数学分支——二项式理论的第一步。这个方程式本身可以用代数乘法的运算法则给予充分证明，而且每一步都符合被称作代数学的重言式中的定义和条件。这个重言式的主题就是"任意"(any)这一概念的扩展和分析。

但是，许多小学生并不知道，同一个二项展开式还有一种几何证明法(见图3-3)。假设有一直线 XY，由 a 和 b 两部分构成。现在这一直线就是 $(a+b)$ 的几何表征，由 XY 所构成的正方形就是 $(a+b)^2$；也就是说，会有一个称为"$(a+b)^2$"的面积。

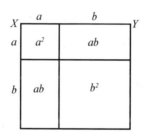

图3-3

现在这一正方形可以被分成几大块：在 XY 线上标出 a 的长度，并在与之相邻的垂边上标出同样的长度，然后从该点出发画出平行于正方形的边的直线，便完成了这一图形。现在小学生会想，他看到这个正方形被分成四块。这里有两个正方形，其中一个是 a^2，另一个是 b^2，还有两个矩形，代表 a 乘以 b 的面积(即 $2ab$)。

因此，熟悉的代数方程式 $(a+b)^2=a^2+2ab+b^2$，在欧几里得几何学看来也是正确的。当然，如果设想 $a^2+2ab+b^2$ 中独立的各项也完全对等于几何图示中各个分割的部分，那就有些过分了。

但是，上面论述到底表达了什么呢？我们凭什么以一个所谓的"长度"来代替 a，以另一个长度来代替 b，并且假设把它们头尾相接就可以构成一条直线$(a+b)$，等等？我们可以确定这些线条的长度一定会遵循算术法则吗？当我们用一种新的语言对同样的一个方程式进行表述时，小学生们可以从中学到什么呢？

在某种意义上，这里没有增加任何东西。当我们肯定地说，$(a+b)^2 = a^2 + 2ab + b^2$ 既可以用几何也可以用代数来表达时，这里并没有产生或获取到任何新的信息。

那么，这种语言本身不包含任何信息吗？

虽然从数学上说，这个数学小戏法并没有增加什么新的东西，但是，我仍然相信，一个从来没有见过这一小戏法的小学生在看到这一戏法的展示时，仍然会学到点什么。这是对教学教法的一种贡献。两种语言(代数和几何)可以交互转换的这一发现(如果这算是一种发现的话)本身就是一种启蒙。

另一个数学例子可以帮助读者进一步理解使用两种语言的效果。①

你可以问你的朋友："头 10 个奇数相加等于多少？"

答案也许是不知道，或者尝试着将下面一串数字加起来：

$$1+3+5+7+9+11+13+15+17+19$$

---

① 为此我要特别感谢格特鲁德·亨德里克斯(Gertrude Hendrix)。因为他，我才得知大部分人所不熟悉的规律。Gertrude Hendrix, "Learning by Discovery," *The Mathematics Teachers 54* (May 1961)：290-299.

然后，给他们做如下的演示：

第一个奇数是 1。

前两个奇数的和是 4。

前三个奇数的和是 9。

前四个奇数的和是 16。

前五个奇数的和是 25。

如此类推。

很快地，你的朋友可能会说诸如"哦，头 10 个奇数的和肯定是 100"之类的话。他们学会了奇数序列相加的把戏（trick）。

但如果让其解释为什么这一把戏一定有效，不专攻数学的普通人则难以做出回答。（小学教育的状态正是这样的：许多学生根本不知道如何去创造一个答案。）

回答上述问题，需要发现给定奇数的序数名称（ordinal name）与基数数值（cardinal value）之间的差异，即逻辑类型的差异！我们对于"一个数字的名称和它的数值是一样的"已经习以为常了。[①] 但事实上，在上面这个例子中，名称与它所名之物并不是一回事。

前三个奇数的和是 9。这就是说，和就是所要相加的序列中最大那个数之序数的平方（在这个例子中，数字 5 的序数是"3"）。或者，如果你喜欢的话，也可以说，所求之和就等于序列中数字之数目（numbers of numbers）的平方。这就是这一技

---

① 从另一方面来说，我们可能会说一个数列中数字的数目，并不等于数列中数字的总和。无论如何，我们遇到的是逻辑类型中的非连续性。

巧的语言表述。

　　为了证明这个把戏是有效的，我们必须证明两个连续奇数数列总和之差，等于且恒等于其序数平方之间的差值。

　　举例来说，前五个奇数之和减去前四个奇数之和一定等于 5^2-4^2。当然，我们必须注意到的是，两个和之间的差值的确等于最后一个加至这一堆数字的奇数。换言之，这个最后加上去的数字必须等于两个序数平方之间的差值。

　　我们还可以用视觉语言的方式来思考同一件事。我们必须证明，最后一个奇数加上前面所有奇数的总和，刚好等于这个奇数序数的平方。

72　　　　　用一个单元方块代表第一个奇数（1）：

1

用三个单元方块代表第二个奇数（3）：

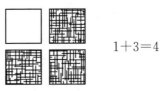

3

将以上两个图形相加：

1＋3＝4

用五个单元方块代表第三个奇数（5）：

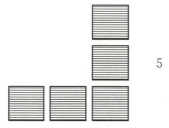

5

再将这个图形加到前面的图形上：

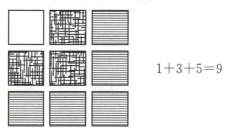

$1+3+5=9$

图 3-4

这就是：$4+5=9$。（参见图 3-4）

如此类推。这种视觉化的表征，使得序数、基数及序列相加规律之间的联结更加容易了。

所发生的是，使用几何隐喻系统极大地促进了我们对机械技巧是如何成为一条规则或规律的理解。更为重要的是，学生会因此而意识到，应用一个技巧与理解该技巧背后事实的必要性，存在差别。还有更重要的是，某个学生也许会在不经意就经历了从说算术到谈论算术之间的飞跃。他看到的不再是数字本身，而是数字之数目。

到了那时，用史蒂文斯（Wallace Stevens）的话来说就是：

73

葡萄更显丰硕。

狐狸从它的洞中一跃而出。①

7. 两种性别的案例

冯·诺依曼曾半开玩笑地评论过，机器间要想实现自我复制，那么两台机器间的协同合作就是一个必要条件。

无论是对繁殖还是对成长来说，分裂与复制对于生命显然都是一个必要条件，而且生物学家们现在也普遍知道了 DNA 的复制过程。然后就是分化，无论是进化中多样性的（无疑地）随机生成，抑或是胚胎学中的有序分化。分裂看似必须由融合开始，这一基本事实印证了我们这里讨论的信息处理原则，即两种信息源（通常是以相对比的模式或语言呈现出来）比一种信息源好得多。

在细菌层次甚至在原生生物和一些真菌、藻类中，配子（gametes）的外观是相同的，但是在菌类层次以上的所有多细胞生物和植物中，配子的性别则使它们彼此区分开来。

首先发生的是配子的二元分化，通常分化为固着的和移动的。接下来是分化为两种多细胞个体，再由它们生产出两种不同的配子。

最后是更为复杂的生产周期，也就是发生于许多植物和动物寄生虫中的世代交替。

所有这些分化的顺序肯定与分裂、融合和两性异形（sexu-

---

① 出自美国著名诗人华莱士·史蒂文斯（1879—1955）的诗《回家路上》（"On the Road Home"）。——译者注

al dimorphism)的信息经济学有关。

因此，回到最原始的分裂和融合，我们注意到，融合对于遗传信息经济学的首要效果或贡献，大概就是进行了某种检验。

所有动植物染色体融合的过程在本质上是一样的，无论它发生在哪里，相应的 DNA 物质序列都是并列的，且从功能上讲，也是相对照的（compared）。如果各自配子间的物质序列差异过大，（所谓的）受精过程就不会发生。[①]

在整个进化的过程中，融合这一有关性别的关键事实，具有限制遗传变异的功能。无论出于什么原因（突变或其他），与统计平均值相去甚远的配子在有性融合（sex fusion）中更倾向于与较正常的异性配子相结合；这种结合可以消除极端的偏离。（顺便提一下，在配子的"近亲"交配中，这种偏差的消除相对会比较难。）

但是，尽管在有性繁殖过程中配子融合的一个重要功能是限制遗传变异，但仍有必要强调相反的功能：它可以增加表型的多样性。配子随机配对的融合保证了参与配对种群的基因库是均匀混合的。与此同时，它将确保该基因库可以创造出所有可生存的基因组合。也就是说，在参与配对的有限种群内，每

74

————————

① 我相信这是由马丁（C. P. Martin）率先在他的《心理、进化论和性》（*Psychology, Evolution and Sex*，1956）中提出来的。塞缪尔·巴特勒也对单性生殖表达过类似的观点［见费斯廷·琼斯（Festing Jones）主编的《有关塞缪尔·巴特勒的更多笔记》（*More Notebooks of Samuel Butler*）］。他认为，单性生殖同有性生殖的关系就如梦与思想的关系一样。思想是稳定的，并以外在现实为模板检验过，但梦是松散的。同样地，单性生殖也可以被认为是松散的，而合子形成则通过配子的相互比较来保持稳定。

一个可生存的基因都尽可能与其他基因群体做配对的测试。

在整个进化的全景中，我们发现，单一的过程就像雅努斯那样（Janus-like）①面向着两个方向。在当前这个例子中，配子的融合既限制了个体偏差，又确保了遗传物质的多重复合。

8. 节奏与摩尔纹现象的案例

当两个或多个节奏模式组合在一起的时候，就会产生有趣的现象。这些现象非常贴切地表明了两种描述相结合时带来的信息丰富性。在节奏模式的例子中，两种模式的结合可以产生第三种模式。因此，要研究一种不熟悉的模式，我们可以把它与已知的第二种模式相结合，并对它们共同生成的第三种模式进行检验。

最简单的例子就是我所称的摩尔纹现象（moiré phenomenon）：将两种不同频率的声音结合在一起，就会形成众所周知的节拍（beats）。这一现象可以用简单的运算规则加以解释：根据规则，若一个音符在每 n 个时间单位产生峰值，另一个音符在每 m 个时间单位产生峰值，那么这二者结合在一起，就会在每 $m \times n$ 个单位（当两个峰值重合）产生一个节拍。钢琴调音显然应用了这种组合原理。类似地，也可以将两种非常高频的声音结合起来，以产生人耳能听到的低频率节拍。根据这个原理运作的声呐设备，现在已经可以为盲人所用。它先发射出

---

① 古罗马神话中看守门的天门神：早晨打开天门，让阳光普照人间，晚上又把天门关上，使黑暗降临大地。他的头部前后各有一副面孔，同时看着两个不同方向，一副看着过去，一副看着未来，因此也被称为两面神，或被尊称为时间之神。——译者注

一束高频声波，这束声波产生的回声可以传到"耳朵"，并产生一个低一些但仍然听不清的频率。由此形成的节拍再被重新传到人耳之中。

当节奏模式存在于两个或多个维度中，而不像频率那样仅限于一个时间维度中时，情况就会变得更加复杂。在这种情况下，两种模式相结合很可能会带来令人惊讶的结果。

这些摩尔纹现象说明了三个原则：第一，任何两种模式，只要以恰当方式相结合，就会产生第三种模式。第二，这三种模式中的任何两种都可作为描述第三种模式的基础。第三，通过这些现象，可以进一步解决有关模式一词的整体界定问题。事实上，我们是否（像盲人的声呐那样）随身携带着各种规则性的样例，并根据它们来测试外界信息（常态差异的信息）？例如，我们是否会利用我们所谓的"依赖"习性，去测试他人的特征？

动物（甚至植物）是否有这样的特征，即在一个特定的生态位中，利用类似于摩尔纹现象的东西，对该特定生态位进行测试呢？

此外，还有关乎美学体验之本质的其他问题。诗歌、舞蹈、音乐和其他的韵律现象无疑是非常古老的，可能比散文更为古老。而且更重要的是，正是行为和知觉这些古老的特征，才使韵律得以不断调节；也就是说，任何接收到诗歌或音乐中所含材料的生物体，都能在几秒的记忆内，以叠加比较法（superposing comparison）对这些材料进行加工。

这种世界性的艺术、诗歌和音乐现象是否有可能与摩尔纹现象有关呢？如果是，那么摩尔纹现象肯定有助于我们理解个体心灵的深层组织方式。根据我在第 9 节中提出的关于"解释"的定义，我们应该说，形式数学或摩尔"逻辑"或许可以提供一种适当的重言式，使这些美学现象能够映射到这些重言式上。

9. "描述""重言式""解释"的案例

人类高度重视描述和解释，但是作为双重信息的例子，它与本章中提到的多数其他案例不太一样，它们之间的区别就在于解释中并不包含任何与描述信息不同的新信息。事实上，描述中的大量信息通常都会被舍弃，只有相当一小部分需要做出解释的信息才会得到解释。但是，解释显然是非常重要的，它肯定会使我们对所描述的事物有一些额外的启发。那么解释所提供的额外启发，是否与我们在前面第 6 节中提到的两种语言结合带来的新收获有着某种关联呢？

为了检验这个案例，首先需要简要说明一下三个词的定义：描述、重言式和解释。

一个纯粹的描述包括了一切内在于被描述现象之中的事实（即一切有效的差异），但是它并不说明这些现象之间的联结关系，而关系可以有助于我们更容易理解这些现象。举例来说，一部带有声音或许还有气味及其他感官刺激的影片，可以完整而充分地描述某段时间内一组摄像机前所发生的事情。但是，这部影片几乎不能将屏幕上的事件一一联系起来，而且本身也不提供任何解释。从另一方面来说，一个解释可以是完全没有描述的。"上帝创造了万物"是纯粹解释性的，但它完全没有告诉你这里所说的任何事物，以及它们之间是什么关系。

在科学中，这两种类型的信息组织方式（描述和解释），由所谓的重言式联系在一起。重言式的例子范围可以从最简单的例子("如果 P 为真，那么 P 为真"这样的断言)，到像欧几里得几何那样的复杂结构("如果公理和假设为真，那么勾股定理为真")。另一个例子就是冯·诺依曼博弈论(Theory of Games)中的公理、定义、假设和定理。在这个假设、公理和定理的集合中，并不宣称任何公理或定理在任何情况下独立为"真"，或者在其理论之外为真。

事实上，冯·诺依曼在他的名著[1]中明确指出，他的重言式世界和更复杂的人类关系世界之间是有区别的。重言式世界所断言的是：如果公理如此这般，假设如此这般，那么定理就一定会如此那般。换句话说，重言式提供的一切都是命题间的联系。重言式的创造者把自己声誉的赌注押在了这些联系的有效性上。

重言式不包含任何信息，解释(将描述映射到重言式上)则只包含着描述所呈现的信息。"映射"隐含地表明，将重言式维系在一起的那些联系，与描述中所得到的那些关系是相对应的。另一方面，描述虽包含着信息，但是没有逻辑，也没有解释。出于某种原因，人类非常珍视这种将信息或物质组织起来的结合方式。

为了阐明描述、重言式和解释是如何组合在一起的，让我引用一个我多次在课堂上布置的作业。这个问题是天文学家杰夫·斯卡格(Jeff Scargle)提出来的，但解决方案是我自己提出

---

① J. von Neumann and O. Morgenstern, *The Theory of Games and Economic Behavior* (Princeton：Princeton University Press，1944).（中文版有北京大学出版社 2018 年出版的《博弈论与经济行为》。——译者注）

来的。问题是这样的：

> 一个男人用右手持剃刀正在剃须。他看着眼前的镜子，镜子里的自己正用左手刮胡子。他说："哦。左右颠倒了。但为什么没有上下颠倒呢？"

我就这样把问题抛了出来，要求学生帮助故事中的男人解答他明显混淆的地方。当他们完成这个任务之后，再来讨论解释的本质。

这一问题中至少有两处令人纠结的地方。一个是将学生注意力转移至左右混淆之处。事实上，发生颠倒的是前后，而不是左右。但是，这背后还隐藏着一个更微妙的问题：左右这两个字和上下这两个字，其实是两种不同的语言。左右是一种内在的语言，而上下是一种外在的语言。如果这个人在向南看，他的镜像则是向北看，他的上方是向上的，他的镜像也是向上的。他的东侧在镜像中是东侧，他的西侧在镜像中还是西侧。东西和上下是一样的语言，而左右则是不同的语言。因此，这个问题中有一个逻辑陷阱。

78　　我们有必要理解的是，左右是不能定义的；而且，如果你尝试去定义的话，你会遇到许多麻烦。如果你打开《牛津英语词典》，会发现左被定义为"通常是弱势手的特别称谓"。可见，词典编制者公开表示了他的尴尬。如果你去查《韦氏词典》(*Webster*)①，你

---

① 根据上下文语境，此处的 *Webster* 为 *Webster's Dictionary*（《韦氏词典》）的简称。——译者注

会发现一个稍微有用点的定义，但作者其实是在作弊。编写词典的规则之一是不能依赖于明示沟通来下定义。所以，它的问题在于，没有指明不对称对象就给"左"下了定义。《韦氏词典》（1959年）写道："当一个人面对北方，其身体西侧就是左，通常左在不太常用的那只手的一边。"这是利用了地球自转的不对称性（asymmetry）。

事实上，下这个定义不可能不作弊。不对称是很容易定义的，但是没有（也不可能有）任何语言工具可以表明，左到底指的是身体（镜像）两侧的哪一边。

解释必须比描述提供更多的东西，而且，解释最终会诉诸重言式；如我所定义的，重言式就是一个相互联系着的命题集合体，这些命题之间的联系是如此紧密，以至于其联系必定是有效的。

最简单的重言式逻辑就是："如果P是真的，那么P就是真的。"

一个相对复杂些的重言式是："如果Q从P而来，那么Q从P而来。"从这里开始，你可以建立更加复杂的重言式。但是你仍然被限制在如果（if）条件范围内，不是受资料的限制，而是受你的限制。这就是重言式。

现在，我们来讲解释。我们知道，解释就是将描述中的各个部分映射到重言式上；一个解释是否可以被接受，就取决于你是否愿意接受，以及在多大程度上能够接受重言式中的联系。如果这些联结是"不言自明的"（self-evident）（即如果它们对你自己来说是毫无疑问的），那么你就会对建立在该重言式之上的解释感到满意。这就是解释。解释永远是关乎自然历史的问题，也是关乎包括你我在内的生物体之信仰、想象力、信任感、缜密性等的问题。

让我们来考虑一下，什么样的重言式可以作为我们描述镜像及其不对称性的基础。

你的右手是一个不对称的三维物体；要对它进行定义，你至少需要获得联结着三个极性的信息。为了与左手区别开来，必须固定这三个二元描述子句。朝手心的方向必须有别于朝手背的方向；朝臂肘的方向必须有别于朝指尖的方向；朝大拇指的方向必须有别于朝小拇指的方向。现在可以建立这样一个重言式，以确保这三个二元描述命题中的任一个翻转过来，都可以产生我们一开始所说的右手镜像（立体反向的）（也就是说，会产生一只"左"手）。

如果你双手合十，使右掌心朝北，左掌心朝南，你就会得到类似于那位刮胡子男人的情况。

我们这个重言式的中心假设是，一个维度的翻转总是产生立体反向的东西。由这个假设可以推出——你能质疑它吗？——两个维度的翻转，就会产生反向之反向（即回到原来的形式）。三个维度的翻转，则会再一次产生立体反向的结果。以此类推。

现在我们用美国逻辑学家皮尔斯（C. S. Peirce）称为溯因推理（abduction）的过程来充实我们的解释。溯因推理即通过找到其他相关现象，并论证这些现象也属于我们规则下的案例，而且也可以映射到相同的重言式的过程。

想象一下你是一位传统的摄影师，头上盖着一块黑布。你看着相机，在磨砂玻璃屏幕上看到你正在拍摄的那个人的脸。

镜头处于磨砂玻璃屏幕和被摄影者之间。在屏幕上，你会看到上下颠倒、左右翻转的图像，但仍然面对着你。若被摄影者的右手拿着什么东西，在屏幕上他仍然是右手拿着，只是旋转了180度。

现在，假如你在相机的前面开一个洞，再来观察在磨砂玻璃屏幕上或在胶片上形成的图像，他的头顶将会在下面，而下巴则在上面。他的左边移到右边，并且，现在他正面对着自己。你已经翻转了三个维度。所以，现在你又看到了他的立体反向结果。

因此，解释就是建构一个重言式，并且尽最大可能地确保其中联结的有效性，以使它对你而言是不言自明的。当然这一重言式永远不会令人完全满意，因为没有人知道未来还会发现什么。

如果解释真如上面我所描述的那样，我们可能会纳闷，人类在完成如此累赘而又看似毫无益处的冗长废话中，究竟能得到什么额外的好处呢？这是一个自然历史的问题，我相信，当我们看到人类是如此轻率地建构出作为解释基础的各种重言式时，这个问题至少已经部分得到解决了。在这种情况下，人们会认为所谓的好处其实是负面的；然而，情况似乎又并非如此，看看那些很不正规甚至有误导性的解释受到人们欢迎的程度吧。例如空洞解释，它的一个常见形式就是我所称的"安眠原则"（dormitive principle）；这里，我借用了莫里哀（Molière）①使

---

① 莫里哀（1622—1673），法国喜剧作家、演员、戏剧活动家，法国古典主义喜剧开创者，法国芭蕾舞喜剧的创始人。本名为让-巴蒂斯特·波克兰（Jean-Baptiste Poquelin），莫里哀是他的艺名。——译者注

用的安眠（dormitive）一词。在莫里哀的剧作《无病呻吟》（*Le Malade Imaginaire*）中，有一幕是用不正规拉丁语结尾的，表演的是中世纪的博士生答辩。主考官问答辩者为什么鸦片可以让人睡觉。博士生耀武扬威地答道："我博学的先生们，这是因为它包含着一条安眠原则。"

我们可以想象，这位博士生将会尽其余生在生物化学实验室里分馏鸦片，并不断地鉴别出有所谓安眠原则的成分来。

对主考官问题的更好的回答，不只涉及鸦片本身，而且关乎鸦片与人之间的关系。易言之，这个安眠解释实际上否证了这个案例的真正事实。但我相信，更为重要的是，安眠解释受到欢迎是因为它依然允许进行溯因推理。一旦阐明了"鸦片包含着一条安眠原则"这一普遍性，就有可能将这一表达用于解释大量其他现象。例如，我们可以说，肾上腺素包含着一条兴奋原则，而利血平（reserpine）包含着一条镇定原则。虽然这一推理并不准确，在认识论上也站不住脚，但它还是让我们可以捕捉到看似能够进行形式比较（formally comparable）的许多现象。它们确实在形式上可以进行比较，其程度若达到一个组成部分内部的某一原则事实上是错误的话，那么上述每一个案例也都会犯同样的错误。

事实是，溯因推理作为一个关乎自然历史的问题（我们对自然历史有兴趣，对严格的认识论也有兴趣），它为人们带来了一种巨大的舒适与安逸，而进行严格的形式解释却往往令人厌烦。"人类以两种语言思考：一种是与野兽共享的自然语言；

另一种是人类独享的传统语言（逻辑语言）。"①

　　这一章考察了不同种类或不同来源信息的组合方式，信息合成的结果要大于信息相加的结果。整体比部分之和大得多，因为部分的组合并非简单相加之和，而是具有相乘或分化的性质，或者是一个逻辑产物的创生过程，是一种启蒙之光的瞬间闪现。

　　在完成这一章写作并尝试列出下一章心灵过程的各项标准之前，应该以一种更加个人化和更为普遍的方式简要地看一看本章的架构。

　　我一直坚持在一种"理智的"或者"客观的"模式下使用语言，这种模式便于达成许多目的（只有当使用语言是为了避免出现观察者的偏见和立场时，才要回避使用这种语言模式）。

　　将准客观放置一边（至少在一定程度上）并不是很难；但下面的这些问题却要求我在这里变换语言模式：这本书到底是关于什么的？对我来说，写作本书的个人意义是什么呢？我在书中尝试表达或发现的又是什么呢？

　　而"我想发现什么？"这一问题，并不像神秘主义者让我们相信的那样难以回答。我们可以从探索的方式来理解探索者可能会有什么样的发现；知道这一点后，我们或许会怀疑这样的发现只是探索者在私底下或无意识中所渴望的东西。

　　本章已经定义并举例说明了一种探索的方式，因此此时该

81

<hr>

① 奥卡姆的威廉（William of Ockham，1280—1349）的话，转引自 Warren McCulloch, *Embodiments of Mind*, MIT Press, 1965.

提出如下两个问题了：我在探寻什么？五十年的科学研究引领我去追问的问题是什么？

在我看来，我的探寻的方式非常清楚，可以称之为双重或多重比较法。

例如，在双眼视觉的案例中，我比较了单眼所见与双眼所见，并且指出在这种比较中，双眼视物的方法能够揭示出一个额外的维度，即深度。但双眼视物的方式本身就是一种比较的行为。换句话说，本章就是对比较方法所进行的一系列比较研究。关于双眼视觉的部分（第2节）正是对比较法的一项比较研究；而捕捉冥王星的部分（第3节）则是对比较法的另一项比较研究。因此，在这一整章中，这样的实例被一一列出后，它们就变成了一个展览，以便读者可以通过对各个实例进行比较而有所启发。

最后，所有这些对比较所进行的比较，都是为了帮助作者和读者做好思考自然心灵问题的准备。在那部分，我们也会碰到创造性的比较。这就是本书确立的柏拉图式主题，即认识论是不可分割且整合的元科学，其学科内容关乎着进化、思想、适应、胚胎学及遗传学的世界——它是语言所能达到的最广泛意义上的心灵科学（the science of mind）①。

比较这些现象（思想与进化相比较，渐成论与前两者相比较）即是所谓"认识论"这门科学的探索方式。

或者，我们也许可以用本章的语言来说，认识论就是将这

---

① 读者可能会注意到在这个列表清单中意识是缺失的。与其把意识作为一个一般的词，我宁可用这个词来特指那种奇怪的经验，即我们（也许还有其他哺乳动物）有时候会意识到知觉与思想的产物，但却意识不到更大的过程部分。

些在相互分离的遗传科学中所获得的启示结合在一起所得到的额外奖励。

　　但是认识论永远是且不可避免地是个人化的。探寻的焦点永远深藏于探索者的内心。那么，关于认识的性质问题，我的答案是什么呢？我诚服于如此的信念：我的认识只是更为广泛的整合认识的一小部分，这种整合认识将所有生物或受造物交织在了一起。

第四章

心灵过程的标准

84

我思，故我在。

——笛卡尔（Descartes）

《谈谈方法》（*Discourse on Method*）

85　　本章试图列出一个标准清单，任何现象集合、任何系统只要符合这里所列出的所有标准，我就会毫不犹豫地说，它就是一种心灵。而且可以期待的是，如果想要理解那样的集合，我就需要有种不同于那些只能解释说明该集合中较小组成部分特征的解释。

　　这些标准构成了本书的基石。当然，我也能列出其他标准来替代或者改变这个标准清单。由于受斯潘塞-布朗（G. Spencer-Brown）的《形式的法则》（*Laws of Form*），或者勒内·汤姆（René Thom）"突变论"（catastrophe theory）的影响，数学和认识论的基础可能会发生深度重构。至于本书是否立得住，不取决于标准清单中的特定内容，而取决于以下这个观点是否有效，即有可能去如此建构认识论、进化论和渐成论。我的设想是，若沿着本章规划的路径，身心问题是可以得到解决的。

在我看来，所有的心灵标准结合起来，就能提供问题解决之道。现在，我先把各项标准列出来，好让读者有个初步概念。

(1)心灵是相互作用的部分或组件的集合。

(2)心灵各部分间的相互作用是由差异触发的。差异是一种不占据空间或时间的非实体现象；差异与负熵和熵有关，与能量无关。

(3)心灵过程(mental process)需要并行的(collateral)能量。

(4)心灵过程需要循环性(或更复杂的)决定链。

(5)在心灵过程中，差异的结果应被视为先前差异的转化(transforms)(即事件编码)。转化的规则必须相对稳定(即要比内容更稳定)，但规则本身也会经历转化。

(6)对转化过程的描述和分类揭示出内在于现象的逻辑类型之层级结构。

我将论证，我们称之为思想(thought)、进化(evolution)、生态(ecology)、生命(life)、学习(learning)之类的现象只会发生于符合上述标准的系统中。

在前面两章中，我已经呈现出了两批相当多的材料，用以说明心灵过程的性质。其中，第二章几乎以说教的方式，为读者们提供了如何进行思考的建议；第三章为读者们提供了如何把思想结合在一起的线索。这是学习如何对思想进行思考的一个开端。

接下来我们就用上述心灵标准，将思想现象与更为简单的物质事件(material events)现象区分开来。

标准1：心灵是相互作用的部分或组件的集合

在许多例子中，这类集合的组成部分自身也许就能满足上述所有标准；在这种情况下，它们也可以被看作心灵或下位心灵(subminds)。然而，集合总能层层分割，一直到较低的层次；如果我们单独考虑这些较低层的组成部分时，它们总会因为缺乏必要的复杂性而难以达到心灵的标准。

简言之，我不相信单一的亚原子粒子(subatomic particles)会是我所说的"心灵"，因为我确实相信心灵过程始终是部分之间的一系列互动。要想解释心灵现象，就必须着眼于各部分的组织与互动。

对许多读者来说，我似乎没有必要这么坚持标准1。但我认为对标准1的坚持还是重要的，哪怕只是为了驳斥相反的观点；而如果我要说明为什么不能包容这种不同的观点时，坚持标准1就更为重要了。几位受人尊敬的思想家，尤其是塞缪尔·巴特勒(我从他那里获得了许多快乐和启发)，以及近来的德日进(Teilhard de Chardin)[①]，他们都提出了各自的进化理论，认为最小的原子应该具有某种心灵努力(mental striving)

87

[①] 德日进(中文名)，原名皮埃尔·泰亚尔·德·夏尔丹(Pierre Teilhard de Chardin, 1881—1955)，是法国哲学家、神学家、古生物学家、耶稣会教士。德日进在中国工作多年，是中国旧石器时代考古学的开拓者和奠基人之一。其代表作《人的现象》(Le Phenomene Human)根据科学的进化论来立论，突破了学科界限，统摄精神与物质、智慧与肉体的关系，把宇宙一切演变过程作为一个有机的整体加以讨论。——译者注

的特征。

但在我看来，这些假说是从后门引入了超自然现象。于我而言，接受这种概念就是一种投降。他们的说法是，在宇宙中存在不可解释的行为复杂性，由于这些复杂性内在于行为，因此无须任何其他复杂性的支持而独立存在。但如果没有部分之间的分化，就不可能有事件或功能的分化。当我们在解析原子个体时，如果原子个体本身不具有分化性质，那么复杂过程的出现就只能归因于原子之间的交互作用。

又或者，如果原子内部具有分化性质，那么根据我的定义，它们就不是原子，而且我会期望发现更加简单的、不具有心灵功能的实体。

最后——但仅仅是作为最后的手段，如果德日进和巴特勒的假设是对的，也就是说原子内部不具有分化性质且仍具有心灵特征，那么，所有解释都将是不可能的，我们这些科学家也该关门大吉，回家钓鱼去了。

本书全部内容的前提是：心灵功能内在于分化"部分"之间的相互作用之中。"整体"就是由这些结合起来的相互作用的部分所构成的。

在这件事上，我更愿意跟随拉马克。他在建立比较心理学的理论假设时就规定，对于那些神经系统复杂性不足的有机体，不能赋以任何心灵功能。①

换言之，这里提出的心灵理论是整体取向的。它和所有严

_____

① 参见《动物学哲学》（*Philosophie Zoologique*）（1809 年，第 1 版），特别是第一章第三部分。该书的扉页如图所示，其中内容概述翻译如下：动物学哲学，首

肃的整体论一样，将其理论前提建立在部分间的分化与相互作用之上。

88

PHILOSOPHIE
ZOOLOGIQUE,
ou
EXPOSITION

Des Considérations relatives à l'histoire naturelle des Animaux ; à la diversité de leur organisation et des facultés qu'ils en obtiennent ; aux causes physiques qui maintiennent en eux la vie et donnent lieu aux mouvemens qu'ils exécutent ; enfin , à celles qui produisent , les unes le sentiment , et les autres l'intelligence de ceux qui en sont doués ;

PAR J.-B.-P.-A. LAMARCK,

Professeur de Zoologie au Muséum d'Histoire Naturelle, Membre de l'Institut de France et de la Légion d'Honneur, de la Société Philomatique de Paris , de celle des Naturalistes de Moscou, Membre correspondant de l'Académie Royale des Sciences de Munich, de la Société des Amis de la Nature de Berlin, de la Société Médicale d'Emulation de Bordeaux, de celle d'Agriculture, Sciences et Arts de Strasbourg, de celle d'Agriculture du département de l'Oise, de celle d'Agriculture de Lyon, Associé libre de la Société des Pharmaciens de Paris, etc.

TOME PREMIER.

A PARIS,

Chez { DENTU, Libraire, rue du Pont de Lodi, N°. 3; L'AUTEUR, au Muséum d'Histoire Naturelle (Jardin des Plantes).

M. DCCC. IX.

先包括对动物自然史的相关阐述，如动物［内部］组织的多样性，以及源自那组织性的［心灵］官能的多样性；然后包括对维持动物生命及动物何以进行运动之生理原因的相关阐述；最后，还包括对那些［官能］赋予某些动物知觉，赋予另一些［动物］智力之［生理原因］的相关阐述。读者会注意到，即使是在扉页上，拉马克仍小心翼翼地对"生理原因""组织""情感"及"智力"间的关系进行清晰明了的陈述。［翻译法语单词情感（sentiment）和智力（intelligence）是非常困难的。我的解读是，情感一词接近于英语心理学家所说的"知觉"（perception），而智力接近我们所说的"才智"（intellect）。］

| 心灵与自然：应然的合一

标准 2：心灵各组成部分之间的相互作用是由差异触发的

当然，许多系统都是由多个部分构成的，诸如从星系到沙丘，再到玩具火车头等。但绝不敢说，所有这些系统都是心灵，或者都包含了心灵，或者都参与了心灵过程。如果这个系统包含了那个玩玩具火车头的小孩在内，那么，玩具火车头就可以成为心灵系统的一部分；如果这个系统包含了天文学家和他的望远镜在内，那么，星系也可以成为心灵系统的一部分。但是，这些物体并不会因此就成为这个更大的心灵中能够思考的子系统。因此，这些心灵标准必须结合在一起才适用。

现在，我们继续来考虑部分之间的关系性质。部分之间是如何通过相互作用来产生心灵过程的呢？

在这里，我们会遇到一个描述方式上的明显差别，即我们描述一般物质宇宙（荣格的普累若麻）的方式不同于我们不得已而采取的描述心灵的方式。其差别在于：对于物质宇宙，我们通常能够说某一事件的"起因"在于物质系统的某些部分将力或影响施加于该系统的其他部分。也就是说，一个部分作用于另一个部分。相反，在思想观念世界里，需要一种关系来激活第三个组成部分，我们可以称之为接收者；这种关系可以是不同部分之间的关系，也可以是同一部分在时间 1 和时间 2 之间的关系。接收者（如某个感觉末梢器官）做出反应的对象是差异或变化。

在荣格的普累若麻宇宙中，既没有差异，也没有区别。这就是说，在非心灵的描述领域中，从来不需要激活两个部分之间的差异，用以解释第三者的反应。

令人惊讶的是，在无生命世界里，A 对 B 和 C 之间的差异做出反应的例子竟是如此之少。我能想到的最好的例子，就是汽车经过减速带时的情况。至少，这个例子比较接近于我们对心灵知觉过程中发生之事所下的字面定义。汽车外部有两个组件所构成的差异：路面的高度和减速带凸起的高度。汽车用自身的动能驶向减速带，并在路面和减速带高度差异的作用下跳到空中，用自身的能量做出这一反应。这个例子所包含的一系列特征让人很快联想到，当一个感觉器官对某条信息做出反应或收集到某一信息时所发生的事情。

90　　触觉是最原始和最简单的感觉之一。以触觉为例，可以很好地说明感官信息是什么。在讲课过程中，我常常会用粉笔在黑板上重重地画个点，将粉笔压碎在黑板上，使这个点达到一定的厚度。现在，在黑板上有了一个很像减速带的东西。如果我把指尖（触觉的敏感部位）垂直放到这个白点上，我则感觉不到它。但如果我的手指划过这个点，黑板与点凸起之间的差异就可以非常明显地感觉到了。我很清晰地知道这个点的边缘在哪里，它凸起多少，等等。（所有这些都是假设我对指尖位置和灵敏度有着正确的理解，因为这里还需要许多其他的辅助信息。）

这里所发生的是，一个原本存在于外部世界中静止不变的事物状态（无论我们是否感觉到它），在我的指尖和黑板表面之间发生关系的那一刹那，突然变成了一个事件的起因、一个台阶的功能、一个急剧的变化。我的手指平滑地划过没有变化的黑板表面，直到碰到那个白点的边缘。就在那一刻，出现了一种不连续性、一个向上的台阶；很快地，当我的手指离开那个点时，又有一个向下的台阶。

作为所有感官体验的典型，这个例子表明，我们的感官系统只能随事件（我们可称之为变化）而运作。当然，这里的感官系统也包括所有其他生物（甚至是植物?）的感官系统，以及感官（即生物内部心灵系统的组成部分）背后的心灵系统。

不变的状态是难以觉察的，除非我们愿意和它做相对的移动。

再以视觉为例，我们的确会认为我们能够看见不变的事物。我们不仅仅看见了粉笔点的轮廓，我们也看见了似乎静止不动、没有粉笔标记的黑板。而事情的真相是，就像我用指尖那样，我们也一直是这样用我们的眼睛的。眼球会持续地震颤，称为微震（micronystagmus）。眼球通过几秒的弧线振动，使视网膜上的光学影像相对于视杆体和视锥体（感觉末梢器官）做相对移动。末梢器官因而可以持续接收到事件（对应于可见世界的轮廓）。我们抽取出区别，也就是说，我们把区别凸显出来。而那些未被抽取出的区别，就不是区别。它们将永远消失，就像贝克莱主教（Bishop Berkeley）①未能听见的那棵倒下的树的声音一样消失了。② 它们是威廉·布莱克（William

_91_

———————————

① 贝克莱（George Berkeley，1685—1753），英国哲学家，近代经验主义的重要代表之一。——译者注
② 这位主教认为，只有被感知到的才是"真实的"，而这棵树倒下的声音没有被听到，那它就不存在。我想说的是，潜在的差异（即那些由于某种原因而不能产生差异的差异）就不是信息，因此，"部分""整体""树"和"声音"只存在于引号之中。是我们把"树"与"空气""地球"区分开来，把"整体"与"部分"区分开来，等等。但不要忘了"树"是活的，因而它自身能够接收某些信息。它或许也能区分"干的"与"湿的"。本书中，我很多次使用引号来提醒读者注意这些事实。严格来说，书中的每一个字都应该有引号。因此，应该是："我思""故""我在"（"cogito""ergo""sum"）。

Blake)①"有形之物"（corporeal）的一部分："没有人知道它的居所：它处于谬误之中，它的存在是一个骗局。"②

众所周知，要想察觉渐变是非常困难的，因为我们在对快速变化具有高度敏感性的同时，我们还具有适应性，即习惯。要想区分缓慢变化和（无法感知的）不变，我们需要另一种类型的信息：我们需要一个时钟。

当我们试图判断那些典型现象的变化趋势时，情况会变得更糟。例如，天气就是不断变化的，时时刻刻、每日每夜、每周都在变化。然而，它是每年都会变吗？有些年份会湿润一些，有些年份会炎热一些，在这种持续的波动中是否存在一种趋势呢？这个问题的答案只有比人类记忆还久远的统计学研究才能告诉我们。在这类例子中，我们需要有关年份类别的信息。

同样地，我们也很难察觉发生于社会事务、周遭生态环境中的变化，等等。有多少人意识到我们花园里的蝴蝶或鸟的数量惊人地减少了？这些事情都经历着巨大的变化，但是，在我们的感官告诉我们出现了新状态之前，我们早已习惯了事物的新状态。

一个拳击手的佯攻（也就是似乎要出左拳而实际上并没有

---

① 威廉·布莱克（1757—1827），英国浪漫主义诗人、画家。——译者注

② 见《1810年目录》（*Catalogue for the Year 1810*）。布莱克在其他地方写道："智者看到了轮廓，就把它们画出来。"他用"画"这个词，与我们所说的"抽取"是不同的，但他得出了类似的结论。艾特尼夫（Frederick Attneave）已经证明了这一点，即信息（即可察觉的差异或区别）必然集中于轮廓上。参见：Frederick Attneave，*Applications of Information Theory to Psychology*（New York：Holt，Rinehart and Winston，1959）.

出)就欺骗了我们，让我们相信他的左手不会出拳；直到他真的出左拳的时候，我们就会感到震惊又不愉快。

我们几乎总是意识不到自身状态的变化趋势，这可不是一件小事。有一个准科学的寓言是这样说的：如果你能让一只青蛙安静地坐在一锅冷水中，然后非常缓慢平稳地升高水温，使青蛙感觉不到哪个时刻他①要跳出来，那么，他就永远不会跳出来——他会被煮熟。人类是否也正在这样的一口锅中，用逐渐严重的污染来改变自己的环境，用逐渐恶化的宗教和教育来腐蚀自己的心灵？

但是，我现在只关心如何理解心灵及心灵过程必要的工作机理。它们有什么局限性？而且更准确地说，由于心灵只能接收有关差异的信息，因此区分缓慢变化和静止状态就相当困难，也因此必然存在一个渐变的梯度阈值，凡低于这一阈值的，就不会被感知到。

差异作为关系的性质，是不占有时间或空间的。我们可以说白色粉笔点"在那里"，"在黑板的中间"，但是白点与黑板间的差异并不"在那里"。它不在白点中，不在黑板上，也不在黑板和粉笔之间。我或许可以把粉笔从黑板上拿下来，送去澳大利亚，但它们间的差异并不会因此被破坏，甚至不会被改变，因为差异是不占位置的。

当我擦掉黑板上的粉笔末时，差异去哪里了？在某种意义上，这种差异被随机化并不可逆地消失了，就如"我"死时，永

---

① 当作者贝特森在谈论动物时，常用人称代词 he 或 she，而不是 it。——译者注

远地消失了一般。但从另一个意义来说，这种差异就如本书中的观念一样，是可以留存下来的——只要本书还有人读，书中的观念还可以继续形成其他观念，并重新融入其他心灵之中，它就可以留存下去，成为我因缘（karma）的一部分。当然，这种留存下来的因缘信息是关于想象的黑板上一个想象的粉笔点的信息。

很久以前，康德就论证过，这支粉笔中包含着一百万个潜在事实（Tatsachen），但只有其中少数几个潜在事实，因为对那些有能力响应事实的实体之行为产生了影响，而成为真正的事实。我想用差异来替代康德的事实：这支粉笔中有无限多个潜在差异，但只有其中少数几个差异能在更大实体的心灵过程中成为有效差异（即信息内容）。信息是由那些能够产生差异的差异所构成的。

如果我提醒你注意粉笔和奶酪之间的差异，你就会受到这种差异的影响，或许你因而避免去品尝粉笔，又或许特意去品尝粉笔以验证我的说法。此时，粉笔的非奶酪性质就成了一个有效差异，但与此同时，还有上百万个差异（或正面的或负面的，或内部的或外部的）则是潜在而无效的。

贝克莱主教是对的，至少当他做出如下断言时，他是对的："如果他不在森林里因而未受到森林的影响，那么森林里所发生的一切就是无意义的（meaningless）。"

93　我们讨论的是意义的世界。在这个世界里，某些部分大大小小的细节和差异，通过与整体世界其他部分之间关系的形式被表征出来。你我神经元的变化一定表征了森林中所发生的变化，如那棵树的倒下。但那并不是物理事件，而只是关于这一物理事件的观念。这个观念在时空上不占位置——或许它只位于有关时空的观念之中。

接下来谈"能量"这一概念，它的精确指涉对象被当前流行的蒙昧主义(obscurantism)所掩盖。我不是物理学家，对现代物理学也不甚了解，但我还是注意到，"能量"有两个惯用的定义或层面(aspects，是这个词吧?)。对我来说，要同时理解这两个定义，是非常困难的——它们似乎是彼此冲突的。但我清楚的是，无论是哪一个定义，都与我正在讨论的事情无关。

其中一个定义认为，"能量"与"质量"属于同一级别的抽象概念；无论怎样，两者都是实体(substances)，彼此可以相互转换。但差异恰恰不是实体。

另一种定义更为传统，它把能量描述为具有 mv^2 的维度。当然，差异通常是相似物之间的比率，它不具有维度。它是定性的，而不是定量的。(见第二章有关量与数或模式之间关系的讨论。)

于我而言，刺激一词指的是由感觉器官进入的某类信息中的一员。对于许多说话者来说，刺激似乎意味着"能量"的推动或发动。

如果有读者仍想把信息、差异与能量等同起来，我会提醒他们，零与一之间的差异是可以触发反应的。饥饿的变形虫为了食物，会变得更加活跃；生长中的植物会弯曲变形以避开黑暗；而缴纳收入所得税的人会对你没有寄送的申报书特别关注。没有发生的事件不同于曾经可能发生的事件，但它显然不会贡献任何能量。

标准 3：心灵过程需要并行的能量

我们尽管已经清楚，心灵过程是由差异（在最简单的层面上）触发（triggered）的，而差异不是能量，通常也不包含能量，但是讨论心灵过程的能量学仍然十分必要，因为无论什么过程都需要能量。

生命体都要遵循物理学伟大的能量守恒定律。质量守恒定律和能量守恒定律完全适用于一切生物。在生命世界中，能量（mv^2）不生不灭。另一方面，描述生命能量学的句法（syntax），不同于 100 年前用以描述力量和撞击的能量学句法。句法的差异就是心灵过程的第三个标准。

如今，亚原子物理学家倾向于用生物的隐喻来描述加速器内发生的事件。严格来说，这种表达技巧无疑就是所谓的"情感谬误"（pathetic fallacy），尽管不那么危险，但是这与我所抱怨的错误如出一辙。若把山比作人，并谈论它的"幽默"或"愤怒"，是无伤大雅的。但是，若把人比作山，就意味着把一切人际关系变成马丁·布伯（Martin Buber）①所称的我—它或者它—它关系。被我们人格化的山不会成为一个人，也不会学习一种更像人的存在方式。但是，人类自己在言谈思想中若被去人格化，则的确会学到许多更像物般的行为习惯。

在本节开头使用"触发"一词，是有其用意的。虽然这个比

---

① 马丁·布伯（1878—1965），出生于维也纳一个犹太人家庭，哲学家、翻译家、教育家，其研究工作主要集中于宗教有神论、人际关系和团体。——译者注

喻并不完美①，但是比起那些把相关性归结为刺激事件所含能量的隐喻，它至少还更恰当一些。台球物理学提出，当球 A 打到球 B 时，球 A 给了球 B 能量，而 B 则使用 A 给予的能量做出反应。这是一种古老的句法，它根深蒂固又荒唐至极。在两个台球之间，当然没有所谓的"击中""给予""回应"或"使用"。我认为，这些话出自将物拟人化（personifying）的习惯，而这些胡扯的话又更容易将人拟物化（thingifying）——以至于当我们说到一个生物体对"外部刺激"做出"反应"时，我们似乎就在谈论一只台球被另一个台球击中时所发生的事情。

当我踢石头的时候，我把能量给了石头，它随着这一能量而动；而当我踢一只狗的时候，我踢的动作的确具有某种牛顿效应。如果踢得足够用力，我也许能把这只狗踢进牛顿轨道，但这并不是问题的本质。当我踢狗的时候，狗是用它从新陈代谢中得到的能量做出反应的。在信息"控制"的行为中，反应者在事件产生影响之前就已经具有了能量。

这种熟悉的把戏是生命系统一直在玩的，而未驯化的事物则极少为之。水龙头、开关、继电器、连锁反应等（仅仅只提供几个例子）也会玩这种把戏。在这些例子中，非生命世界确实以某种粗略的方式模拟着真实的生命。

在所有这些例子中，在触发反应的事件发生之前，反应者

① 枪支是一个不太合适的隐喻，因为在最简单的枪支中，只有能量依赖的线形序列。触发器释放一大头针或锤子，当它被释放时，在弹簧的激励下而移动。锤子点燃由化学能所激励的火帽，以提供一种强烈的放热反应，从而点燃弹中的主要炸药。在不重复供弹的枪支中，此时射手必须替换能量链，插入一颗带新火帽的新子弹。而在生物系统中，线形序列的结束则为以后的重复提供了条件。

自身就已经具有了做出反应或产生影响的能量。那些说自己为某些声、光经验"感到兴奋"（turned on）的孩子们，其实是在用一种蛮有道理的隐喻。如果他们会说音乐或漂亮的脸蛋"释放"了他们，那他们就做得更棒了。

在生活及其事务之中，通常有两个相互依赖的能量系统：一个是利用自身能量打开或关闭水龙头（或门、继电器）的系统；另一个则是在水龙头或门打开时，能量从中"流经"的系统。

开关上"开"的位置，是源自其他地方的能量流经的通道。当我转动水龙头时，我转动水龙头所做的功并没有推动或牵动水流。这一工作是由泵或重力来完成的，其力量随着我打开水龙头而释放出来。我以"放行"或"限行"的方式"控制"着水龙头；而水流的能量则另有来源。如果水本来就流动的话，我只是在一定程度上决定着水的流向。至于水是否流动，就和我没有直接的关系了。

将两种系统（决策机制和能量来源）结合起来，会使整个关系成为任一个系统的部分移动性。你可以把马带到河边，但你不能强迫他喝水。喝水是他的事。但除非你带马去河边，否则即使你的马渴了，他也喝不到水。把马带到河边就是你的事。

但把注意力仅仅放在能量学上，其实是把事情过于简化了。标准2的普遍原则是，只有差异才能触发反应。我们必须将这一普遍原则与刚刚所提到的能量来源的典型关系，以及本章其余心灵过程标准（即将被触发事件组织成回路，进行编码，以及生成意义的层级结构等）结合起来进行考虑。

标准4：心灵过程需要循环性(或更复杂的)决定链

如果仅从生存、延续而言，那么像花岗岩这般坚硬的岩石，在肉眼可见的实体中就应该是名列前茅了。自从地壳形成以来，花岗岩的特性就从来没变过，而且从南北极到热带等不同环境中，都是如此。如果关于自然选择理论的简单重言式可表述为"那些历时最长仍为真的描述性命题，要比那些很快就变得非真的命题，更加持久为真"，那么，花岗岩就是比任何形式的有机体都更为成功的实体。

然而，岩石在游戏中存在的方式不同于生物的方式。我们可能会说，那块岩石抗拒变化；它在原处不动，保持不变。生物则躲避变化——它们要么纠正所发生的变化，要么改变自己来适应变化，要么将持续性的变化融入自己的存在之中。通过守恒的缜密性或不断重复较小的变化周期来实现"稳定"；这种变化周期在每一次扰动后，都会返回到原有状态(status quo ante)。大自然通过接受短暂的变化而(暂时地)避开永久的变化。例如，日本的隐喻"竹子遇风弯腰"，以及通过将个体迅速改变成种群成员来规避死亡。用拟人化的方式来说，大自然允许死神老人(也被拟人化了)杀死个体受害者，同时它又以更为抽象的存在(如种群或分类)替代被杀死的个体；这时，死神的杀戮效率必须高于生物种类繁殖系统的效率。最后，如果死神战胜了这个物种，大自然就会说："这正是我所要的生态系统。"

我们只有把前面三个心灵过程的标准与第四个标准(即生物的组织取决于更复杂的循环性决定链)结合起来，上述的一切才有可能。所有这些基础性标准必须结合在一起，生命特有的生存模式才能顺利实现。

循环因果（circular causation）概念的重要性最先得到推广时，是在第二次世界大战末期，由诺伯特·维纳（Norbert Wiener）和一些研究非生物系统（如机器）数学的工程师们所提出。下面这张高度简化的机械图（图 4-1）可以帮助我们更好地理解这个问题。

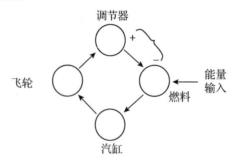

图 4-1

我们来想象有这样一台机器，它有"飞轮""调节器""燃料"和"汽缸"四个部分。此外，这台机器以两种方式和外部世界相连："能量输入"和"负载"。其中，负载可想象为可变的，也许是飞轮的负重。从以下意义来说，这台机器是循环性的：飞轮驱动调节器，调节器改变燃料供给，燃料又供应给汽缸，汽缸运作反过来又驱动飞轮。

由于这是一个循环系统，回路上任何一点发生的事件都会给整个回路带来影响，并使原点发生改变。

在这个图中，箭头代表的是因果的方向；我们也可以想象，从一个步骤到另一个步骤之间，各种类型的因果关系可以任意结合。这些箭头也可以表示数学函数或方程，说明连续的各部分之间的效应类型。因此，调节器的臂角就可以表示飞轮角速度的函数。诸如此类。

在最简单的情况下，部分与部分之间的所有箭头，不是表示无增益，就是表示正增益。在本案例中，调节器将以一种任何工程师都不允许的方式与燃料供应组件相连接；也就是说，调节器的平衡臂越张越大，供应的燃料也就越来越多。在这种操控下，这台机器就会失控——它会以指数级的速度增长而运行得越来越快、越来越快，直到某些组件坏掉，或者燃料管道无法以更大的速度输送燃料为止。

但这个系统也可能会在箭头连接处设定一个或多个反向关系。这是调节器的常用设置方法，而调节器所指的正是负责提供这种关系的组件。在本案例中，调节器的平衡臂张开越大，供应的燃料就越少。

作为一个历史事实，被称作逐步加剧或恶性循环的正增益系统自古有之。我自己在新几内亚塞皮克河（Sepik River）研究雅特穆尔（Iatmul）部落文化时就发现，群体、不同亲属之间各种类型的关系都具有行为交换的特征，也就是说，当 A 越是表现出某个特定行为，B 就越可能表现出同样的行为。我称之为对称互换。相反，还有另一种典型的互换：B 做出的行为虽然不同于 A 的行为，但与 A 的行为是互补的。无论是哪一种情况，A 与 B 的关系都有可能逐步加剧，我称之为分裂生成（schismogenesis）的关系。

我当时就指出，我们可以想象，无论是对称型分裂生成关系，还是互补型分裂生成关系，都可能导致系统的失控和崩溃。每一次互换都获得正增益以及相关人员的新陈代谢提供的充足能量，这样的系统就会毁于愤怒、贪婪或羞耻。只需要极少的能量(mv^2)就足以使一个人毁灭另一个人，或者破坏一个社会的和谐。

换句话说，在20世纪30年代，我对"失控"这个概念就已经非常熟悉，并且开始对这种现象进行分类，甚至推测不同类型的失控可能会有哪些组合。但是，在那个时候，我完全没有想到因果循环中可能包含一个或多个负反馈环节，系统因此具有自我修正的功能。当然，那个时候我也没有想到，诸如人口增长等失控系统中也可能包含着自我修正的种子，它们表现为流行病、战争和政府计划等形式。

许多自我修正系统已经广为人知了。但是人们知道的只是个别案例，其原理仍是未知的。的确，西方人不断发现一些情况却又无法理解其背后的原理，这表明西方人的认识论十分僵化。这些不断发现的原理包括：拉马克的进化论（1809），詹姆斯·瓦特（James Watt）发明的蒸汽机调节器（18世纪后期），阿尔弗雷德·拉塞尔·华莱士对自然选择的认知（1856），克拉克·麦克斯韦（Clerk Maxwell）对带调节器蒸汽机的数学分析（1868），克劳德·伯纳德的内环境（milieu interne），黑格尔和马克思对社会进程的分析，沃尔特·坎农（Walter Cannon）的《身体的智慧》（*Wisdom of the Body*，1932），以及在第二次世界大战期间及之后出现的各自独立发展的控制论和系统论，等等。

最后，罗森布鲁思、维纳和比奇洛（Rosenblueth, Wiener, and Bigelow）在发表于《科学哲学》（*Philosophy of Sci-*

ence）上的著名论文中提出①，自我修正回路及其诸多变体，为建构生物体适应性行为（adaptive actions）的模型提供了诸多可能性。2 500 年以来一直悬而未决的希腊哲学的核心问题（即目的问题），现在也在他们的缜密分析范围之内。他们甚至可以对不可思议的猫的捕食行为顺序（当猫跳跃落地时，它能计算出老鼠所在位置）进行建模。

然而，我在此顺便提一下非常值得思考的问题：为什么人们如此难以认识这一基本的控制论原理？仅仅是由于人类懒得对思维范式做出基本改变呢，还是因为存在其他过程，阻止了当时的人们接受一个我们现在回过头来看似非常简单的观念？旧时的认识论本身是否被自我修正或者失控回路所强化？

详细解读 19 世纪带调节器蒸汽机的发展历史，可能会有助于读者了解蒸汽机的回路及其发明者的盲点。在为早期的蒸汽机加装调节器时，工程师们却遇到了困难。他们就去请教麦克斯韦，抱怨说自己无法画出一个带调节器的引擎设计图。他们缺乏一个理论基础来预测绘制出来的机器将会如何运作。

机器的运转有几种可能：一是机器失控，以指数方式最大化速度，直至崩溃或慢慢减速到停下来为止。二是机器不断振荡，似乎根本无法稳定在任何平均值上。还有更糟糕的情况是，机器振荡的振幅本身也在不断振荡，或者振荡得越来越厉害。

麦克斯韦研究了这个问题。他给回路上每一个连续步骤的变量之间的关系写出了一组正式方程式。正如工程师们所发现

100

---

① A. Rosenblueth, N. Wiener, and J. Bigelow, "Behavior, Purpose and Teleology," *Philosophy of Science*, 10 (1943): 18-24.

的那样，麦克斯韦也发现，就算把这些方程式都结合起来，还是不能解决问题。最后他终于明白，工程师们所犯的一个错误在于没有将时间考虑进去。任何给定系统都蕴含着与时间的关系，也就是说，系统都是以整体所决定的时间常数为特征的。这些常数并不是由连续的各部分之间的关系方程式所决定的，而是由整个系统的生成（emergent）特性所决定的。

现在我们来想象一下，当发动机正在平稳运行的时候，遇到了一个负载，如它必须上坡或驱动某些装置。这时，飞轮的角速度将瞬间降下来，导致调节器的转动也放慢下来了。调节器的承重臂将会下降，造成承重臂和轴之间的夹角变小；而当这个夹角变小时，更多的燃料就注入汽缸中，于是机器就会加速，从而又改变了飞轮的角速度——与刚遇到负载时所引起的改变正好相反，即飞轮的角速度增加了。

然而，纠正性改变是否能精确地修正负荷导致的变化？这个问题很难回答。毕竟，整个过程是实时发生的。在时间点 1 上，发动机遇到了负载。在时间点 1 之后，飞轮的速度发生了变化。紧接着，调节器也跟着变化了。最后，纠正信息在时间点 2 传到飞轮这儿，时间点 2 晚于时间点 1。但是，修正的量是由时间点 1 上出现的偏差量决定的。到时间点 2 时，偏差量就已经改变了。

此时可以注意到，在我们对这个事件的描述中出现了一个非常有趣的现象。当我们进行上述描述时，我们似乎是身处这个回路之中，注意到各部分的行为变化，变化的大小和时间则是由回路中各组成部分之间的作用力所决定的。绕着这个回路一步步走下去，我的语言具有了一般的形式：A 的变化决定了

B 的变化。以此类推。但是，当描述回到它的（任意）起点时，这种句法就突然变了。现在我们的描述必须对变化与变化进行比较，并使用该比较的结果来解释下一步。

换句话说，我们论述的主题已经发生了微妙的变化，用本章最后一节（标准 6）的术语来说，这是一种逻辑类型的变化。这种变化显示出如下的差异：物理学家描述某个变量如何作用于另一变量的语言，不同于说明回路作为一个整体是减少或增加了差异时所用的描述语言。当我们说这个系统表现出"稳定状态"时（即不管怎样波动，它仍保持着平均值），我们就是把回路作为一个整体进行谈论，而不是讨论其中的变量。类似地，工程师们请教麦克斯韦的问题，也是把回路作为一个整体：我们该如何设计，才能使它达到一种稳定状态？他们以为答案是存在于单个变量之间的关系中。而麦克斯韦所需要和提供的答案，是依据整个回路的时间常数算出来的。这就成为衔接两个不同话语层次的一座桥梁。

在某个话语层次上被搬到舞台上的存在和变量，到了下一个更高或更低的话语层次时，就消失于幕后了。对开关一词所指涉的事物加以说明，可以较好地印证这个问题。工程师们有时也把开关称为"闸门"或"继电器"。通过开关的能量来源，不同于开启"闸门"（开关）的能量来源。

乍一想，人们以为"开关"就是安装在墙上、可以打开或关闭电灯的一个小装置。如果更加咬文嚼字，我们应该说，开关是借着我们人类的手"用"开关的动作，来打开或关闭电灯的装置，等等。

我们并没有注意到，"开关"的概念与"石头""桌子"等概念有很大的不同。进一步审视表明，当开关处于"开"的状态时，它在电路中其实并不存在。从回路的角度来说，它与连接其两端的导线并没什么区别——它不过是"更像导体"。相反，但又类似地，当开关处于"关"的状态时，从回路的角度来说，它也是不存在的。它什么都不是，不过就是两个导体之间的间隔；而只有在开关处于"开"的状态时，这些导体自身才作为导体存在。

换句话说，除了开关状态改变的那一瞬间，开关不存在；因而，"开关"是一个与时间有着特殊关系的概念。它与"改变"的概念有关，而非"物体"的概念。

如前所述，感觉器官只接收有关差异的信息。实际上，要触发感官的反应，通常也只能通过变化，即通过事件，或者通过移动感官，使感知世界成为事件所产生的那些差异。换句话说，感觉的末梢器官就如同开关，必须依靠外部影响才能在某一时刻"打开"。这个时刻就是传入神经产生一次神经冲动的时刻。当然，感觉阈值（即扳动开关所需要的事件强度）又是另一回事，它会因许多生理环境的不同而发生改变，如相邻感觉末梢器官的状态。

102   问题的真相是，在整个的生物界、我们体内的生理系统、我们的思维、我们的神经过程、我们的体内平衡以及我们作为其组成部分的生态和文化系统中，每一个因果循环——每一个这样的回路，都会隐藏着或显示着这样的悖论与混淆，它们与逻辑类型中的错误和曲解如影相随。这个问题与回路问题、编码问题（标准5）密切相关，我们会在标准6的讨论中给予更充分的考察。

标准5：在心灵过程中，差异的结果应被视为先前差异的转化（即编码的形态）

在讨论标准2时，我们考察了差异及促成其他差异产生的连锁反应，现在我们必须考虑它们是如何成为信息、冗余、模式等的材料的。首先，我们必须注意到，在所谓的"外部世界"中，任何事物、事件或差异都可以成为一个信息源，只要它被纳入到一个由灵活材料所构成的适当网络回路中，并且在这个回路中带来变化。从这个意义上说，日食、马蹄印、叶子的形状、孔雀羽毛上的眼圈——不管它是什么——如果它触发了这样的连锁反应，它就能够被纳入到心灵之中。

接下来，我们看一下关于科日布斯基著名普遍原则的最为宽泛的陈述。他宣称地图非疆域。若用十分广阔的视角来看这个问题，我们可以把地图视为某种差异累加的效果，也就是说，它把"疆域"中各种差异信息组织了起来。科日布斯基的地图是一个很方便的隐喻，也帮了很多人的忙，但若从最简单的角度来看，他的这个普遍原则所断言的不过是：结果不是原因。

当结果和原因都被纳入到一个适当的灵活系统中时，两者之间的差异事实就是我们也许可以称之为转化或编码的首要前提。

当然，我们应该假设，结果与原因之间的关系存在某种规律性。没有这些规律性，心灵就不可能从结果中推测出原因。有了这些规律性，我们才能对所获得的因果之间的各种关系进行分类。未来，当我们遇到那些或可称之为模式、动作序列等复杂的信息集合时，这种分类系统就可以把那些非常复杂的情

103

况包括进来。

对差异的反应几乎全都是靠并行能量提供动能的——这一事实带来了更加多样化的转化或编码(见前述标准3)。如此看来，在触发反应的事件或差异的强度(magnitude)与其所导致的反应之间，就不应该存在简单的关系。

然而，当我试图对无数种转化类型进行第一个二分类时，得出了两种案例：一类是根据触发事件中的某些变量产生量变反应的案例；另一类是其反应随开-关阈值而变化的案例。带有调节器的蒸汽机提供了第一种类型的典型例子，调节器臂角的不断变化，导致燃料供应也不断变化。相反，室内恒温器是一种开-关机制，温度的变化会打开温度计的开关。这就是模拟系统(即随着触发事件的强度不断变化的系统)和数字系统(具有开-关特性的系统)之间的二分类。

我们注意到，数字系统更接近于包含数的系统；而模拟系统似乎更依赖于量。这两种编码的区别构成"数不同于量"之普遍原则(第二章中讨论过)的一个例子。每个数和下一个数之间是不连续的，就像在数字系统中"有反应"和"无反应"之间是不连续的一样。这也就相当于"是"与"否"之间的不连续性。

在控制论的早期研究中，人们曾经争论过这样的问题：整体来说，大脑究竟是一个模拟机制的装置还是一个数字机制的装置？后来，自从人们意识到对大脑的描述必须从神经元的全或无特征开始，这种争论就消失了。至少在绝大多数情况下，神经元要么放电，要么不放电。如果故事到这里就结束了，那么大脑系统将纯粹是数字化和二进制的。但是，数字神经元所建构的系统还可能看起来具有模拟系统的样子。一个简单的装置就可以完成上述工程，只要大幅增加其神经传导的通道，使特定通道的聚集处有数百个神经元，并使其中一定比例的神经元放电、一定比例的神经元不放电，这样，就会产生一个明显的量变反应。此外，个体神经元因为受到荷尔蒙及其他环境条件的调节，可能会以真正量的方式，改变其反应阈值。

然而，我想起了当人们还没有认识到一个系统可能兼具模拟和数字特征之前，大家对大脑是模拟系统还是数字系统争论不休的那些日子；显然，无论支持哪一个观点，都会表现出明显的个人化和非理性的倾向。我当时倾向于强调数字机制的假设；而那些受生理学影响较深、受语言和外在行为现象影响较少的人，则更倾向于赞成模拟机制的解释。

当我们要认识原始生物的心灵特征时，编码类型的其他分类就变得相当重要。在一些高度离散的系统中，我们很难（也许根本就不可能）识别出其感官或信息的传播路径。诸如海岸或红杉林这样的生态系统，无疑都具有自我修正的特性。如果在某一年，某一物种的数量异常地增加或减少，几年之内，它的数量又能恢复到正常水平。但要指出这一系统中的哪一部分是收集信息并影响行为校正的感官，却十分不容易。我认为这样的系统是量变和渐进的，量之间的差异就是信息指标，这个量同时也是系统所需供给（食物、能量、水、阳光，等等）的量。人们已经对这类系统中的能量转化途径（例如，食物链和水的供给）做了大量的研究。但我尚不知道有任何一个具体研究将这些供给视为内部信息的携带者。若是能知道这些系统是否为模拟系统就太好了，因为在模拟系统中，一个循环回路的事件与下一个循环回路的事件（如带调节器的蒸汽机）之间的差异，可以成为自我修正过程中的决定性因素。

生长中的幼苗向光弯曲，是因为它受到光照差异的影响，背光一侧生长得更快。也就是说，背光面要通过不断地弯曲来捕捉更多的光——这是一种因差异而产生的替代运动。

还有另外两种转化或编码形式也值得一提，因为它们极其简单，也很容易被忽略。一种是模板（template）编码。举例来说，任何生长中的生物体，在生长点上所生成的形状和形态，通常是由正在生长的表面状态所决定。举一个非常普通的例子，棕榈树的枝干基本上是以平行于从树干到树顶（即生长点所在）的方向生长的。其生长组织（即形成层）的任何一个点都在位于下面已经长成的枝干表面上堆积木质。也就是说，木质堆积的形状是由先前已长好的形状决定的。类似地，在伤口之类愈合的时候，伤口表面的形状及其分化（differentiation）似乎常常决定了再生组织的形状及其分化。这或许是我们能够想象得到的最接近于"直接"沟通的例子了。但是，我们还需要注意到的是，在很多例子中，再生器官的生成必然成为一种镜像，反映出它与旧身体衔接面的状态。如果这个衔接面确实是不具有深度的二维面，那么生长着的组织很可能就会从其他来源获得有关深度方向的信息。

另一种常被遗忘的沟通称为明示（ostensive）沟通。如果我指着一只猫对你说"猫就长这个样子"，那么我就是以猫作为明示成分进行沟通。如果我在街上走，看到你过来了，就会说"哦，是比尔呀"，这表明我已经从你那里得到了一些明示信息（你的长相，你走路的样子，等等），无论你是否有意传达了这些信息。

在语言学习中，明示沟通显得尤为重要。想象一下这样的情景：在明示沟通受到严重限制的情况下，说话者必须将他所拥有的特定语言传授给另外一个完全不懂该语言的人。假设 A 要在电话里把一种语言教给完全不懂该语言的 B，而且他们也没有其他共同语言。也许 A 能向 B 传达声音、语调甚至语法的一些特征；但是，A 要让 B 明白某个词的常用"意义"，几乎就不太可能了。对 B 来说，名词和动词仅仅只是语法实体，而不是可指称对象的名称。而语调、顺序结构等都通过电话中的声音序列得以传送，可以令人信服地"指向"B，因而教给 B。

在学习任何转化或代码的过程中，明示沟通或许同样必不可少。例如，在所有的学习实验中，给予强化或撤销强化都是引导正确反应的趋近法。在训练表演动物时，人们使用各种道具确保这个指示更加准确。如驯兽师会携带一个哨子，并在动物做出正确动作的瞬间吹响哨子，这样就把学习者的反应当作教学中的明示范例了。

另一种非常原始的明示编码形式是"部分代整体"（part-for-whole）编码。比如说，我看到一棵红杉树立在地上，这种知觉告诉我，在这个点的地下我会找到树根；或者，我听到了一个句子的开头，马上就知道这个句子其余部分的语法结构，并且很可能还知道其余部分所包含的许多单词和观点。在我们的生活中，我们的知觉也许总是对部分的知觉，而我们对整体的猜测会不断地被随后出现的其他部分所证实或否定。也许正是这样，整体永远无法得以呈现；因为整体的呈现涉及直接沟通。

106

标准6：对转化过程的描述和分类揭示出内在于现象的逻辑类型之层级结构

这一部分需要完成两项任务：第一，要让读者理解逻辑类型和相关概念的意涵（各种形式的逻辑类型已经让人类着迷了至少3 000年）。第二，要说服读者相信，我所讨论的正是心灵过程的特征，甚至是它的一个必要特征。这两项任务都没有那么简单，但正如威廉·布莱克所说的："讲述真理绝不是为了被人理解，而是为了被人相信。"①因此，上述两项任务就变为去展示能被人们理解的真理一项任务了。尽管我深知，在任何重要生活领域中讲述要让人们理解的真理，都是一件异常艰难的事。在这一点上，甚至布莱克自己也鲜有成功过。

我将从一个抽象的表述开始，然后给出一些相当简单的案例来阐明这些观念。最后，我会通过一些案例来展示因沟通层级辨别的混乱或曲解而导致的种种挫败和异常状态，并以此来表明这个标准的重要性。

从抽象的表述来说，先来看一个有关两个生物体之间非常简单关系的例子：生物体 A 发出某种声音或摆出某种姿势，B可以从中知道与自身存在有关的 A 之状态。它可能是一种威胁、一种性诱惑、一个抚育的动作，或表明是同伴的一个示意。我在编码（标准5）的讨论中就已经提到，在任何情况下，没有信息是突然发生而降临的。信息和指称物之间的关系总是

---

① 此句出自布莱克写于1790—1793年的著名诗集《天堂和地狱的婚姻》（*The Marriage of Heaven and Hell*）中的《地狱的箴言》（"The Proverbs of Hell"）。——译者注

部分可预测、具有一定规律性的。实际上，这种关系从来都不是直接的或简单的。如果 B 要对 A 的示意进行反应，那么 B 就绝对需要知道这些示意究竟是什么意思。于是，B 必须获取的另一类信息也就由此而生，它会告诉 B 来自 A 的动作或示意的信息编码。此类信息并非是关于 A 或 B 的信息，而是关于编码的信息。它与关于 A 或 B 的信息属于不同的逻辑类型。我将称之为元信息。

此外，除了简单编码的信息外，还有许多更精细的信息也是必要的，因为编码是有条件的；也就是说，某一类型的动作或声音的意义会相对于脉络而改变，尤其是随着 A 和 B 之间变化着的关系状态而发生改变。假如在某一时刻，A 和 B 的关系变成嬉戏的性质，那么，许多信号的意义就会变得不同。无论是在动物世界还是在人类世界，这种观察都是真实的。正因如此，我才开展了相关研究，一方面创立了所谓的精神分裂症双重束缚(double bind)理论，另一方面形成了本书提出的整体认识论。斑马会识别出(狮子)脉络(情境)的性质，知道自己如果撞见狮子的话，即便是正在狼吞虎咽甚至肚满肠圆的狮子，也仍然会追击他们。但是，饥饿的狮子就不需要对这一特定的脉络(情境)做什么标记。他早就知道斑马是可以吃的。那是因为他或者早就学会这个知识了，这一课根本就不需要学了？又或者，对他而言某些必要的知识就是与生俱来的？

我们必须考虑信息的所有方面，把信息置于脉络之中，使其可被理解。但是，即便在缺乏这种元沟通信息的情况下，B 在遗传机制的引导下，仍有可能将 A 的信号归入脉络中。

也许，正是在这个抽象的层面上，学习和遗传学相遇了。

基因正是通过决定动物对其学习脉络的知觉及分类的方式而影响动物的。至少哺乳动物具有学习脉络的能力。

过去我们称之为"特性"的东西，即我们对自身所处脉络的解释系统，是由遗传和学习共同塑造的。

这一切都以层级的存在为前提，为此，我试图在这里阐明层级的性质。我们从以下两者之间的潜在差异开始阐述，即脉络中的行动，以及用来定义脉络或使脉络可被理解的行动或行为。后一种沟通类型很长一段时间以来被称为元沟通，这里我借用了沃夫（B. L. Whorf）的术语①。

元信息的功能和效应实际上是对脉络中所发生的信息进行分类。正是在这一点上，本书提出的理论与罗素和怀特海（A. N. Whitehead）在 20 世纪头十年进行的研究（最终于 1910 年出版了《数学原理》一书②）有了关联。罗素和怀特海所处理的是一个非常抽象的问题。他们认为，罗素所称的逻辑类型在数学表征中被误用并造成了思想混乱，因此，他们要做的，就是把逻辑从这种思想混乱中解救出来。至于罗素和怀特海在写作《数学原理》时是否意识到，他们的兴趣对人类和其他生命体来说至关重要，我就无从而知了。怀特海当然知道，人类是可以被这类逻辑的误用逗乐并幽默一把的。但我怀疑，他曾从享受这类幽默游戏中再向前迈出一步，看到这类游戏的非比寻常之处——它为整个生物学带来了启示。因而更广阔的洞见被

①　B. L. Whorf. *Language*, *Thought and Reality* (Cambridge, Mass.：Technical Press of Massachusetts Institute of Technology, 1956).
②　A. N. Whitehead and B. Russell. *Pincipia Mathematica* (Cambridge：Cambridge University Press, 1910-1913).

（也许是无意识地）回避掉了，从而没能对它给人类困境本质带来的启示进行深刻思考。

人类关系中幽默这一不争的事实表明，至少在这一生物学的层面上，多重逻辑类型对人类的沟通来说是必不可少的。若没有对逻辑类型的曲解，那么幽默或许就是不必要的，甚至都不可能存在。

在更抽象的层次上，几千年来，由逻辑类型引发的现象让思想家们和傻瓜们同时为之着迷。然而，逻辑必须从俗人享乐的悖论中摆脱出来。在这方面，罗素和怀特海首先观察到，古老的埃庇米尼得斯悖论（Epimenides Paradox）——"克里特人（Cretan）埃庇米尼得斯说'克里特人总是撒谎'"是一个建立在分类和元分类基础之上的悖论。我以双引号中的单引号之形式来呈现这一悖论，而这正是该悖论产生的方式：双引号界定了单引号中的内容，而单引号中的内容反过来又重新界定了双引号中的内容，矛盾由此而生。当我们问："埃庇米尼得斯说的是真话吗？"答案是："若他说的为真，那么他就是在说谎；若他说的为假，那么他就是在说真话。"

维纳曾指出，如果将埃庇米尼得斯悖论输入计算机，那么答案将会是：是……不是……是……不是……，直到计算机的墨水或能量耗尽，或者死机。我在第二章第 13 节中提到过，逻辑无法模拟因果系统，一旦时间因素被忽略，悖论就产生了。

如果我们观察任何生物体，并开始探究其动作和姿态，我们就会遇到一个信息的疑团或网络，以至于前面章节列出的理论问题会变得混乱起来。在对交互作用的巨量观察中，很难判断说，究竟耳朵位置这个信息、前腿弯曲或者尾巴位置等其他观察信息中，哪个实际上是元信息。

在我面前的桌子上睡着一只猫。当我在写上面几百个字时，猫变换了她的位置。她身体朝右侧睡着，头微微偏离我的方向，她耳朵的位置说明她对我没有什么警觉，眼睛闭着，前脚蜷缩起来——这是猫一贯的身体姿态。当我刚说到并且也的确是在观察她的行为时，她的头转向我，眼睛仍然紧闭着，呼吸稍有变化，耳朵移到半警觉的位置；不管对与不对，这只猫现在看上去仍在睡觉，但她已意识到我的存在，或许还意识到她是我写作材料的一部分呢。这种注意的提升发生在我提到猫之前，也就是说，在我开始写当前这个段落之前。而现在，我已经提到过她了，她的头便又埋了下去，鼻子放在前腿之间，耳朵也不再保持警觉了。她认为即便我谈到她，也无所谓了。

观察这一系列猫的行为序列和我自己对它的解读（因为我们正在讨论的系统最终不仅仅是猫，也是人－猫的系统，也许还应该是比这更复杂的系统，即人观察在自己观察之中的猫观察人的系统）过程中，存在一个由脉络组成的层级结构，而猫所发出的大量关于她自身的信号中，还隐藏着另一个层级结构。

这里的情况看来是这样的：猫发出的信息在一个复杂网络中相互关联；如果猫知道厘清这一大团乱麻有多么困难，恐怕连她自己都会感到惊讶吧。毫无疑问，如果由另一只猫来整理这些信息，或许其会比人类整理得更好。但对于人类而言——哪怕是训练有素的动物行为学家也常感到惊讶——系统组成部分的信号之间的关系常常混淆不清。然而，人类通过将各个部分的信息整合起来"理解"猫的行为，就好像他真的知道正在发生什么。他先形成假设，之后再根据不那么模棱两可的动物行动，不断地去检验和校正自己的假设。

跨物种的沟通一直是构成学习脉络的一个序列，参与其中的每一个物种都要不断地根据前一个脉络的性质来修正自己的学习。

换言之，特定信号之间的元关系可能会出现混淆，但在下一个更抽象的层级上，这种关系理解又可能会是真的。①

在动物行为的某些脉络或者人类与动物的关系中，不仅人类可以区分元沟通的层级，某种程度上，动物也可以做到。我将以两个例子来说明这一点：一是针对实验性神经官能症的巴甫洛夫经典实验研究；二是我在夏威夷海洋研究所开展的有关人—海豚关系的研究。它们将构成相互对照的一对例子：在其中一个例子中，沟通的混乱导致了病态，而在另一个例子中，动物最终还是超越了原有的逻辑类型。

巴甫洛夫的案例非常著名，但我对它的诠释不同于标准化的诠释，而这种差异恰恰在于我所坚持的脉络与意义的相关性；而相关性正是一组信息与另一组信息进行元沟通的一个例子。

实验性神经官能症的范式如下：对一只狗（通常是公的）进行训练，使其能够对两种不同的"条件刺激"做出不同的反应，例如，圆或椭圆。针对 X 刺激，狗要做 A 动作；而针对 Y 刺

---

① 这里提醒读者，我们曾提到有关拉马克主义的谬误（第二章第 7 节）。拉马克提出，环境对个体基因有直接的影响，但这不是真的。事实在于更高逻辑类型的一个命题：环境对种群（population）的基因库的确有直接的影响。

激，他要做 B 动作。如果狗的反应表现出他能做出这种区别，即他能够区分这两种刺激，就会受到正强化，或者用巴甫洛夫的语言来说，就给他食物作为"无条件刺激"。当狗能够做出辨别时，实验者就会加大任务的难度，要么让椭圆变圆一点，要么让圆变得稍微扁一点，这样两个刺激物体之间的对比就会减弱。此时，狗将不得不付出加倍努力进行区分。但是，一旦狗成功地做到这一点，实验人员将会再次通过类似的改变，使任务变得更难。通过这样一系列的步骤，狗最终会达到一个再也无法区分物体的情形。此时，如果实验执行得足够严格的话，那么狗可能会显现出各种各样的症状。他可能会咬他的主人，可能会拒绝食物，可能会不听从命令，可能会昏睡不已，等等。至于狗会表现出哪些症状，据称就要看狗的"气质"了：兴奋型的狗选择某些症状，懒散型的狗则会选择另一些症状。

现在，从本章的观点来看，我们必须检视这一序列正统解释中包含的两种语言形式之间的区别。一种语言形式是"这只狗辨别了两种刺激"；另一种是"这只狗的辨别力失灵了"。在这个跳跃中，科学家已经从一个特定事件或者可见事件跳到了一种普遍推论上，即跳到了或许存在于狗的内心视线之外的一种抽象概念——"辨别力"之上了。这种逻辑类型的跳跃，正是理论家所犯的错误。从某种意义上说，我可以看到狗正在辨别事物，但我绝不可能看到他的"辨别力"。这是从具体到一般、从个体到群体的跳跃。在我看来，一种更好的说法应该取决于问这样一个问题："这只狗在训练中学会了什么，使得他在最后无法接受失败结果？"对此的答案似乎是：狗学会了这是一个需要进行辨别的脉络，即他"应该"查看两个刺激，并"应该"在两者之间的差异中找到行动可能性。对于这只狗来说，这是一个设定好的"任务"——在这个情境中，成功就意味着奖励。①

很显然，如果一个脉络中两种刺激之间不存在可感知的差异，那么这就不是一个需要辨别的脉络。我相信，只要实验者反复使用某一个物体，并且每次都通过投掷硬币来决定这个物体应当充当 X 或者 Y，就一定能诱发出狗的神经官能症。换句话说，狗要做的适当反应就是，同样拿出一枚硬币投掷出去，用落下来的那一面决定自己的行动。但不幸的是，这只狗没有装硬币的口袋，而且他在一个脉络中受过非常严格的训练，但如今这个脉络却变成了谎言；也就是说，这只狗被训练成期待一个需要辨别的脉络。现在，他会把这种解释强加于当前所处的脉络，然而这个脉络却根本不是一个需要辨别的脉络。他又被训练成不要去辨别两类脉络的差异。为此，他又回到了实验启动时的状态：他无法区分脉络了。

从狗的视角（有意识地或无意识地）来看，针对脉络的学习与学会 X 出现时做什么、Y 出现时做什么是不同的。从一类学习到另一类学习之间，有一种非连续性跳跃。

读者也许有兴趣顺便了解一下，有哪些数据会支持我的解释。

首先，在实验刚开始的时候，这只狗并没有表现出精神病或神经质的行为，当时他还不知道如何辨别，也不会去辨别，因而频繁地犯错误。这并没有使他的辨别力"失灵"，因为他当

---

① 我认为，这种极度将狗人格化的表达法，并没有比专门的抽象概念"辨别力"更不"客观"。

时压根就没有辨别力，就像在实验结束时，也不是什么辨别力"失灵"，因为实际上实验所要求的并不是辨别力。

其次，一只天真的狗被置于一个重复的脉络中，X有时候意味着他要表现出A行为，有时候又意味着他要表现出B行为，这时他就只能靠猜测了。没有人教导这只天真的狗不要去猜测，也就是说，没有人教导他在生活脉络中进行猜测是不合适的。这样一来，狗就会稳定地反映出接近于恰当反应的频率。也就是说，如果这个刺激物有30%的概率意味着A，70%的概率意味着B，那么狗就会稳定地做出30%的A动作、70%的B动作。（他不会像一个高明的赌徒那样，全部做B动作）。

再次，如果这些动物被带出实验室，并且在一定距离之外施行强化刺激——例如，以（从好莱坞借来的）长杆灯上挂下来的电线进行电击——那么，他们就不会产生上述症状。毕竟，这些电击所带来的痛苦程度，仅仅是任何动物在穿过荆棘丛生的地方时都可能经历的；也就是说，电击不会成为强制性的，除非在实验室的脉络中，当实验室的其他细节（气味、动物所站的实验台等）也都成为辅助性刺激时，这时的脉络对于动物来说意味着是一个需要他必须总是做"对"的脉络。如果说动物学到的是实验性质，那当然是真的，其实研究生们所学到的又何尝不是呢？实验对象（无论是人类还是动物）都会面临脉络标记的连番阻挠。

逻辑类型的一个简便指标是强化系统，我们所描述的行为会对强化系统做出反应。根据操作性条件反射规则所施加的强化，显然会引起简单动作的反应。但是简单动作组织方式（如我们行为描述中的"猜测""辨别""游戏""探索""依赖""犯罪"

113

等)则属于不同的逻辑类型，因而也不遵循简单的强化规则。巴甫洛夫的狗甚至永远不可能因为感知到脉络变化而得到正强化，因为他之前学过的相反事物是如此深刻而有效。

在巴甫洛夫的例子中，这只狗没有成功地完成从"需要进行辨别的脉络"到"需要进行猜测的脉络"的逻辑类型跳跃。

作为对照，让我们来看一个完成类似跳跃的动物例子。在夏威夷海洋研究所，一只雌性海豚（糙齿海豚，steno bredanensis）被训练成会一直期待着，每当训练师的哨子响起时，食物就会出现；也学会期待着，如果稍后哨子吹响时，若她正在重复做先前的那个动作，那她就会再一次听到哨子的声音并得到食物。训练师通过这个动物旨在向观众展示"我们是如何训练鼠海豚（porpoises）①表演的"。"当她进入表演池后，我会盯着她看，当她做出我希望她重复的某个动作时，我就会吹哨子，并且喂她食物。"然后她就会重复"那个动作"，并一再得到强化。海豚只要重复这一序列三次——这对于表演展示来说基本上就够了，然后就被送到后台，等待两个小时后的下一场表演。这只海豚学会了一些简单的规则，将自己的行动、哨子、表演池和训练师连成一个模式、一个脉络结构、一套把信息结合在一起的规则。

但是这种模式只适用于表演池中的单个情节。由于训练师要一次次地表演他们是怎么教海豚的，海豚就必须打破这个简单模式，以处理这类情节的类型。一个更大的脉络的脉络可能会让海豚犯错。比如，在下一次的表演中，训练师又要示范操

---

① 鼠海豚是马戏团里叫表演海豚的行话。

作性条件反射，为此她需要选一个不同于先前的外显行为（conspicuous behavior）。这样，当海豚来到表演池并做出她先前的"那个动作"时，却听不到哨音。训练师会等待下一个外显行为的出现，也许是拍尾巴（这是海豚表示不高兴的常见方式），再对这个行为进行强化，并使之重复。

　　但是，拍尾巴的动作在第三次表演中又不会得到奖励了。终于，海豚学会了处理脉络类的脉络——她每次来到台上时都会做出不同的或者新的外显行为。

114　　在我来到夏威夷之前，所有这些事就已经在海豚、训练师和观众关系的自由自然史中发生着。而在我看来，这里所发生的就是动物需要学习比以往更高层次的逻辑类型。在我的建议之下，人们开始对一只新来的动物重复进行了这一序列的实验，并做了详尽的记录。① 实验训练的学习日程也是精心安排的：这一动物将经历一系列的学习课程，每节课持续 10—20 分钟。这一动物在上一节课中已经受过奖励的行为，就绝不会再受到奖励强化。

---

　　① 在《糙齿海豚的二次学习》一书中有所描述。K. Pryor, R. Haag, and J. O'Reilly, *Deutero-Learning in a Roughtooth Porpoise*（*Steno bredanensis*），U. S. Naval Ordiance Test Station, China Lake, NOTS TP 4270. 在我的《心灵生态学导论》（*Steps to an Ecology of Mind*）第 276～277 页中也有进一步的讨论。

　　以下为译者注：

　　《糙齿海豚的二次学习》一书记录了一只年轻的雌性糙齿海豚积极参加了 36 节训练课，每节训练课的时间从几分钟到半小时不等。在 1966 年 2 月至 3 月间，这只海豚一天参加 2～3 节训练课，每周训练几次。到第 15 节课时，这只海豚能清楚地理解并做出相应的反应，即只有新的、原创的行为才会得到奖励。实验结束时，她对第二个标准做出了恰当的反应，即每次实验只奖励一个新的行为。训练过程中，共观察到 16 种不同的行为，其中有一些行为是训练师以前从未看到过的。

关于这个实验序列还必须补充说明两点：

首先，根据训练师的判断，有必要多次打破实验规则。对海豚来说，知道自己做错了的感受是如此的不安，因此，为了保护她和训练师之间的关系（即脉络的脉络的脉络），有必要给海豚许多原本不应得的强化——白白得到的鱼。

其次，在前 14 节课中的每一节课，海豚都会无谓地多次重复前一节课所强化的行为。看上去似乎只有出于意外，海豚才会做出一个不同的行为。在第 14 节和第 15 节课之间，海豚似乎比之前兴奋多了；当她在第 15 节课上台的时候，她做了一段精彩的表演，包含了 8 个引人注目的行为，其中 4 个还是在这类动物身上从未观察到的新行为。从动物的角度来看，这是在逻辑类型之间出现的一种跳跃，一个非连续性跃升。

在所有此类例子中，从一个逻辑类型跃升到下一个更高层次的逻辑类型，都是从一个事件的信息跃升到一类事件的信息，或者是从考虑类的信息跃升到考虑类之分类的信息。很显然，就海豚的例子来说，她不可能从单一的经验（无论是成功还是失败）中，学习到这是一个展示新行为的脉络；她只有从各种不同的脉络样本之间的比较信息中，才能了解到脉络的性质——在这些不同的脉络中她自身的行为和得到的强化结果也都不尽相同。在这个变化的脉络类别中，逐渐可以感知到某种规律性，从而超越那些明显的矛盾。狗的案例也是类似的，只是那只狗根本就没有机会知道，他所处的是一个需要进行猜测的脉络。

虽然我们从单个例子中可以学到很多，但有些事情是学不到的，比如，大样本或者类别的性质，以及这样一些试验或经验的性质等。而这对于逻辑类型来说又是最根本性的，无论是从伯特兰·罗素抽象概念的层次来说，还是从真实世界中动物学习的层次来说，都是如此。

这些并非只是实验室和动物学习实验中才有的现象；研究人类思想中某些混淆情况也有助于我们深入理解这些现象。在几个外行和专家经常随意讨论的概念中，也都隐含着逻辑类型的错误，"探索"(exploration)便是其中之一。令心理学家们困惑的是，老鼠的探索倾向并不会因为让他撞到带有低压电击的箱子就消失了。从这些经验中，老鼠并没有学会不要把鼻子伸到箱子里去；他所学会的是，不要把鼻子放到带电的特定箱子里。换句话说，我们这里涉及的是学习一般事物和学习特殊事物之间的差别。

要是我们有点同理心的话，从老鼠的角度来看，他并不想要学会一般事物的教训。他把鼻子伸进箱子里受到电击的经历告诉他，为了获得这个箱子是否带电的信息，他把鼻子伸进箱子里是做得对的。事实上，探索的"目的"不在于发现探索本身是好事还是坏事，而是在于发现所探索事物的信息。因此，较广阔范围的事物有着与特殊事物截然不同的性质。

在考虑这种概念的性质时，若以"犯罪"(crime)这个概念为例是很有意思的。我们惩罚所认定的犯罪行为的一部分，"犯罪"似乎就可以消失了；好像"犯罪"概念是某类行为或某类行为部分的名称。但更确切的说法是，"犯罪"就同"探索"一样，是一种将行动组织起来的方式的名称。因此，惩罚特定行为本身是不太可能消灭犯罪的。数千年以来，所谓的犯罪科学从未摆脱逻辑类型中一个简单的大错误。

无论如何，在试图改变生物体的性格状态和试图改变生物体的特定行为之间，存在一个非常深刻的差异。后者相对容易，而前者则极其困难。范式变革与认识论的改变一样困难——两者实际上具有同样的性质。（关于促使人类犯罪性格变化的必要条件的精细研究，读者可以参阅查尔斯·汉普顿-特纳的《清醒的疯人院》①。）罪犯受到服刑惩罚的特定行为，不应该成为监狱中改造罪犯训练的主要焦点——这似乎应当成为此类深度训练的第一要务。

第三个类的概念就是"游戏"（play），它常因归入了错误的逻辑类型而被误解。构成游戏的特定行为序列，当然还能以不同的序列发生在同一个人或动物身上。"游戏"的特性在于它是现场脉络的名称；在这些脉络中，构成游戏的行为与非游戏行为相比，具有不同的相关性和组织性。游戏的本质也许就在于它部分否定了游戏行为在其他脉络中应该具有的意义。早在20年前，我从哺乳动物能够识别游戏这一认识，进一步认识到有些动物（此处是指河獭）还能对其互动类型进行分类。他们出现了类似于巴甫洛夫的狗由于无法识别脉络的改变而受到惩罚导致的病态症状；或者出现了类似于罪犯的病态——他/她本应该因特定组织行为方式而受到惩罚，但实际上却因某些特定行为而受苦。从观察河獭的游戏开始，我继续研究人类行为中的类似分类，最终得出一个结论：人类病理学中某些被称为精神分裂症的症状，实际上也是逻辑类型误用的结果，我们称

① Charles Hampden-Turner, *Sane Asylum* (San Francisco: San Francisco Book Co., 1976).

之为"双重束缚"。

在这一节中，我逐渐从编码的解释走向了心理现象的层级结构问题。但是讨论循环决定链的标准4也显示了层级结构问题。当某一组成部分的特征和整个系统的特征之间的关系再绕回到它自身时，同样也是一个层级性组织的问题。

这里我想说的是，文明史长期对循环因果观不甚重视，这似乎是由人们对逻辑类型既热衷又害怕的态度所导致的。第二章第13节中我曾提到，逻辑是因果的不良模型。我认为，正是人们想用逻辑方法来处理生命问题的企图以及这种企图本身的强迫性质，才带给我们一种恐惧的倾向，特别是当面对这种逻辑方法可能会失灵的暗示时，这种恐惧就进一步加深了。

在第二章中我提出，如果用逻辑图或模型来说明简单蜂鸣器电路，它就会出现矛盾：如果蜂鸣回路闭合了，那么线圈就会被电磁铁吸引过去；而如果线圈被电磁铁吸引过去了，那么吸引力就会停止。除非在逻辑中引入时间，否则因果世界中的"如果……那么"循环关系，就会打乱逻辑世界中的"如果……那么"循环关系。这种矛盾在形式上与埃庇米尼得斯悖论有着类似之处。

人类看似希望自己的逻辑是绝对的。我们似乎也是根据这个假设来行动的；然后，当有丝毫暗示表明它并非如此或可能并非如此时，我们就会感到恐慌了。

似乎逻辑头脑的高度一致性，即便是在一个众所周知的糊涂蛋那里，也必须是神圣而不可侵犯的。当它显示出不那么一

致的时候，个体或文化就像加大拉的猪群（Gadarene swine）①
一样，猛然冲进超自然主义的复杂性中。为了逃避因果循环宇
宙中所描写的无数次隐喻性死亡，我们急于否认自然死亡这个
简单现实，并忙于建构有关来世甚至转世再生的幻想。

事实上，我们心灵逻辑过程的表面一致性出现的一个缺
口，似乎就是一种死亡。当我与精神分裂症患者相处的时候，
我反复遇到这个深刻的见解，这个见解可以说是我和帕洛·阿
尔托的同事们于 20 年前所提出来的双重束缚理论的基础。②
在这里我要提出的是，在每一个生物回路中，都存在死亡的
暗示。

为了对本章做一个总结，我将谈到一些能说明这六条标准
的心灵潜在性。首先，有两个心灵特征可以一并提及，它们在
我所讨论过的标准中是成立的。这两个密切相关的特性便是自
主性（autonomy）与死亡。

自主性——源于希腊词 autos（自我）和 nomos（律法），意 *118*
指自我控制（control the self）——是由系统的递归（recursive）
结构提供的。虽然对一个带有调节器的简单机器是否能进行控
制或被自己控制，可能还有争议，但是我们可以想象，如果在

---

① 《马太福音》（第八章）和《路加福音》（第八章）中有一个"加大拉的猪群"的
故事，当从人身上被赶出来的鬼进入猪群，整个猪群骤然冲下山崖，投入海里，
死在水中。——译者注

② 当时我非常幸运地得到了 19 世纪 30 年代约翰·珀西瓦尔（John Perceval）
记载他自身精神病的资料。这本资料现在作为《珀西瓦尔的叙事》（*Perceval's Nar-
rative*）一书出版，它向我们展示了精神分裂症的世界完全是以双向束缚术语构建
出来的。见：John Perceval, *Perceval's Narrative: A patient's Account of His
Psychosis*, 1830-1832, Gregory Bateson, ed. (Stanford Calif.: Stanford University
Press, 1961).

这个简单的回路上加上更多带有信息与效应的环路，那么这些环路带有的信号内容会是什么？答案当然是，这些环路带有关于整个系统行为的信息。从某种意义上讲，最初的简单回路已经包含了这样的信息（"速度太快了"；"速度太慢了"）；但是，它在下一个层级将带有这样的信息："它对'速度太快了'所做的校正还不够快"，或者"它对'速度太快了'所做的校正太过了"。也就是说，这些信息变成了关于低一层级信息的信息。由此升到自主性便只差一步。

关于死亡，死亡的可能性首先源于标准1，它指出实体是由多个部分组成的。在死亡过程中，这些部分被分解或随机化了。但是，死亡同时也产生于标准4，死亡是回路的破裂，随之而来的是自主性的破坏。

除了这两种非常深刻的特性之外，我称之为心灵的那类系统，因为能够进行自我校正，还具有了目的性和选择性。它可以是稳态的，可以是失控的，也可以是两者的混合。它只受"地图"而绝非疆域的影响，因此会受到以下推论的限制：它所接收到的信息将永远无法证明任何关于世界或它本身的任何东西。正如我在第二章中所说的，科学从未证明任何东西。

此外，系统能学习和记忆，能积累负熵，而且是通过被称为经验主义或试误等随机博弈来实现的。它可以存储能量。它将不可避免地具有以下事实性特征：所有的信息都归于某种逻辑类型，因此也摆脱不了逻辑分类错误的可能性。最后，这个系统还能与其他相似的系统相结合，形成更大的整体系统。

综上，我们可能需要提出两个问题：这个系统是否能够产生某种审美偏好？这个系统是否具有意识？

关于审美偏好，于我而言，答案应该是肯定的。我们可以想象，这样的系统在遇到其他系统时，能够识别出与其类似的特性。我们也可以想象，若以这六条作为生命的标准，那么任何表现出这些特性的存在，都会给那些能够外显出类似特性的其他系统设定一个（正或负）值。我们欣赏菊花的原因，是出于它——它的形态、它的生长、它的色彩以及它的死亡——显示出了活着的征兆吗？我们对它的欣赏即是对它与我们相似度的欣赏。

而至于意识，问题就更加晦涩难懂了。我在本书中不曾提及意识，但我有谈到，知觉及知觉过程并非意识，但其结果则可能具有意识。若从这个意义上看意识，意识现象似乎多少与我们特别关注的逻辑类型有关。然而，我并不知道有什么材料真的能将意识现象与更原始或更单纯的现象联结起来，我在本书中也并不尝试去这样做。

119

第五章

关系的多重描述

122 　　　　若我们的灵魂一分为二，也应如坚定的圆规；

　　　　你的灵魂是定脚，坚定不移，

　　　　但当另一只脚起步，你便随之旋转。

　　　　虽然一只脚坐镇中心，但当另一只脚四周漫游，它便侧身倾听，

　　　　待它归家，它便起身相迎。

　　　　这即是你之于我，我必像另一只脚，侧身转圈，

　　　　你的坚贞成就我圆的完满，让我终于我起始之处。

　　　　　　　　　　　　　　　　　——约翰·多恩(John Donne)，

　　《告别词：莫伤悲》("A Valediction：Forbidding Morning")①

123 　　在第三章，我论述了两只眼睛合作引起的双眼视觉。从这

---

　　① 约翰·多恩(1572—1631)，英国玄学派诗人。他的《告别词：莫伤悲》一诗以大胆的想象、雅致入理的比喻打动着读者，成为名副其实的离别场景的亘古绝唱。——译者注

两个器官联合视觉中所得到的信息种类，如果你只用一只眼睛看的话，那就必须借助于特殊类型附加知识（如关于视野中事物的重叠知识）才能得到；事实上，你从双眼视觉得到的信息是深度知觉。这是关于不同维度的信息（物理学家会这么说），或者关于不同逻辑类型的信息（我会这么说）。

在本章中，除了讨论双重描述外，我还想要检视界线（boundaries）这一主题。是什么限制了单位，是什么限制了"东西"，更为重要的是，是什么限制了自我？

是否存在一条界线或者某种袋子，让我们可以说，处于这个界线或界面"之内"的就是"我"，而处于这个界线或界面"之外"的就是环境或者他人？我们又是凭什么可以做出这样的区分呢？

很显然（虽然常常被忽略），对于这一问题的回答到最后不会是空间或时间的语言。当我们在谈论自我的时候，"之内"和"之外"并非是对包括在内或排除在外的恰当隐喻。

心灵中没有任何东西，没有小猪，没有人，没有蟾蜍或者任何其他你能想到的东西，有的只是观念（即差异的信息），只是引号中"事物"的信息——永远是引号中的事物。类似地，心灵中也没有时间和空间，有的只是关于"时间"和"空间"的观念。因此，个体的界线（如果真的存在的话）应该不会是空间的界线，而应该是类似于集合论范式（set theoretical diagrams）中代表集合（sets）的大口袋，或者类似于从连环漫画人物嘴里吐出来的大泡泡。

我的女儿现在已经十岁了，上个礼拜才过了生日。十岁生日很重要，因为它代表着年龄达到了两位数。她半开玩笑地说，她并不"觉得有什么不同"。

九岁和十岁之间的界线，并不代表感觉层面真的会有什么改变。但是人们还是可以用维恩图（Venn diagrams）或者泡泡，对不同年龄的命题做个分类。

此外，我还要集中讨论信息接收（或称学习）的种属问题，即一种"自我"学习，它在某种程度上可能会导致"自我"出现某些"改变"。我会特别考察自我界线的改变，或许会发现，自我其实根本不存在界线或中心。诸如此类。

在"我们自己"（即我们关于自身的观念）似乎总是在变化的情况下，我们又是如何通过这些观念去学习那些知识和智慧（或愚蠢观念）的呢？

我于很早以前就开始思索这些事情了。第二次世界大战前，当我在研究新几内亚塞皮克河上雅特穆尔文化的"动力学"或"机制"时，就发展出了以下两个理念。

一个理念是交互作用（interaction）的单位与特性逻辑学习（characterological learning）的单位（后者不仅要求当蜂鸣器响起时会做出"反应"，而且要为这种自动反应做好准备）是相同的。

学习生命脉络（learning the contexts of life）是一个需要讨论的问题，但不是从生命内部着手，而是要从两个生命体之间的外在关系着手。关系永远是双重描述的产物。

当我们把交互作用的双方想象为两只眼睛，便是可取的开端（同时也是一大进步）。每只眼睛都只能提供所见事物的单眼视觉，当两眼联合起来后，就产生了具有深度的双眼视觉。这种双重视觉正是我们所谈的关系。

关系并不存在于一个人的内部。讨论个人的"依赖性""侵略性""骄傲"，等等，都是毫无意义的。所有这些字眼都植根于人与人之间所发生的事情，而不是一个人内部的这样或那样的东西。

毋庸置疑的是，在更加特定的意义上，学习的确发生。A的改变和B的改变，与两者关系中的依赖—求助（dependency-succorance）是相一致的。但是，关系要先于改变；它是优先出现的。

只有牢牢抓住关系的首要性（primacy）和优先性（priority），你才能避免那些安眠解释（dormitive explanations）。鸦片并不含有安眠原则，人也并不具有攻击本能。

新几内亚的资料及之后收集的更多资料教会了我这一点。举例来说，如果我用一个人的"骄傲"来解释他的骄傲行为，其实是没有意义的。用本能（甚或习得）的"攻击性"来解释侵略行为，同样也没有意义。① 我会说，这种把注意力从人际领域转移到幻想出来的内在倾向、原则、本能等东西之上的解释，就是一派胡言，它只会掩盖真正的问题。

你如果想要谈论"骄傲"，你就必须谈论两个人或者两个群体以及他们之间所发生的事情。B很欣赏A；但他的欣赏是有条件的，也许会转向蔑视。诸如此类。然后你才能根据某一特定的交互作用模式，对某一特殊类别的骄傲做出界定。

这对于"依赖性""勇气""被动攻击行为""宿命论"等，都是

———————

① 顺便提一下，从社会生物学体面地走出偏执狂来是很容易的，或许从对社会生物学进行疯狂的攻击中走出偏执狂来也是很容易的。唉，真是的。

一样的。所有描述性格的形容词都要加以简化或者扩充，以便能够从人际交互作用模式（即双重描述的整合）中来得出自己的定义。

双眼视觉提供了一种关于信息（有关深度）新规则的可能性，同样，通过关系来理解（有意或无意的）行为则提供了学习的一种新逻辑类型。在《心灵生态学导论》中，我把这种学习称为二型学习，或者称二次学习（deutero-learning）。

这整件事之所以有点儿难以掌握，是因为我们一直被教导，学习是由两个部分所构成的事情，即教师的"教"和学生（或者实验动物）的"学"。但是，当我们了解了交互的控制论回路时，这种线性模式就过时了。交互作用的最小单位包含了三个要素。（在这一点上，早期的实验者是对的，尽管他们对逻辑层级的差异视而不见。）

这三个要素分别称为刺激、反应和强化。在这三者中，反应是对刺激的强化，强化则是对反应的强化。学习者的反应强化了教师所提供的刺激。以此类推。

骄傲源于观众有条件性的欣赏，加上表演者的反应，再加上更多的欣赏，再加上对欣赏的接受……（你随便在哪里打住这个序列都可以！）当然，学习脉络的要素彼此相连的方式成百上千，相应地，就有成百上千种性格"特征"，而实验者至今仅考察了其中的半打特征——何等怪异！

我在这里所说的关于脉络的学习，有别于实验者眼中所见的学习。脉络的学习是源自一类与关系和交互作用交织在一起的双重描述。而且，就像所有脉络学习的主题一样，关系中的这种主题是自我验证的（self-validation）。骄傲依靠（他人的）欣赏而生。但由于欣赏是有条件的，并且骄傲的人害怕他人的鄙视，那么其他人反而也就没有办法去减少他的骄傲了。因为即便有人表现出鄙夷的样子，也同样强化了他的骄傲。

类似地，我们也可以在相同逻辑类型的其他例子中看到自我验证。探索、游戏、犯罪及高血压身心医学中的 A 型行为，都同样难以消除。当然，所有这些都不是行为的范畴，而是行为组织的脉络范畴（categories of contextual organization of behavior）。

综上而言，本章增加了几条重要的普遍原则。现在我们知道，关系的机制是双重描述的一个特殊例子，而行为序列的单位则包含了至少三个要素，也许会有更多。

1. "认识你自己"

古希腊的箴言"认识你自己"（know thyself），可能蕴含着诸多层次的神秘启示，但除此之外，它还有一个非常简单、普遍又的确非常实用的方面。可以肯定的是，任何外部的知识等都必须部分地产生于人们的自我知识（self-knowledge）。

佛教徒宣称自我是一种虚构（fiction）。若真是如此，我们的任务就变成对这种虚构种类进行辨识。但就眼前来说，我更愿意接受"自我"是一个启发性概念（heuristic concept），是一架有助于攀爬、随后又可以丢弃或者置之身后的梯子。

我在黑暗中伸出手，触碰到了电灯开关。"我找到它了。它就在这儿"；"现在我可以将它打开了"。

但要开灯，我并不需要知道开关的位置或者手的位置。只要手与开关之间接触的感官信息就足够了。我说的"它就在这

127

儿"有可能完全错误。但是，只要我的手放在开关上，我仍然可以将灯打开。

问题是：我的手在哪里？这一项自我知识与寻找开关或者知道开关在哪儿之间，有着一种非常特殊的关系。

举例来说，在催眠状态，我相信我的手举过了我的头，但实际上，它只是水平向前伸出去。在这种情况下，我或许会在我头部上方寻找开关；我甚至还可能用成功开了灯的事实，去证明开关"在我头部上方"这一发现。

我们把关于自身的想法投射于外部世界，尽管我们关于自己的认识常常是错的，但依据这些错误的想法，我们仍能顺利地移动、行动、与我们的朋友互动。

那么，这个"自我"究竟是什么呢？在本章的脉络中，可以给"认识你自己"这个古老的箴言增加些什么信息呢？

让我再讲一遍。假设我"知道"我的手在我头部上方，我还"知道"开关位于我肩部的高度。我们再假设，我对开关位置的认知是对的，而对手位置的认知是错的。这样的话，我在寻找开关的时候，就永远不能把手放到开关所在的位置。要是不"知道"开关所在的位置，也许还会更好一些。因为我或许能通过试误等随机动作找到开关呢。

那么，自我知识的规则是什么呢？在何种情况下（从实用的角度来说），无自我知识要比有错误的自我观念更好一些呢？又在何种情况下，自我知识从实用的角度来说是必要的呢？绝大部分看似活着的人，却从来没回答过这类问题。他们的确是活着，但压根儿不会提出这些问题。

让我们少带一些认识论上的傲慢来探讨这一整个事件。狗有自我知识吗？没有自我知识的狗有可能会追兔子吗？要我们了解认识自己的这一整套指令，难道只是些为了弥补意识的悖论而建构出的一团骇人听闻的错觉吗？

如果我们抛开狗是一种生物、兔子是另一种生物的想法，而是把整个兔子－狗看成是一个简单系统，那么，我们现在就可以问道：这个系统中必须存在哪些冗余，以使这个系统的一个部分有能力去追逐另一个部分？并且，或许也不得不去追逐它呢？

现在的答案就会显得挺不一样了：这些例子中唯一必要的信息（即冗余）就是关系性的。兔子通过跑，是想告诉狗来追自己吗？在开灯的例子中，当手（"我的"手）触碰到开关的时候，有关手与开关之间关系的必要信息就产生了；虽然没有我、我的手或开关之间的附带信息，也有可能打开开关。

狗也会邀请别人来玩"来追我"的游戏。他的下巴和喉咙碰到地并向前伸，前腿从肘部到肉垫贴在地上。他的眼睛向上看，在眼眶中打转，头丝毫未动。后腿在身体下面弯曲着，准备随时一跃而起。对任何一个有与狗玩耍经验的人来说，都非常熟悉这个姿态。这个信号的存在证明了，狗至少能够以两个罗素层级或逻辑类型来进行沟通。

然而，这里我只关注游戏中那些能够表明两种描述比一种好这一规则的方面。

游戏和游戏的创造必须被视为单一现象，而且，只有当游戏序列中保留着某些创造性和出人意料的元素，游戏才是值得玩的，这从主观上说似乎的确是合理的。如果序列是完全已知的，那它就只是仪式性的，虽然其特征也可能还在形成之中。① 要想看到一个只有有限可选择行动的人类玩家 A 做出第一层级的发现，那是很简单的。这些行动都在进化中形成了序列，是对行动模式（patterns of items）而非行动本身进行自然选择的结果。A 会在 B 身上尝试各种行动，以便发现 B 只愿意接受的那些特定脉络。这就是说，A 必须要么与特定他人共同进行某些特定的行动，要么将某些自己的特定行动置于 B 比较偏好的时间框架（互动序列）内。因而，A"提出"建议；B"决定"是否接受。

不同哺乳动物之间所发明的游戏，是一个表面上看非常不可思议的现象。我曾在我的荷兰毛狮犬和温驯的长臂猿之间的互动中看到了这个过程；挺明显的是，当狗的毛被长臂猿出其不意地扯了一下的时候，她是以其常见的方式做出反应的。长臂猿会突然从门廊的椽上跳出来，发起轻微的进攻。狗会追上去，长臂猿则会逃走，并且整个系统会从门廊转移到我们的卧室，卧室里有天花板，而没有露天的椽和梁。由于这时候他们都被局限在地面上了，撤退的长臂猿又反过来面朝向狗；于是，狗又开始撤退，跑回到门廊。这时，长臂猿就又跑到屋顶上去。整个游戏序列又会从头开始，如此周而复始几番，两者显然都玩得甚欢。

在水中与海豚一起发现或者发明游戏，也是非常类似的经验。我事先就决定好，除了我自己在水中出场这个"刺激"之

---

① 如果我们把游戏定义为关系的建立与探索，那么打招呼和仪式就是关系的确认。但是，很显然，确认和探索混合在一起也是很普遍的。

外，不给这只高龄雌性宽吻海豚(Tursiops)提供任何关于如何
与我相处的线索。于是，我双臂合抱，坐在通向水里的台阶
上。海豚就游了过来，停在我身边，离我的侧边大约一两寸的
距离。时不时地，由于水流动的缘故，我们的身体偶尔也会有
触碰。这家伙对于这些触碰似乎没有任何兴趣。大约 2 分钟之
后，她离开了，然后又围着我慢慢地游。过了一会儿，我感觉
到有什么东西在推我的右手臂下方，原来是海豚的嘴。这时，
我就面临一个问题：我所计划的策略根本就不可能行得通。

我放松右手臂，就让她的嘴在下面推着我。没过几秒，整
只海豚都到我手臂下面来了。然后，她在我前面弯着身子，摆
出刚好坐到我大腿上的姿势。紧接着，我们还一起游戏，玩了
好几分钟。

第二天，我又重复了同样的动作序列，只是当她在我旁边
时，我并没有等几分钟再行动，而是用手轻抚了一下她的背。
她立刻纠正了我，游出一小段距离，然后绕着我，用尾鳍的前
边轻轻弹了我一下——对她来说，这应该算是非常温柔的举动
了。随后，她就游到水池的另一边，并待在那儿。

再说一下，这些都是进化的序列，而且重要的是，我们要
看清楚是什么得到了进化。把狗与长臂猿或者人与海豚之间跨
物种的游戏描述为行为项目的进化，是不正确的，因为这里并
没有产生新的行为项目。事实上，对这里的每一个生物来说，
都没有新的行为脉络的进化。狗还是原来的狗；长臂猿还是原
来的长臂猿；海豚还是海豚；人还是人。每个生物都保留了自
己的"品性"——自身对感知宇宙的组织方式——然而，很明显
的是，的确发生了些什么。互动的模式生成了或者被发现了，

而且这些模式至少是短暂地存留过。易言之，这里存在一个对互动模式的自然选择。某些模式会比其他模式存留更长的时间。

共同适应(fitting together)发生了进化。随着狗或长臂猿做出最小的改变，狗和长臂猿所构成的系统就变得更加简单——更具有内聚力和一致性。

为此就有了一个更大的存在，我们将其称为A加B。在游戏中，这个更大的存在所进行的过程，我认为其正确的叫法应该是练习。这是一个学习的过程，其中，系统A加B不会从外部得到任何新的信息，而仅从系统内部得到新信息。互动使B获得有关A的部分信息，反之亦然。在此过程中，原有的界线发生了改变。

让我们把这些数据置于一个更大的理论框架之中。我们来做个溯因推理，寻找一些可与游戏相比拟、遵循着同样规则的其他例子。

需要注意的是，作为一个标签，游戏并不限制或界定构成游戏的动作。仅在交换的某种更宽泛的前提下，游戏才得以成立。用一般用语来说，"游戏"不是某个动作或行动的名称，而是行动的框架(frame)。我们因而可以期待，游戏可能并不遵守通常的强化规则。事实上，任何一个曾尝试制止孩子玩游戏的人都会知道，当他的努力变成游戏规则的一部分时，那会是什么样的感觉。

因此，我们要找到相同规则(或理论)下的其他案例，就要寻找行为的整合，这些整合行为：(a)不界定其内容，即行动；(b)不遵守一般强化原则。

有两个案例立刻就浮现在我的脑海中，即"探索"和"犯罪"。其他还可以想到的案例有"A 型行为"（身心疾病的医生认为它是原发性高血压的部分病因）、"偏执狂"及"精神分裂症"，等等。

让我们来检验一下"探索"是否为某种双重描述的脉络或产物。

首先，探索（以及犯罪、游戏等所有此类词语）是对自我的主要描述（无论是言语的还是非言语的）："我探索。"但是，所探索之物并不仅仅是"我的外在世界"，或者"我所生活的外在世界"。

其次，探索是自我验证性的，无论其结果对于探索者来说是否愉悦。就如我们在上一章中所看到的那样，如果你想教会一只老鼠不要去进行探索，从而不把鼻子凑到电击箱子里去，但他还是会持续探索，就好像他知道哪些箱子是安全的，哪些是不安全的。从这一意义上说，探索总是成功的。

因此，探索还不仅仅是自我验证的；对于人类来说，它似乎还具有成瘾性。我曾认识一位伟大的登山者——杰弗里·扬（Geoffrey Young），他只用一条腿（他的另一条腿在第一次世界大战中被截肢）攀上了马特洪峰（Matterhorn）的北坡。我还知道一位长跑者——利·马洛里（Leigh Mallory），他的遗骨被埋于距珠穆朗玛峰之巅 200 英尺处。这些登山者给了我们一些关于探索的启示。杰弗里·扬过去常说，不要服从身体的软弱、自艾自怜的埋怨与疼痛。这是登山者的主要信条——我认为，这甚至也成了登山者的满足感，即战胜自我。

"自我"的这种改变通常会被描述为一种"胜利"，或用"磨

炼"、"自我控制"等平铺直叙的词语来描述。当然,这些描述
都只是超自然主义的——或许还有点儿毒性。其实这更像是关
于世界的观念与关于自我的观念之间的合并或联姻。

这就给我们带来了另一个人类学家非常熟悉的例子:图腾
崇拜。

2. 图腾崇拜

对于很多人来说,他们对自身所处社会系统的思考,常常
由下面这样一个类比所形塑(其字面意思是形成之中):他们将
自己所处的社会系统类比为一个包含着动植物和人类在内的更
大的生态和生物系统。这个类比通过由幻想控制的行动加以证
实——有那么一点儿确切,又有那么一点儿空想,还有那么一
点儿真实……从而,这个幻想便又具有了形态发生的性质,也
就是说,它变成了社会形态的一个决定因素。

这种社会系统与自然世界之间的类比,即是一种人类学家
称之为图腾崇拜的宗教。当然,作为类比,它至少比我们所熟
悉的另一种类比——将人和社会类比为19世纪的机器,要更
加合适、更加健康。

后期比较世俗化的图腾崇拜构式成为纹章学(heraldry)的
前提,这一点为西方世界所熟知。通过在他们的纹章盾或图腾
柱上雕刻动物,家庭或父系家族来宣示古老的尊严;而这些纹
章盾和图腾柱把不同祖先家族所崇拜的野兽放在一起,从而变
成了谱系表。在神话的科层制中,家族地位的这种表征通常会
以牺牲其他家系为代价,以便抬高自我或其后代的地位。当图
腾崇拜中这种骄傲成分越来越多时,那种看待人类与自然世界

之间关系的更加广阔的视野，就很有可能被遗忘掉，或沦为仅仅成为一种双关语。我的家族于18世纪时被授予一枚饰章。它是一只蝙蝠的翅膀。类似地，我祖母在苏格兰低地的家庭姓氏为艾金（Aikin），在他们的银器上都纹刻着一棵橡树。在他们家族的方言里有一句有名的谚语："有小艾金斯［即橡树果（acorns）］，就不愁长不成大艾金斯。"等等。

在这种传统的世俗化过程中，人们的注意力似乎发生了转移，他们不再关注于关系，而更注重关系中的某一方，即对象或与之相关的人。这一条常见的路径不但将人们引向了庸俗化的认识论，也导致人们失去了将家庭和大自然等量齐观所能获得的那种洞察或启蒙。

然而，少数身体力行的图腾崇拜者还是存在的，甚至在专业生物学领域中也有。听康拉德·洛伦茨（Konrad Lorenz）教授讲课，就像是在发现奥瑞纳（Aurignacian）洞穴人的生活情形①，他们正在把鲜活的驯鹿和移动着的猛犸象绘制到洞穴的两侧和顶部。洛伦茨教授的姿态、表情、举止神态，会随着他所谈动物的特征不时地发生变化。在某一刻，他是一只鹅；几分钟后，又是一条丽鱼；等等。很快地，他又会在黑板上画出动物，也许是一只生动的狗，正在攻击和逃跑之间犹豫着。他再用黑板擦和粉笔倒腾一会儿，狗的脖子和尾巴的角度变了，这只狗现在显然是准备进行攻击了。

---

① 康拉德·洛伦茨（1903—1989），奥地利动物学家、动物心理学家、鸟类学家，1973年由于在动物行为学研究方面开拓性的成就而获诺贝尔生理学或医学奖；奥瑞纳文化为欧洲旧石器时代晚期的一种人类文化，因发现于法国南部奥瑞纳村的一个洞穴而得名。——译者注

他在夏威夷做了一系列讲座，并把最后一场讲座留给了科学哲学的问题。当他谈到爱因斯坦的宇宙时，他的身体因与这种抽象发生共鸣，扭动得似乎都有点儿弯曲了。

而且，非常神奇地，如同奥瑞纳人一样，洛伦茨无法画出人形。无论他怎么尝试，画出来的都只是火柴人。图腾崇拜所教授的自我，在骨子里是非视觉的。

对于其他动物学家来说，洛伦茨与动物的共情，使他具有了几乎不公平的优势。他能够而且的确也做到了，从他所见到的动物行为与他所体会到的动物感受之间（有意识或无意识）的比较中，学到很多东西。（许多精神科医生也会使用这种技巧，来发掘他们病人的想法和感受。）两种不同的描述总是比一种更好。

今天，我们从澳大利亚土著的图腾崇拜和欧洲纹章崇拜的双重描述中后退一步，就能够看到这个退化的过程。我们可以看见，自我是如何取代启蒙的，家畜是如何变成纹章和旗帜的，以及自然界中动物原型间的关系是如何被遗忘的。

（今天，我们将一点博物学和一点"艺术"一起灌输给孩子们，他们就会把自己生命中的动物和生态本性以及生存美学统统忘掉，长大后便成为一个赚钱的商人。）

顺便说一下，在我们讨论的比较调查中，还显现出另一条退化之道，即博物学的伊索寓言化（Aesop-ation）。在这个过程中，不是骄傲和自我，而是娱乐取代了宗教。博物学甚至连对真实生物的假装观察都不会了；它变成了一堆故事，这多多少少有点讽刺，多多少少有点道德问题，多多少少有点好笑。我称之为宗教分裂的整体观要么被自我当作了武器，要么成了幻想的玩具。

3. 溯因推理

我们已经习惯了我们安身的宇宙，习惯了用可怜的方式对之进行思考，我们几乎看不到其中的一些令人惊叹的东西，比方说，进行溯因推理是可能的；或者，描述一些事件或事物（如一个对着镜子刮胡子的男人），从中得出一些规则，然后再到世界中去寻找符合规则的其他实例，也是可能的。我们可以先了解青蛙的解剖结构，然后再环顾四周，寻找有着同样抽象关系的其他生物实例，包括我们自己。

溯因推理就是将从描述中获得的抽象元素进行横向延伸。我希望读者能以全新的眼光来看待溯因推理。溯因推理的可能性真的有点不可思议，但其实这种现象比你我乍一想要广泛得多。

隐喻、梦境、寓言、寓意、整个艺术、整个科学、整个宗教、整个诗歌、图腾崇拜（如上所述）以及比较解剖学的事实组织等，都是存在于人类心灵领域之内的溯因推理的事例或集合。

但很显然，溯因推理还有可能延伸到物理科学的本源，诸如牛顿对太阳系的分析、元素周期表等都是历史上的相关例子。

相反地，我认为，在一个无法进行溯因推理的宇宙中，任何思想皆无可能。

这里我只关心溯因推理作为普遍事实的一面，它与本章的主题——改变的秩序有关。我关心的是基本认识论、性格、自我等之中的改变。认识论中的任何改变都蕴含着我们整个溯因推理系统的转变。我们必须经受得住因无法进行思考而带来的混沌威胁。

每一个溯因推理都可被视为对某一对象、事件或序列进行的双重或多重描述。假如我研究一个澳大利亚部落的社会组织形式，同时勾勒出该部落图腾崇拜所基于的自然关系，那么，我可以看到两种知识在溯因推理上的关联性，因为两者同时受到相同规则的制约。每种情况都假定，一个组成要素的某些形式特性将会在另一个组成要素上反映出来。

这种重复具有一些非常有效的意涵。它为相关大众带来了禁制令（injunctions）。无论他们对自然的想法有多么奇妙，这些想法都是以社会系统为支撑的；反过来，社会系统也从他们的自然观念中获得支撑。因此，对于这些被双向规定的人们来说，他们的自然观或者社会系统观要发生改变，就变得非常困难。为了获得稳定带来的益处，他们就必须付出刻板僵化的代价，像所有人类一样，他们必须生活在一个以相互支持为前提的庞大复杂网络之中。与此相反的表述则是，要想发生改变，那么这个带有预设前提的系统就必须出现各类松动（relaxtion）或矛盾。

情况看来是这样的，在自然界及反映自然界的相应思维过程中，溯因推理系统占据着很大的一块。例如，身体的解剖学和生理学可以被看作一个巨大的溯因推理系统，这个系统内部自始至终都保持着一致性。同样地，生物所生存的环境是另一个具有内在一致性的溯因推理系统，尽管这个系统并不会与生物系统随时都保持一致。

要想发生改变，就要强制新生事物具备一个双重条件。它必须符合生物体对一致性的内在要求，同时也必须符合环境的外在要求。

这样，我所称的双重描述就变成了双重条件或双重规范。变化的可能性被二次分割了。如果生物要存活下去，它们就必须以双重定义的方式做出改变。更广泛地说，身体内部的必要条件具有保守性。身体的生存要求不能出现太大的破坏。相反，变化着的环境则可能要求生物体牺牲其保守性来做出改变。

在第六章中，我们将考虑同源性与适应性之间的对比，其中，同源性是系统保守性的结果，而适应性是对改变进行奖赏的结果。

第六章

伟大的随机过程

> 斯宾塞先生常用的表达"适者生存"，
>
> 不但更精确，
>
> 有时候也更方便。
>
> ——查尔斯·达尔文，《物种起源》（第五版）

> 悠悠入世，如水之不得不流，
>
> 不知何故来，不知源何处；
>
> 飘飘出世，如风之不得不吹，
>
> 漫过荒漠地，岂知向何方？
>
> ——奥马尔·海亚姆（Omar Khayyám），
>
> 《鲁拜集》（*The Rubaiyat of Omar Khayyám*），
>
> 爱德华·菲茨杰拉德（Edward Fitzgerald）英译①

---

① 《鲁拜集》，是波斯诗人奥马尔·海亚姆的诗集作品。1859 年英国学者兼诗人爱德华·菲茨杰拉德整理发表了《鲁拜集》，把该诗集译介到英语世界，并成为英国文学的经典。在中国亦有二十余种译本，其中郭沫若译本是译自菲茨杰拉德英译本的中文全译、首译本(1924 年由上海泰东图书局首先出版)。本处参考郭沫若译本（《杜拉克插图本鲁拜集》，长春，吉林出版集团有限责任公司，2009)。——译者注

本书一个总的假设是，遗传变化和被称为学习的过程（包括由习惯和环境变化引致的躯体改变）都是随机过程。我相信，这两者的某些方面都存在随机的事件链，也存在非随机的选择过程。后者使某些随机成分比其他成分"存活"得更久些。没有随机性，就不会有新事物。

我假设，进化过程中突变形式的产生，要么是随机的，要么是有序的。随机突变是在原有状况允许的变通范围之内发生的；若突变是有序的，那么排序的标准与生物体的应激状态是无关的。根据正统的分子遗传理论，我还假定，DNA 的原生质环境并不能引导 DNA 中的改变（它负责有机体适应环境或者减少内部压力）。许多因素（包括物理的和化学的因素）都可以改变突变的频率，但我认为，如此产生的突变并不针对父代在突变发生时所承受的特定压力。我甚至会假设，诱变剂引起的突变与诱变剂在细胞内部所引起的生理应激是无关的。

除此之外，我还将假设，就像现在的正统观念一样，随机生成的突变，储存于族群的混合基因库中；自然选择会从某种类似于生存的角度，把那些不适宜的备选者从基因库中淘汰掉；总体而言，自然选择倾向于保留那些无害或有益的备选者。

就个体的一面而言，我同样假设，心灵过程会产生大量的备选者；在这些备选者中，也存在某种由类似于强化的东西所决定的选择机制。

对于突变和学习来说，需要永远记住逻辑类型中潜在的病理症状。对个体具有生存价值的事物，对种群或社会来说则可能是致命的；短时期内还是好的事物（如对症治疗），长期来说则可能会致人上瘾或者死亡。

阿尔弗雷德·拉塞尔·华莱士于 1866 年指出，自然选择的原理就像带有调节器的蒸汽机的原理一样。我认为，事实的确如此，个体学习过程以及在自然选择下发生的种群转变过程，都会显示出所有控制回路具有的病理症状，即过度摇摆以及失控。

　　归结起来，我将再假设，进化改变和个体的躯体改变（包括学习和思想）从根本上说是类似的，两者在本质上都是随机的过程，虽然每个过程所运作的观念（指令、描述性命题，等等）肯定属于截然不同的逻辑类型。

　　正是这种逻辑类型的混乱导致了如此多的混淆、争议，甚至还导致出现了所谓的"获得性状的遗传"以及认为激发"心灵"是合理的解释原则等诸多胡说八道的东西。

　　整个事情的历史有些叫人不解。许多人曾经难以容忍"进化包含着一个随机成分"的说法，因为这与当时所有已知的适应、设计等概念相冲突，也与相信存在一个具有心灵特征的造物者之信仰相冲突。塞缪尔·巴特勒对《物种起源》的批判，本质上是在控诉达尔文将心灵排除于相关解释原则之外。巴特勒曾想象在系统的某处，存在一个非随机、运行中的心灵。因此他更加倾向于拉马克的理论，而不是达尔文的理论。

　　然而，事实证明，这些批判在试图修正达尔文学说时是完141 全错误的。[①] 今天，我们把思想和学习（也许还包括躯体改变）都看作随机的。我们在纠正 19 世纪思想家时，不是往进化过

---

　　① 令人惊讶的是，即使在巴特勒的《新老进化论》(*Evolution, Old and New*)中，也很少有证据表明巴特勒对拉马克的精巧思想有多么的共情。

程中增加一个非随机的心灵，而是主张思想和进化都共享着随机论机制。根据第四章中提出的标准，思想和进化都属于心灵过程。

如此一来，我们就会面对着两个随机系统，它们彼此既有交叉的部分，又有分离的部分。一个系统存在于个体内部，被称作学习；而另一个系统内在于遗传，也内在于种群，被称作进化。前者涉及单个个体的生存时间；后者则涵盖几代人的众多个体。

本章的任务在于说明这两个随机系统是如何在不同的逻辑类型层级上运作，又是如何融为一体，形成一个持续发展的生态圈；如果躯体改变或者种群基因变化的现有状态发生根本性变化的话，那么这个生态圈是无法持续到今天的。

这一结合的系统走向统合是必需的。

1. 拉马克的错误

关于群体进化和个体躯体改变的交织关系，我们所知道的很大一部分都是通过演绎获得的。在理论层面我们遇到的问题是，没有任何观测数据，实验也尚未开始。但这也不奇怪。毕竟，凯特威尔(Kettlewell)在 20 世纪 50 年代研究桦尺蛾(peppered moth，拉丁文名称为 *Biston betularia*)的浅色和深色品种之前①，自然选择学说中也几乎没有任何实地考察的证据。

---

① 凯特威尔(Henry Bernard Davis Kettlewell, 1907—1979)，英国生物学家、医生，于 20 世纪 50 年代对飞蛾种群的颜色在英国工业革命时期变黑这一现象进行了一系列实验。该研究被广泛引用，以说明自然选择在进化过程中的作用。——译者注

无论如何，反对"获得性状可被遗传"假设的意见还是具有启发意义的，它有助于说明这两个伟大的随机过程之间错综复杂关系的若干方面。在三个反对意见中，只有第三个是令人信服的：

（1）第一个反对意见是，人们应当抛弃拉马克的假设，因为它缺乏实证支持。然而，在这个领域进行实验非常之难，而且批评者毫不留情，因此缺乏证据也就不足为奇了。目前还不清楚的是，即便在研究现场或实验室中出现了拉马克遗传的证据，人们是否可能将它识别出来。

（2）第二个反对意见是直到最近最令人信服的批判。魏斯曼（August Weissmann）于 19 世纪 90 年代断言：体细胞与种质（germ plasm，又译生殖质）之间不存在沟通。魏斯曼是一个非常有天赋的德国胚胎学家，在非常年轻的时候就几乎失明了，为此他一生都致力于理论研究。他指出，对于许多有机体来说，所谓"种质"具有连续性，即代与代之间存在原生质谱系，而每一代的表型体（phenotypic body）或躯体被认为是从种质中分离出来的。据此他认为，不可能存在从躯体分支到种质主干的逆向沟通。

锻炼右二头肌肯定会增强个体的那块肌肉，但是，并没有任何已知的途径可以将这种躯体改变的消息传递给该个体的性细胞。就像第一个反对意见一样，魏斯曼的批判也是基于拉马克缺乏证据的事实——这种立足点是不可靠的。而且魏斯曼之后的大多数生物学家都倾向于进行演绎式的辩论，假设在二头肌和未来的配子之间，没有任何可以想象出来的沟通途径。

但今天看起来，这种假设并不像 20 年前那样靠得住。如果核糖核酸（RNA）可以将 DNA 的部分印记携带到细胞的其他部分，甚至可能携带到身体的其他部位，那么，二头肌化学变化的印记被带入到种质的可能性，也应该是可以想象的。

（3）最后一个反对意见，对我来说，是唯一令人信服的批判，它采用了归谬法（*reductio ad absurdum*）①。这个意见宣称，如果拉马克的遗传论是支配性规则，甚至具有普遍性，那么交织的随机过程所形成的整个系统将会戛然而止。

我在这里列举出上述这些批判意见，不仅是试图（可能也是徒劳）杀死一匹永不死亡（never-quite-dead）的马，而且还要说明这两个随机过程之间的关系。想象一下如下的对话：

> 生物学家：拉马克的理论到底说了些什么？你所说的"获得性状的遗传"是什么意思？
>
> 拉马克主义者：环境引起的身体变化将会被传递给后代。
>
> 生物学家：等一下，"变化"可以遗传吗？父母到底给后代遗传了什么？我想，"变化"是某种抽象概念。
>
> 拉马克主义者：是环境的影响，例如，雄产婆蟾的婚垫（nuptial pads）②。

143

---

① *reductio ad absurdum* 是 reduction to absurdity（归谬法）的拉丁文表达。——译者注

② 大多数的蟾蜍在水里交配，在交配期间，雄蟾用他的手臂从雌蟾的后背环抱着她。也许是"因为"她很滑，在这个季节，他在手的背侧上会产生粗糙的黑色垫。与此相反，在陆地上的产婆蟾是没有这样的婚垫的。在第一次世界大战前的那些年，奥地利科学家保罗·卡默勒（Paul Kammerer）声称，通过强迫产婆蟾在水中交配，的确证明了著名的获得性状的遗传。在这种情况下，雄蟾长出了婚垫。他还声称，这些雄蟾的后代即便在陆地上交配，也长出了这样的垫子。

生物学家：我还是不明白。你肯定不是说环境造成了婚垫。

拉马克主义者：不，当然不是环境造了婚垫，是蟾蜍造了它们。

生物学家：啊，所以，蟾蜍在某种意义上知道怎么长出婚垫，或者具有长出婚垫的"潜能"？

拉马克主义者：是的，差不多是这个意思。当蟾蜍被迫在水中繁殖时，就会长出婚垫。

生物学家：啊，所以，他能适应。是这样吧？如果他像他的蟾蜍同类一样，在陆地上以正常的方式进行繁殖，就不会长出婚垫。如果是在水中繁殖，他就会像其他类型的蟾蜍一样长出婚垫。他是有选择性的。

拉马克主义者：但是，在水里会长出婚垫的那些蟾蜍的部分后代，甚至在陆地上也会长出婚垫。这就是我所说的获得性状的遗传。

生物学家：啊，是的，我明白了。所遗传的其实是选择性的丢失。他们的后代再也不能在陆地上正常繁殖了。这很有意思。

拉马克主义者：你是在故作不懂。

生物学家：也许吧，但我真的还是不明白到底"传递"或"遗传"了什么？这里所称的经验事实是，后代与其父母的区别就在于他们缺失了其父代所拥有的选择性。但这并不是一种相似性（resemblance）的传递，而是一种差异性的传递。然而，相似性正是"遗传"（inheritance）一词的要义所在，"差异"恰恰不在被传递特征之列。据我所知，蟾蟾的父母还是好端端地拥有选择性的。

诸如此类。

上述讨论的关键点在于要传递给后代的遗传信息属于什么 *144*
逻辑类型。只是含糊地说婚垫已经被传给下一代了，这并不太
准确；或者宣称长出婚垫的潜能被传递下去了，也没任何意
义，因为在这个实验开始之前，父代蟾蜍本来就具有这种潜能
特征。①

当然，我们并没有否认，这个世界上的动物和部分植物呈
现出的常态外观，与按照拉马克遗传理论的途径进化而来的外
观是一致的。

我们要看到的是，这种外观是不可避免的，因为：（1）野
生种群通常（或许总是）具有异质（混合或多样化）的基因库；
（2）动物个体具有某种程度适应性躯体改变的能力；（3）基因突
变和现有基因的重组具有随机性。

但是，只有在对比了躯体改变的熵经济学意义（entropic
economics）和由基因决定的、获得同样表型外观的熵经济学意
义之后，上述结论才能成立。

在上述想象的对话中，令拉马克主义者无言以对的论断
是：与获得性状的遗传相伴生的是，个体失去了应对习惯或环
境需求而改变躯体的自由。这一推论并非如此简单明了。毋庸

---

① 阿瑟·凯斯特勒（Arthur Koestler）在《产婆蟾案例》（*The Case of Midwife
Toad*，New York：Vintage Books，1973）中记载，发现至少有一只这类野生蟾蜍有
婚垫。因此必要的遗传配置已经具备了。这个发现大大降低了（卡默勒）实验的证
据价值。

置疑，让基因替代环境来控制躯体的改变（不考虑遗传的问题），总是会削弱个体改变的灵活性。个体按照某一特殊性质对躯体进行改变的选择性，将因此全部或部分地丧失掉。但是，这个普遍性的问题仍然存在：让基因来控制躯体的改变，难道就不需要付出代价吗？若真是如此的话，那么这个世界肯定会变成一个与我们所经验到的世界迥然不同的地方。同样地，如果拉马克遗传理论真是支配性规则的话，那么整个进化和生命过程都会僵化死板地受制于基因决定论。答案只能存在于两个极端之间。然而，由于缺乏可以厘清这个问题的数据，我们只好诉诸常识，或依据控制论原则进行推论。

让我用一个关于用进废退的讨论来说明整个问题。

2. 用进与废退

这对古老的概念曾在进化论中居于举足轻重的地位，如今却几乎退出了论争，也许是因为在这种联系中，特别有必要厘清任一假设中各个部分的逻辑类型。

用（use)的效应在某种程度上可能有助于进化，并不特别神秘。没有人能否认，乍一看，生物景观似乎真的是"用进废退"效应代代相传的结果。然而，这并不符合我们已有的认知，即躯体改变具有自我纠正和适应的特性。因为若真是"用进废退"的话，那么生物体就会在短短数代之后失去躯体调适和改变的所有自由。

然而，要超越粗糙的拉马克立场，就必须面对厘清这一假设中各个部分的逻辑类型难题。我坚信这些难题是可解的。就用这一观念而言，我们并不难想到，自然选择会更加偏好这样的个体，它们的基因序列与特定种群中那些正在发生躯体改变的个体相吻合。与"用"相伴随的躯体改变通常是（虽然不总是）适应性的，因此，有利于这些改变的遗传控制就会具有优势地位。

就生存而言，在何种情况下，以遗传控制来取代躯体控制才是值得的呢？

正如我前面所说的，这种替换的代价是灵活性的丧失，但是，如果要对这种替换能带来益处的条件进行界定的话，就必须更加准确地阐明这种灵活性的丧失。

乍一看，确实存在这样的情况，当遗传控制替代躯体控制后，个体可能再也不需要灵活性了。个体对某些恒定的（constant）环境条件做出躯体改变和调整，就属于这一类情况。比如那些居于高山地区的物种个体，它们对山地气候、大气压等都在基因决定的基础上进行了适应性调整。它们就不需要作为躯体改变标志的可逆性（灵活性）。

相反地，要适应不断变化和可逆的环境，最好还是由躯体的改变来完成，而且很可能只是生物体能忍受的非常表浅的躯体改变。

躯体改变的程度存在不同等级。如果一个人从海平面上到12 000英尺的高山，就会开始气喘，心跳也会加快，除非他的身体状况非常好。虽然这些即时的、可逆的躯体改变适合于应对紧急的情况，但持续性地用喘气和加快心跳来适应高山环境，则是躯体灵活性的极大浪费。此时个体需要的也许是较少可逆性的躯体改变，因为人们现在考虑的不是暂时性的紧急情况，而是持续不断的生存状况。为了节省灵活性，就要牺牲一些可逆性（即在需要做出额外努力的高山条件下，要节省喘气和心跳加快的力气）。

随之将会发生的便是所谓顺应（acclimation）。这个人的心脏会发生一些变化，他的血液中会含有更多的血红蛋白，其胸腔和呼吸习惯也会改变，等等。与喘气相比较，这些躯体的变化相对不那么可逆，因为如果这人再下到平原地带生活，他也许反而感到不适。

"爸爸，为什么棕榈树长得那么高呢？"
"这样长颈鹿才能吃到它们啊，我的孩子，因为……"

"……如果棕榈树很小的话，那长颈鹿就麻烦了（尴尬）。"

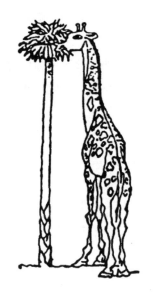

"但是，爸爸，为什么长颈鹿
的长脖子那么长呢？"

"这样才能吃到棕榈树啊，我
的孩子，因为……"

"……如果长颈鹿的脖子很短的
话，那麻烦就更大了。"

图 6-1　TOTO 先生的推理
选自卡龙·达什（Caron d'Ache）的漫画（未注明日期）

　　用本书中的术语来说，躯体调适（somatic adjustment）具
有一个层级结构，分别处理浅层次上（最具体的）特殊和即时的
需要，以及深层次上（更抽象的）更为一般性的适应。这种情况
恰恰与学习的层级结构并行不悖，其中，原型学习（proto-
learning）处理有限的事实或行动，而二次学习则处理脉络和脉
络类别。

　　有意思的是，顺应需伴有诸多方面（心肌、血红蛋白、胸

肌等)的躯体改变才能得以达成；而处理紧急状况的措施则倾向于一些临时性和具体的改变。

在顺应过程中，有机体以更为深层次上的刚性改变为代价来换取浅层次的灵活性。如果这个人遇见了一只熊，此时他就可以用喘气和心跳加快作为应急措施；但如果他下到海平面的地方去拜访老朋友，则会感到身体不适。

这一问题值得我们用更正式的术语来清楚地加以解释：试想一下，描述一个有机体所需的全部命题会有多少。可能会有数百万之多吧，但它们会在相互依存的循环和回路中相互联结在一起。某种程度上，每一个描述命题对于该有机体来说都具有规范性，也就是说，每个描述命题都会规定出最大限度和最小限度，一旦所描述的变量超过限度便对有机体产生危害。如血液中的糖分过多或过少都会导致死亡，这对于所有生物变量来说都是如此。每个变量都被赋予了一个元值(metavalue)；若该变量处于这个数值区间的中间范围，而不是处于其最大值或最小值周边，那么它对于这个生物体来说就是有益的。由于这些变量都被循环和回路联结在一起，若有任一变量处于最大值或最小值边界上，都势必会钳制处于同一循环上的其他变量。

任何倾向于将变量保持在中间范围内的躯体改变，都更青睐于灵活性和生存。但是，任何极端的躯体改变都将迫使一个或多个变量趋于极值。为此，就需要通过基因改变来缓解由此产生的压力，只要该基因改变后的表型表达(phenotypic expression)不再增加已有的压力。此时需要的基因改变是能够调整变量容忍限度(变量上限值和/或下限值)的改变。

举例来说，某个变量在基因改变（通过基因突变，或更有可能的是通过基因重组）之前的容忍限度是在 5 至 7 之间，而在基因改变之后，这个限度就会调整到一个新值：7 至 9。对于一个原本躯体适应性仅限于 7 的生命体来说，这个基因改变就具有了生存价值。如果躯体适应超过 7、被推向新值 9 时，就需要基因发生进一步的改变，以容许或推高变量的容忍限度水平，此时基因改变的生存价值也进一步提高了。

在过去，人们很难解释与废(disuse)有关的进化变化。人们很容易想象，与习惯或用同方向的基因变化通常具有生存价值，但至于废的效应的基因复制会有什么益处，则非常令人费解。然而，如果我们变换一下想象中遗传信息的逻辑类型，就可以获得一个假设，它可用单个范式同时涵盖"用和废"两者的效应（用进废退）。如此一来，洞穴动物的眼盲、八吨重蓝鲸的八盎司股骨等古老谜团，也就不会那么神秘了。我们只需假设，生物的残余器官（比如，一条重达 80 吨的鲸鱼有 10 磅重的股骨）总是把一个或多个躯体变量推至其容忍度的上限或下限，以此来探查容忍限度的改变是否可被接受。

然而，以本书的观点来看，对用进废退这一如此令人费解问题的上述解答，其实就是对基因改变及躯体改变之间关系的一个重要说明，同时也说明了存在于被称为进化的广阔心灵过程中逻辑类型层次之间的关系。

较高层次逻辑类型的信息（即具有更多的遗传指令）无须涉及躯体变量，其容忍限度会因基因改变而发生变化。的确，遗传指令可能并不包含任何近似于人类语言中名词或实词的内容。我个人的推测是，如果我们对于原来一无所知的 DNA 是如何决定胚胎发育的过程进行研究，就会发现，DNA 中除了关系信息外，别无其他。如果我们问 DNA，这个人类胚胎会有多少根手指，其答案可能是"（手指）之间的四对关系"。如果我们再问，手指之间有多少间隙，其答案可能是"（间隙）之间的三对关系"。两个回答均只定义和确定了"之间的关系"(relations between)。至于被关系物(relata)，即躯体世界中关系的终端构成部分，则可能自始至终都不会被提及。

（数学家会注意到，这里所描述的假设系统类似于他们的群论，只处理对某物变形运算间的关系，而不涉及"某物"本身。）

在讨论因自然选择而发生的躯体改变与种群基因库之间进行的沟通时，重要的是注意到：

(1) 躯体改变在结构上具有层级性。

(2) 某种意义上，基因改变是这个层级结构中最高层次（最抽象、最不可逆）的成分。

(3) 基因通过延迟改变，至少可以部分避免给系统带来僵化（只有当躯体在可逆水平上无法应对永久的环境要求，且只能间接地作用于表型变量时，才会发生基因改变）。基因改变大概只能转变表型变量对稳态控制的偏好(bias)或设置。

(4) 从对表型变量的直接控制转变到对变量偏好的控制，还有其他变化的可能性刚刚开始或正在传播之中。因此，对鲸鱼股骨大小容忍限度的控制，无疑是由许多不同的基因共同作用而实现的，但其中的每一个基因在躯体其他部分或许有着迥异于此的表型表达。

从单效（进化论者恰巧在某个历史时期对这种单效表现出
了兴趣）到多重选择或协同的原因之间存在一个分裂，而从简
单的躯体改变到躯体顺应的转变中，也存在一个类似的分裂。
我们可以看到，在生物学中从一个逻辑层次跃升到下一个更高
层次，必定总是伴随着相关可能性的倍增。

3. 遗传同化

我在第 2 节所讨论的几乎每一个要点，都在我朋友康拉
德·沃丁顿的著名实验中得到了演示，这些实验同时也证明了
他所称的遗传同化（genetic assimilation）现象。其中最具戏剧
性的实验始于一个叫作双胸（bithorax）的基因，它在果蝇身上
产生出拟表型（phenocopies）效应。除了无翼跳蚤之外，双翅
目（Diptera）的所有普通成员都具有两对翅膀，而第二对翅膀
退化成末梢有小突起的棒棒，人们通常认为这是平衡器官。在
双胸基因的作用下，果蝇胸腔第三节的翅迹（wing rudiments，
或称退化翅——译者注）变成了几近完美的翅膀，从而成为用
四只翅膀飞行的果蝇。

表型的这种深刻变型（唤醒了非常古老的、而今又受到抑
制的形态学研究）也可能是由躯体改变而产生的。当蛹被适当
剂量的乙醚麻醉后，其孵化出来的成年果蝇就会出现双胸基因
果蝇的外观。也就是说，我们可以认为，双胸特征既可以是遗
传的产物，也可以是渐成论剧烈干扰的产物。

沃丁顿对关在大笼子里的大群果蝇进行了实验。他对每一

代果蝇种群都进行乙醚麻醉处理，以产生双胸型果蝇。在每一代果蝇中，他又挑选出最能代表理想中有着完美双胸发育的果蝇(所有这些果蝇看上去都很可怜，都不太能飞)。从这些挑选出来的个体中，他再培育出下一代接受乙醚处理和等待选择的果蝇。

在对每一代果蝇蛹进行麻醉之前，他都会留出少量的蛹，让它们在正常条件下孵化。最终，随着实验进展到约 30 代之后，双胸表型也开始在那个未经乙醚处理的对照组中出现了。由这些对照组繁殖出来的果蝇显示，它们的四翼外观并不是由单个双胸基因而产生的，而是由一组复杂的基因共同创造的。

151 在这个实验中，没有任何直接证据显示获得性状可以遗传。沃丁顿假设，有性生殖导致的基因混杂和基因突变率并不因生物体受到的生理损害而发生改变。他对此给出的解释是：也许超大规模的选择是从潜在的果蝇种群中剔除了大量其他果蝇，才挑选出有限数量的带有双胸特性的果蝇。沃丁顿指出，我们有理由认为，这一过程是对那些具有最低阈值的、最易产生异常双胸个体的一种挑选。

我们并不知道，如果沃丁顿没有选择"最好的"双胸果蝇，该实验结果又会是怎样的？也许在培养 30 代之后，他就会创造出一种对乙醚处理免疫的种群，或者是一种需要乙醚的种群。但是，如果双胸变型像大多数躯体改变一样，也具有部分适应性的话，那么这样培养出来的种群就会像沃丁顿实验中的种群一样，会因乙醚处理的结果而产生基因复制(genetic cop-ies，或 genocopies)。

我试图以基因复制这个新词来强调，躯体改变事实上可能先于基因改变，因此把基因改变看作一种复制似乎更为合适。换言之，躯体改变可能部分地决定了进化的路径；这种可能性从更大的格式塔视角来看，要比我们目前认识的可能性更大一些。这即是说，我们必须再次增加该假设的逻辑类型。因此，可以按以下三个步骤进行理论建构。

(1)在个体层面，环境和经验可以诱发躯体改变，但不能影响到个体的基因。这里并不存在直接的拉马克遗传，这种不经选择的遗传势必会不可逆转地吞噬躯体改变的灵活性。

(2)在种群层面，通过对表型的适当选择，环境和经验产生更具适应性的个体，以供自然选择运作。在这个层面，种群的行为就像是拉马克遗传的单位。毫无疑问，正是出于这个原因，生物世界看起来就像是拉马克进化的产物。

(3)但若要论证是躯体改变引领着进化改变的方向，则需要另一个层次的逻辑类型——一个更大的格式塔。我们必须启用共同进化(co-evolution)这个概念，并论证外部生态系统或一些紧密关联的物种，也会为适应个体躯体的改变而发生相应的变化。可以将环境的这种变化想象为一个模具——它将有助于因躯体改变而出现的基因复制。

4. 躯体改变的遗传控制

当我们论及躯体改变的遗传控制时，基因与表型发展之间的另一个沟通方面也就揭示出来了。

当然，一切躯体事件皆有遗传的贡献。我将论证如下：如果一个人的肤色在太阳底下变成了棕色，我们可能会说这是暴露于适当波长的光照下引起的躯体改变。如果我们随后不再让他晒太阳，他皮肤的棕色就会消失；如果他是金发白肤，则会恢复略带粉色的外表。如果他继续暴露在阳光下，他的肤色就会再次变成棕色。如此反复。虽然他的肤色会因晒太阳而发生改变，但他肤色的这种改变能力并不受晒太阳或不晒太阳的影响——至少我是这样认为的。

但是，我们可以想象到的是（在更复杂的学习过程中，就更是如此），实现躯体改变的能力是可以学习的，比如，上面那个人就可以学习提高或者降低自己被阳光晒变色的能力。在这样的例子中，实现这种元改变(metachange)的能力可能完全受遗传因素的控制。或者，我们也可以想象，也许还存在一种能力可以改变"改变能力"。以此类推。但是在实际情况中，这种系列式的步骤是不可能无限递推下去的。

由此可以得出，这个系列最终必将终止于基因组(genome)，而且，从大多数学习和躯体改变的实例来看，躯体控制的层级数很可能是有限的。我们可以进行学习，可以学会学习(learn to learn)，甚至可以学会学习之学习(learn to learn to learn)。但学习的系列可能到这儿也就结束了。

基于以上考虑，提出如下问题就毫无意义了：有机体的某些特性到底是由基因改变还是由躯体改变或者是由学习决定的？显然，不受基因影响的表型特征是不存在的。

因此，更为恰当的问题似乎应当是这样的：遗传指令是在哪一个逻辑类型层级上决定了有机体的特性？对这个问题的回答将是：遗传指令的逻辑层级永远比生物体可观察到的能力（observed ability）的逻辑层级要高一层（可观察到的能力是指生物体的学习能力，以及在躯体发育过程中出现的躯体改变）。

由于没能认识到基因改变和躯体改变的逻辑类型，人们对于所谓遗传自"能力"的"天赋"所进行的几乎所有比较之类的结论，就都沦为了毫无意义的废话。

5. 渐成论中的"无不能生有"

我已经指出，渐成论之于进化论，就好像重言式之于创造性思维一样。生物体的胚胎在发育过程中，不仅不需要新信息或发育计划的改变，而且在大多数情况下，它还必须保护渐成过程免遭新信息的侵扰。实现上述目标的方式就是胚胎一直以来一贯所使用的方式。胎儿的发育过程应遵循 DNA 或其他地方所设定的原理和假设条件。用第二章中的术语来说，进化和学习必然是趋异且不可预测的，而渐成过程则必是趋同的。

由此可见，在渐成论的领域中，需要新信息的实例非常罕见且十分凸显。相反，应该存在由于信息缺乏或丢失而导致发育严重扭曲的案例，尽管这都是些病态的案例。在这种背景之下，对称和不对称的现象就成为我们挖掘丰富案例的研究场域。那些必定在对称与否方面引导早期胚胎发育的观念，是既简单又可加以形式化的，所以对称性的存在或缺失是明确无误的。

最著名的实例来自两栖动物胚胎学的实验研究，我在这里讨论一下与蛙腿对称性有关的一些现象。我们关于青蛙的知识可能也适用于所有脊椎动物。

　　似乎没有来自外部世界的信息，未受精的蛙卵就不具有实现两侧对称的必要信息（即必需的差异）。蛙卵有分化的两极：动物极（animal pole）（其中原生质多于卵黄）和植物极（vegetal pole）（卵黄居多），但它们在子午线或经线上还没有出现分化。从这个意义上来说，蛙卵呈辐射对称（radially symmetrical，又译径向对称）状。

　　毫无疑问，动物极和植物极间的分化是由卵泡组织中卵子的位置或者在配子生产中最后一个细胞分裂所在的平面决定的；而该平面可能又是依次由卵泡中母细胞的位置决定的。但这还不够。

　　如果未受精的卵在其侧面或经线上没有足够的分化，那么它就不可能"知道"或"决定"两侧对称青蛙未来的正中面究竟在哪里。除非一条经线已经从其他经线中分化出来，否则此时渐成发展是不会开始的。幸运的是，我们刚好知道这个关键信息是如何而来的。它一定来自机体外部，而且是由精子的入口点进入的。通常，精子是在卵子赤道圈下面的某个点进入卵子；在两极和该入口点之间的连线便成了经线，并由它确定青蛙两侧对称的正中面。受精卵沿着这条经线开始了第一次分裂，而精子进入卵子的那个侧面，就成了青蛙的腹侧。

　　而且，我们知道，这个必需的信息并不是由 DNA 或者精子结构中其他的复杂因素所携带的。如果我们用骆驼毛刷上的纤毛刺一下未受精的卵子，也能起到相同的作用。用毛刺一下之后，卵子就会开始分裂，并持续发育成一只会蹦会跳、会捕捉苍蝇的成年青蛙。当然，这只青蛙仅是一个单倍体（即只有

正常染色体数的一半），它虽不能进行繁殖，但所有其他方面
都是完好的。

　　精子在达成这个目的中并不是必需的。这里所需的只是一
个差异标志（marker of difference），而有机体对这个标志本身
的特性没有什么特殊要求。没有这个差异标志，就不会有胚胎
出现——所谓"无不能生有"。

　　但到这里，故事并没有结束。未来的青蛙（其实已经是非
常小的蝌蚪了）在它的内胚层解剖结构上是明显不对称的。但
与大多数脊椎动物一样，青蛙在外胚层（皮肤、大脑及眼睛）和
中胚层（骨骼和骨骼肌）则是完全对称的，只是在内胚结构（肠、
肝脏、胰腺，等等）上是极不对称的。（事实上，每一个内脏折
叠于正中面之外的生物，在内胚层上都必须是不对称的。如果
透过蝌蚪的皮肤去看它的腹部，你就能清晰地看到，它的肠子
是以大螺旋的方式盘绕起来的。）

　　如我们所预期的，内脏逆位（situs inversus）（反向对称的
状况）也会在青蛙身上发生，只是极其罕见。众所周知，这种
情况会发生在人类身上，100万人当中约有1个个体会出现这
种情况。这种个体从外表上看与其他人是一样的，但其内脏的
位置都是反向的，心脏的右边接着主动脉，左边则通向肺部，
等等。这种反向的原因尚不得而知，但它会发生的事实可以表
明，正常的不对称并非是由分子的不对称性所决定的。想要逆
转这种化学不对称的任何一部分，都要求所有部分的逆转，因
为分子之间必须恰到好处地彼此相匹配。将整个化学过程都逆
转过来是不可想象之事，除非有机体生活在一个颠倒的世界
中，否则就无法生存。

155

但决定不对称性的信息来源究竟是什么，仍是一个悬而未决的问题。肯定存在引导卵子出现正确的（统计学意义上正常的）不对称性的信息。

据我们所知，在受精之后就不可能有机会再传递这类信息了。事件的顺序是这样的：首先是母体排卵，然后卵子受精；此后，在整个分裂和胚胎发育早期，受精卵都会被保护在一团胶状物中。换言之，卵子肯定是在受精之前就已经包含了可以决定不对称性的必要信息。那么，这一信息必须以什么形式存在呢？

在第二章讨论解释的本质时，我曾提到，没有字典可以界定左、右二词。也就是说，没有任何人为的数字系统可以解决这个问题。信息必须通过实例明示出来。现在，我们正好有机会来探究青蛙的卵子是如何解决这个问题的。

我相信，原则上只有一种解决方案（我希望有扫描式电子显微镜的人能够为此寻找些证据）。答案必定存在卵子受精之前，因此，无论进入卵子的精子是在哪条经线上做了标记，它都将以某种形式决定有机体发育出同样的不对称性。由此断定，无论经线被标记在哪里，每条经线都必定是不对称的，而且在同样的意义上，所有的经线都必须是不对称的。

能满足这一要求的最简单形式，便是某种非量化的或矢量关系的螺旋（spiral of nonquantitative or vector relations）。这种螺旋将会斜切过每一条经线，使每一条经线在东、西方向上都有同等的差异。

在两侧肢体的分化中也出现了类似的问题，比如，我的右臂便是一个不对称的肢体，它与我的左臂呈形式上的镜像。但世界上也有一些罕见的畸形个体，他们在身体的一侧长出一对手臂，或是一只分叉的手臂。在这种情况下，这一对手臂仍将是一个两侧对称的系统。其中，一部分作为左，一部分作为右，且两边也会是镜像对称的。① 在 19 世纪 90 年代，我父亲率先阐明了这一结论，它在很长一段时间里都被称为贝特森规则（Bateson's rule）②。那时，他搜寻了欧美所有博物馆收藏的许多灵长类动物样本，从而能够得出该规则在几乎所有动物门中都发挥作用的结论。而且，他还收集到了百来个甲壳虫腿部发生畸变的案例。

　　我重新核查了他的原始数据，认为他在提出下述问题时犯了错误。他不应该问：是什么决定了这种额外的对称性？事实上，他应该问：是什么决定了不对称性的丢失？

　　我为此提出了一个假设，即畸形的出现是由于信息的丢失或遗忘而造成的。要达成两侧对称，就要获得比辐射对称更多的信息；而要达成不对称性，则要获得比两侧对称还要多的信息。如手等侧肢的不对称性，需要在三个方向上都获得适当的定位信息。手背的指向必须与手掌指向不同；拇指的指向必须与小手指的指向不同，而肘部的指向必须与手指的指向不同。这三个方向必须恰当地组合在一起，才能发育出一只右手，而非一只左手。如果一个方向弄反了，就会出现倒置的手的镜

————————

① 我在文中把这个规则简化了一些。较完整的说明请参见《心灵生态学导论》中《重审贝特森规则》（"A Re-examination of Bateson's Rule"）一文。

② 格雷戈里·贝特森的父亲是英国著名的生物学家、遗传学家威廉·贝特森（William Bateson，1861—1926），他首先采用了"遗传学"（genetics）这一名词，并确立了现代遗传学的许多基本概念。——译者注

像，正如镜子前面的那只手一样（参见第三章第 9 节）。但是，如果三个分化方向中的任一个信息丢失或被遗忘了，该肢体将只能长成两侧对称。

在这种情况下，"无不能生有"这一假定也就变得更精确了：当一种差异信息丢失时，两侧对称性便从不对称性中产生出来。

6. 同源性

至此，我先放下对个体遗传学、躯体改变、学习及进化的直接途径等问题的讨论，而是把进化结果置于更大的框架下进行考察。我想问的是，从系统发生学这一更加广阔的图景中，我们对于潜在的进化过程能够做出什么推断呢？

比较解剖学具有悠久的历史。自《物种起源》出版起至 20 世纪 20 年代这六七十年的时间里，比较解剖学一直都把重点放在亲缘关系的研究上，而把对过程的探究排除在外。系统发生树状图的建构被认为是支持达尔文学说的证据。化石记录无法避免其存在的不完整性。因为缺乏关于种系关系的直接证据，解剖学家便特别渴望那些被称为同源性（即具有相似性类别）的实例。同源性似乎"证明"了亲缘关系，而亲缘关系即是进化。

当然，至少是自语言开始进化以来，人们已经注意到生命体之间有着形式上的相似性，人们用语言将我的"手"与你的"手"划分为一类，而将我的"头"与鱼的"头"划分为一类。但是，人们意识到需要对这种形式相似性做出解释的时候，则要晚得多。即使在今天，大多数人并不会对他们双手的相似性感到惊讶，也不觉得这会有什么问题。他们不感到或认为有什么必要为此去构建进化理论。在远古哲人甚至文艺复兴时期的人们看起来，生物间的形式相似性说明了存在巨链（Great Chain of Being）内部的联结性，这些联结是逻辑上而非系谱上的联结。

无论如何，从形式相似性跳跃到联系性的结论的过程，还是隐藏了若干跳跃性的假设（jumped hypotheses）。

我们承认，形式相似性有着成千上万的例子，比如人和马，龙虾和螃蟹；我们也假设，在这些情况下，形式相似性不仅是进化关系的证据，而且干脆就是进化关系的结果。这样，我们就可以继续思考，这些例子中的形式相似性本质，是否可以为了解进化过程带来一些启示。

我们要问的是：同源性到底告诉了我们哪些有关进化过程的事情？当我们比较龙虾和螃蟹的描述时，我们会发现，两个不同的描述中有些部分是保持不变的，有些部分则是不同的。因此，我们要做的第一步肯定是对不同的变化进行区分，强调其中有一些变化更有可能也较易发生，而另一些变化则很难因而也不太可能发生。在这样的世界里，缓慢变化的变量将会滞留下来，可能成为那些同源性的核心，而这些同源性又为建立更广泛的分类学假设提供了基础。

但这种首先把变化区分为快的和慢的的分类法本身，还是需要加以解释的。我们在对进化过程的描述中可以添加些什么内容呢？或许，我们可以预测，哪些变量将缓慢变化并成为同源性的基础？

据我所知，这种分类的唯一开端就隐含于所谓复演说（re-capitulation）的理论之中。

复演说起源于早期德国胚胎学家冯·贝尔（Karl Ernst von

158

Baer)在 1828 年率先提出的"相应阶段律"(law of corresponding stages)①。他通过对未做标记的脊椎动物胚胎进行比较证明了该规律。

> 我不太能说出它们属于哪个种类。它们也许是蜥蜴、小鸟或非常年幼的哺乳动物,因为在这些动物的头部和躯干形成模式上存在如此彻底的相似。我们还尚未找到极端的例子,但是即便存在这样的例子,我们也不能从它们更加早期的发育阶段中了解到什么,因为所有这些都产生于相同的基本形式。②

后来,与达尔文同时代的海克尔(Ernst Haeckel)在复演说理论中阐明了冯·贝尔的"相应阶段"概念,并得出了后来备受争议的结论:"个体发生(ontogeny)重复着系统发生(phylogeny)。"自那以后,人们竞相提出了有关此事的各种说法。其中,最谨慎的说法也许就是:某一物种的幼虫(或胚胎)与相关物种的幼虫之间的相似性,通常要大于该物种的成虫与相关物种的成虫之间的相似性。但即使是如此谨慎的说法,也因显而易见的例外而漏洞百出。③

---

① 贝尔提出的脊椎动物胚胎发育的这种规律,即著名的"贝尔法则"(Baer's law)。——译者注

② *Encyclopaedia Britannica*, S. V. "Baer, Karl Ernst von(1792—1876)"。

③ 例如,在较原始的蚕头海生动物中,过去常被认为是单属科的柱头虫(Balanoglossus)的不同物种,就可能会有截然不同的胚胎发育过程。其中,柯瓦列夫斯基(B. Kovalevskii)发现的幼虫有着蝌蚪般的鳃裂和脊索,而其他物种的幼虫则和棘皮动物一样。

然而，尽管有例外，我仍然倾向于认为，冯·贝尔的普遍原则为进化过程提供了一条重要线索。无论是对是错，他的普遍原则提出了有关性状生存（而非有关生物生存）的重要问题：动物学家们用以寻找同源性的那些稳定变量，是否共享着一些最高程度的共同因素？相比较于后来出现的各种说法，相应阶段律的优势在于冯·贝尔并没有抓住系统发生树（phylogenic tree，又译系统发育树、系统进化树）不放，即便是在我上面所引的那段话中，也有一些系统发生学侦探们没有觉察到的特殊点。那么，胚胎阶段的变量真的会比成虫阶段的变量更为持久吗？

　　冯·贝尔关心的是更加高等的脊椎动物，如蜥蜴、鸟类和哺乳动物，它们的胚胎发育是受保护的，要么处于饱含营养的蛋壳里，要么成长在子宫里。若是拿昆虫的幼虫来说，冯·贝尔的示范压根儿就没什么用了。任何昆虫学家只要一看未做标记的甲虫幼虫，都能立刻说出每个幼虫所属的科。昆虫幼虫的多样性就如它们成虫的多样性一样令人吃惊。

　　相应阶段律似乎不仅适用于整个脊椎动物的胚胎，而且也适用于脊椎动物发育早期阶段的连续肢体。总的来说，所谓的序列同源（serial homology）与系统发生同源（phylogenic homology）共享着一个普遍原则：相似性先于差异性。龙虾完全发育成熟的钳子，与其他四个胸段上可以行走的附属肢体明显不同，但是所有的胸廓附属肢体在其早期发育阶段都十分相似。

　　也许我们能够运用冯·贝尔这条普遍原则的最广范围就是宣称：一般来说（无论从系统发生学来说，还是从个体发生学来说），相似性都早于差异性。对于某些生物学家来说，这似乎就是自明之理，就好比在说，任何分支系统中两个接近分支处的点，比起两个远离分支处的点，彼此之间更加相似。但是，这个自明之理对于周期表中的元素来说就不适用了，而且对于由特殊创造主体（special creation）所创造的生物世界来说，它也不一定是真的。事实上，自明之理支持了下述假设：生物体确实像分支树上的点或位置一样相互连接着。

根据"相似性先于差异性"这一普遍原则来解释生物界数以千计的实例中所发生的同源性，仍然是非常不充分的。我们说"相似性先于差异性"，只不过是在重复问"为什么有些特征会成为同源的基础？"这一问题。问题几乎从未变过：为什么有些特征会更加古老、存活更长，从而成为同源的基础呢？

我们面对的是一个关乎生存的问题，不是指那些挣扎于一个由其他生物组成的充满敌意世界中各个物种的生存，而是指那些更加微妙的性状（即所描述的项目）的生存；性状不但要在外部环境中求得生存，还要在有机体整个繁殖、胚胎发育及解剖结构中，与其他性状共同构成的内部世界里求得生存。

在科学家对整个生物体进行描述的复杂网络中，为什么有些描述片段会比其他描述片段更持久地（超过几代）保持为真呢？这些描述的部分或片段与那些决定生命起源的指令集合的部分或片段之间，是否存在巧合、重叠甚至同义关系呢？

160　　　　如果一只大象具有鼠科成员的牙齿及其他的形式特征，那么不管他的体型有多大，他都将是一只老鼠。的确，有着猫一般大小的蹄兔（hyrax）跟河马非常相似，而狮子与猫也非常相似。体型大小似乎是无关紧要的，重要的是形式。但是，要对这种语境中"形式"或"模式"的含义进行界定，其实并不容易。

我们所寻找的是一个标准，它可以让我们识别出那些在喧嚣的进化过程中持续为真的合适性状。此类性状有两方面突出特征（它们是划分"差异"这个广阔领域的两种传统方式）：模式与数量之间存在二分法，连续性与不连续性之间也存在二分法。互相分立的有机体之间是由一系列的步骤联结在一起，还是在它们之间出现了突然的切换？虽然想象模式之间存在渐变联结显得有些奇怪（但也不是没有可能的），但这两种二分法很可能会因此重叠起来。至少，我们可以预期那些偏好引用模式概念的理论家们，也会喜欢使用不连续性概念的理论。（但如果这样的偏好仅取决于科学家个人的心灵取向或者当下时代的流行观点，那我们就不应当看好它们。）

我相信，与这个主题相关的最为清晰的研究发现，莫过于动物学家达西·温特沃斯·汤普森（D'Arcy Wentworth Thompson）在 20 世纪初所做的精妙展示。他在许多案例中（也许在他测试过的每一个案例中）都指出，两种截然不同但相关的动物形态会有这样的共同之处：如果在简单的直角笛卡尔坐标上（如在方格纸上）画出一种形状（如轮廓），然后适当地弯曲或变形，同样的坐标上就会出现另一个形状。第二个形状轮廓线上所有的点都落于被弯曲图上相应且同名的坐标点上（见图 6-2）。

达西·汤普森这一研究发现的重要意义在于，对任一给定的实例，在描述动物的过程中，变形都是出乎意料的简单且始终保持一致的。因此，通过一些简单的数学转换就可以描述坐标的弯曲情况。

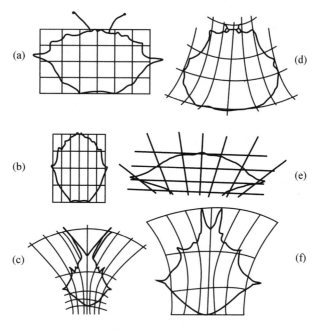

图 6-2　各种蟹类的甲壳

本图摘自达西·汤普森《论生长与形式》(*On Growth and Form*)(第294页)。转载获得剑桥大学出版社版权许可(1961年)。

当然这种简单性及一致性肯定意味着，达西·汤普森的方法揭示的表型之间的差异，是可以通过非常少数的几个基因型(genotype)差异(即通过极少量的基因)进行表征的。

此外，从遍及动物躯体全部扭曲的一致性来看，这些极少量的基因似乎都具有多效性(即它们可以影响该表型的许多部分，甚至全部)；在这一特定意义上，它们对整个躯体的影响都是协调一致的。

要想进一步解释这些发现并不简单，达西·汤普森本人也是爱莫能助。当然，他对于数学能够描述某类变化，很是感到欢欣鼓舞。

有鉴于此，当前"综合式"进化论（当今的达尔文正统学说）的支持者与其对手"类型学家"之间的争论就非常有意思。例如，恩斯特·迈尔（Ernst Mayr）[1]就曾取笑过类型学家的盲目性："历史表明，类型学家没有也无法领会自然选择。"[2]然而遗憾的是，他并没有表明他所指的类型学来自他的哪位同行。这是因为他太谦虚而不愿领受这份荣誉，还是说在这种情况下，这只是他自己需要知道的事情？

难道我们在骨子里不都是类型学家吗？

无论如何，观察动物形态的方法无疑有许多种。由于我们着手的是一项柏拉图式研究，即研究创造性思维与被称为生物进化的广泛心灵过程之间的平行相似性（parallelism），因此，每个实例研究都值得我们去问：看待现象的这种方式是否在现象自身的组织系统内部得到表征或者平行显现了呢？决定表型的遗传信息和静态信号是否具有某类句法（想不出更好的词），可以将"类型学"的思维与"综合式"的思维区分开来呢？我们能否在创造和形塑了动物形态的各种信息中，辨别出哪些更像是类型学的信息，哪些更像是综合式学说的信息？

如果这个问题是以这样的方式提出来的话，那么迈尔所提

162

---

① 恩斯特·迈尔（1904—2005）是 20 世纪最重要的进化生物学家之一。他也是一位著名的类型学家、热带探险家、鸟类学家、生物学哲学家和科学历史学家。他的工作促进了概念革命，导致了孟德尔遗传学、系统学和达尔文进化论的现代进化合成，也促进了生物物种概念的发展。——译者注

② 参见：Ernst Mayr, *Populations, Spieces and Evolution* (Cambridge, Mass.: Harvard University Press, 1963), p. 107.

出的类型学看来就十分正确了。汤普森的早期作图就已精准地
划分了生物内部的两种沟通特性。这些图显示出动物有两种类
型特性：（1）它们具有相对稳定的准拓扑（quasi-topological）模
式，该模式自然而然地使科学家们假定，进化过程存在显而易
见的不连续性。（2）它们还具有相对不稳定的量化特征（表现为
从一幅图到另一幅图的变化）；在这些量化特征影响下，（1）的
特性还可以保持不变。

如果我们画出适合于半拓扑特征的坐标，我们就会发现，
必须扭曲坐标才能表征这些不那么稳定的特征的变化。

至于当前有关同源性的问题，看起来的确有不同类型的特
性，而系统发生的同源性必定依赖于更为稳定的准拓扑模式。

7. 适应与成瘾

进化论者语言中的"适应"与威廉·佩利（William Paley）①
等神学家语言中的"设计"几乎是同义的。佩利在《证据》（Evi-
dence）一书中，收集了大量有关动物为适应其生活方式而做出
特殊精妙调整与改变的著名实例。但是，我怀疑"适应"和"设
计"都是误导性的概念。

如果我们把适应的特定结果（螃蟹的钳子、人的手和眼睛
等）作为进化论者必须解决的大量问题之核心，就会扭曲并限
制我们对整个进化的看法。这里所发生的事情，似乎是早期进
163　化论者和教会之间愚蠢斗争的结果，即在进化过程巨大的赫拉

---

① 　威廉·佩利（1743—1805）在达尔文出生很久之前，就一直是创世故事的
捍卫者。他的《基督教义的证据》（View of the Evidences of Christianity，1794）直
到最近才成为那些没有学习过希腊语的剑桥大学学生的必修科目。

克利特洪流(Heraclitean flux)中，人们只挑选某些旋涡和逆流加以特别的关注。结果就导致两个伟大的随机过程部分地被忽视掉了。即便是专业的生物学家也并未看到，从更加广阔的视角来看，进化是一个如同湿婆之舞那般价值中立且美丽的过程，其中所有的美与丑、创造与毁灭，都被表达或凝缩于一条复杂而对称的路径中。

我在本节的标题中把术语适应和成瘾并列在一起，是想纠正那些多愁善感的或至少是过分乐观的进化论整体观。那些令人着迷的适应例子，虽然使自然看来如此聪明、如此精巧，但也可能是走向病态和过度专门化的第一步。不过，要将螃蟹钳子和人的视网膜看成走向病态的第一步，倒还是挺难的。

我们似乎必须问：是什么特性使有些适应最后变成了灾难？这些特性与那些看起来为良性的且在地质年代中保持着良性的特性(如蟹钳)到底有什么不同？

这个问题非常紧迫，并且关系到人类自身文明的当代困境。在达尔文时代，每项发明看来都是良性的，但今天的情况并非如此。20世纪的复杂心思，让人们对每项发明都持有质疑态度，并怀疑盲目的随机过程是否总能产生好的结果。

我们迫切需要一门科学，能够让我们从所有层面上分析适应与成瘾的整体问题。生态学或许是这样一门科学的开端，尽管生态学家还远未能告诉我们该如何摆脱核军备竞赛。

原则上，无论是伴随着自然选择的随机基因改变过程，还是伴随着选择性强化的反复试验的随机过程，都并不一定会对种群或个体有利。从社会层面来说，我们也尚不清楚受到奖励的个人发明和谋略对社会整体来说，是否就一定具有生存价值；反之亦然，社会代表所偏好的那些政策对于个体来说也并不一定就具有生存价值。

我们可以举出大量的模式，来表明信奉自然选择或自由放任(laissez-faire)显然都是幼稚的：

（1）系统中的某些部分会发生改变，以跻身创新之中，使其不可逆转。

（2）物种或个体之间的相互作用将导致脉络的改变，因而有必要进一步做出同类的创新，然后系统进入恶化或失控状态。

（3）创新会带动系统内的其他变化，使系统必须放弃其他的适应。

（4）系统的灵活性(即正熵)被耗尽。

（5）已经适应了的物种是如此受欢迎，以至于它们会被以某种形式过度放纵，反而破坏了其生态位(ecological niche)。

（6）短期内看似可取的东西，长期来看会变成灾难。

（7）创新物种或个体开始变得好像不用再依赖于相邻物种和个体了。

（8）通过成瘾的过程，创新事物陷入保持恒定的变化率而难以自拔。社会对军备竞赛的成瘾与个人对毒品的成瘾之间，其实没有什么根本差别。常识会督促瘾君子们不断找到另一个替代物。等等。

总而言之，上述每一种灾难都包含着一个逻辑类型上的错误。尽管在某一个逻辑层面上得到一些即时增益，但在另一些更大、更久的脉络下，这个增益符号就会颠倒过来，变成灾难。

我们对这些过程背后的动力学尚缺乏系统性的认识。

8. 随机、趋异与趋同过程

很久以前，罗斯·阿什比（Ross Ashby）①就指出，任何系统（无论是计算机还是生物）都无法创造新事物，除非该系统包含着某些随机性的来源。在计算机中，这个随机性来源可以是一个随机数生成器，它确保机器所进行的"寻找""试误"等步骤最终可以涵盖所探索集合中的所有可能性。

用第二章的话来说，所有革新的创造性系统都是趋异的。相反，那些所有事件序列都可预测的系统事实上都是趋同的。

顺便说一下，这并不意味着所有趋异过程都是随机的。随机过程不仅需要获得随机性，还需要有一个内置的比较器（comparator），该比较器在进化过程中被称为"自然选择"，在思维中则被称为"偏好"（preference）或"强化"（reinforcement）。

以永恒之眼（eye of eternity，即将万物置于宇宙和永恒的脉络中）来看，很可能所有的事件序列都是随机的。对于永恒之眼甚至对于那些富有耐心和同情心的道家圣人来说，掌控整个系统很显然不需要有任何的终极偏好。但对我们来说，我们生活在宇宙的有限区域之中，每个人的生存时间也是有限的，因此，趋异的世界既是真实的存在，也是无序或革新的潜在来源。

---

① 参见 W. Ross Ashby, *Introduction to Cybernetics* (New York and London: John Wiley and Sons, Inc., 1956).

我有时甚至怀疑，虽然我们注定活在幻觉之中，但当我们放松下来的时候，我们也能像道家那样以无为之道处事。（这让我想起了一个神话般的诗人，也是一个拒服兵役者①。他声称："我正是其他年轻人为之奋斗的文明。"也许从某种意义上说，他是对的？）

尽管如此，我们似乎存在于一个有限的生物圈中，其主要倾向是由两个相互关联的随机过程决定的。虽然这样的系统无法长期保持不变，但它的变化速率会受到三个因素的限制：

（1）本章第 1 节中讨论过，在躯体改变和基因改变之间存在魏斯曼屏障（Weissmannian barrier），它确保了身体的调整不会一蹴而就地成为不可逆的改变。

（2）每一代有性生殖都能提供一种防护，确保新的 DNA 蓝图不与原有蓝图（是自然选择在 DNA 层面上运行的一种形式）产生激烈的冲突，而无论新蓝图的变异对表型具有怎样的意义。

（3）渐成论机制作为一个趋同和保守系统运作着；发育中的胚胎内部就是一个偏好保守主义的自然选择情境。

166　　正是阿尔弗雷德·拉塞尔·华莱士明确将自然选择看作一个保守的过程。他在写给达尔文的信中，解释了他的准控制论模型（quasi-cybernetic model）思想。我们在别处提到过这一思

---

① 拒服兵役者（conscientious objector），是指基于道德或宗教信仰原因不肯服兵役、不肯参军的人。——译者注

想①，但因其相关性，我们仍引述如下：

> 这个原理的作用恰如蒸汽机中的离心调节器的作用一样，在任何不规律性变得明显之前，就会检测到并纠正它们；动物世界也以同样的方式，不允许任何失衡的缺陷达到显著的量级，因为失衡会让生存变得困难，灭绝也势必会随之而来，所以在它们出现的第一时间就会被动物察觉到。②

9. 两个随机系统的比较与结合③

在本节中，我会试着更加精确地描述两个随机系统，考察每一个系统的功能，并最终检视两个子系统结合的产物——整体进化这个更大系统的特征。

每个子系统都由两个部分构成（如"随机的"一词所蕴含的）：一个是随机部分，另一个是对随机结果进行选择的工作过程。

在达尔文主义者最为关注的随机系统中，随机元素即基因

---

① 第二章第 6 节中曾谈到过这一思想。——译者注

② 参见 Alfred Russel Wallance, "On the Tendency of Varieties to Depart Indefinitely from the Original Type", Linnaean Society Papers (London, 1858). 转引自 P. Appleman, ed., *Darwin*, *A Norton Critical Edition* (New York: W. W. Norton, 1970), p. 97.

③ 本节是本书中最难的，或许也是最重要的部分。对此不熟悉的读者，或是想知道一切思考有何用的读者，可在附录中找到些帮助，那是我发给加利福尼亚大学校董会的一份备忘录。

改变，无论是通过突变，或是种群成员的基因重组。我假设，突变并非是对环境需求或生物体内部压力的响应。但我同时也假设，作用于随机变化的生物之选择机制，包括了每个生物的内部压力以及生物随后暴露于其中的周遭环境。

最为重要的是，只要胚胎由卵子或母体保护着，外部环境对于遗传的新异变化就不会产生很强的选择效应，该效应直到渐成过程经历好几个阶段后才可能发生。从过去到现今，外部自然选择都偏爱那些能使胚胎和幼儿免受外界伤害的改变，其结果便导致两个随机系统之间的差距越来越大。

另一个确保至少少数后代可以存活下来的方法，就是大量繁殖后代。如果个体的每一个生殖周期都能产生数百万只幼虫，那么其后代就会遭受大约六倍以上的死亡。这相当于将死亡的外部原因视为概率性事件，因而他们就不再试图去适应外部环境的特殊性质。也正是通过这种策略，内部选择就有了一个控制改变的清晰范围。

因此，无论是通过对不成熟后代的保护，还是通过大量繁殖后代，对于许多有机体来说，当下的内部条件为新的生命形式提供了必须遵循的第一重约束。在此条件下，新生命形式能够自行产生吗？发育中的胚胎能否容忍这种新形式的生命？又或者，这种改变会给胚胎发育造成致命的异常结果吗？答案取决于胚胎的躯体灵活性。

最重要的是，在有性生殖的受精过程中，染色体的配对强制执行了一个比较的过程。卵子或精子中所携带的新事物必须与另一方具有的旧事物相契合，这种测试将有利于保持一致性和恒常性，过于新异的事物会由于其不相容性而被消除掉。

在生殖的融合过程之后，紧接着到来的是发育出现的各种复杂性，由渐成论这一术语所强调的胚胎学的组合特性将在这里对一致性做进一步的测试。我们知道，在改变之前的原状（status quo ante）中，所有相容性的要求都要得到满足，才能产生出一个性成熟的表型。若非这样，那么原状也就根本不可能存在。

人们很容易陷入这样一种观念：如果新事物可以产生出来，那么旧事物一定是有问题的。对于那些长期遭受由迅速而狂乱的社会变化所带来的病态之苦的有机体来说，的确会不可避免地倾向于认同以上观点。但是，这种观点当然多半是无稽之谈。一直以来都非常重要的是，要确保新事物不能比旧事物来得更为糟糕。我们仍然难以确定的是，一个拥有了内燃机的社会是否还能继续成长？又或者，诸如电视之类的电子通信设备是否能够与工业革命所带来的侵略性物种内部竞争相容？如果其他方面都相同（这种情况并不常见），那么，经过测试的旧事物比未经任何测试的新事物更有可能存留下来。

如此一来，内部选择就是任何新的基因成分或组合都要经历的第一关。

相反，第二个随机系统则直接根植于外部适应（即表型与环境之间的相互作用）之中。表型系统与环境发生的交互作用就提供了随机成分。

生物体回应特定环境变化而产生的特定获得性状，或许是可以预测的。比如，当食物供应减少的时候，有机体就可能通过体内脂肪的消耗而减轻体重；又如，用进废退会导致特定器官的发育或发育不良；等等。同样地，对某种环境中的特定变

168

化进行预测，往往也是可能的：随着气候变得更冷，我们就可以预料当地的生物数量可能会减少，许多物种的食物供应也因而会减少。然而，当遗传表型和生物体放在一起时，就会带来不可预测性。① 无论是生物体还是环境，都不具有对方下一步将做什么的信息。但是，只要习惯和环境所唤起的躯体改变（包括习惯本身）具有适应性，那么一个选择性元素就已经存在于这个子系统之中。（成瘾是对一大类改变的指称，这些改变是由环境及不具有适应性和生存价值的经验所引发的。）

环境与生理作用这两者带来了可续存或不可续存的躯体改变，至于这些躯体改变是否可以续存，则是由遗传所决定的生物体当前状态所决定的。正如我在本章第 4 节中所说的，通过躯体改变或学习所能达成的生存限度，最终总是由遗传决定的。

总而言之，表型和环境的结合构成了随机系统中的随机成分，这些随机成分提出可能的改变；遗传状态则负责做决定：允许哪些改变发生，禁止哪些改变发生。拉马克学派认为躯体改变控制着遗传，但事实恰恰相反。正是遗传限制了躯体的改变，使一些改变成为可能，而另一些改变成为不可能。

此外，由于生物个体的基因组包含着改变的潜在可能性，它就如同计算机工程师们所称的数据库一样，存储着其他可选择的适应路径。由于大多数可选择路径都未被用过，因此我们在任何个体身上也看不到它们。

---

① 读者可能会对以下两种不可预测性之间的比较感兴趣，即这两个相互作用的子系统所产生的不可预测性，与著名的槌球游戏中爱丽丝和她的火烈鸟之间的相互作用所产生的不可预测性。

同样地，在另一个随机系统中，种群基因库现在被认为是非常异质的。所有可能发生的基因组合，即便是非常罕见的，都在有性生殖的过程中由基因重组而产生出来。因此，存在一个巨大的可替代遗传途径的储存库；任何一个种群在自然选择的压力下都可利用这个库，正如沃丁顿的遗传同化研究（本章第 3 节所讨论）所显示的那样。

只要这幅图景是正确的，那么种群和个体就可以准备行动了。可想而知的是，我们并不需要等待合适的突变，这不过是一些历史兴趣的关注点罢了。众所周知，达尔文后来改变了他对拉马克学说的批评，因为他相信对于一个进化过程来说，没有拉马克遗传的运作，只有地质时间是不够的。因此，他在后来几版的《物种起源》中接受了拉马克的立场。杜布赞斯基（Theodosius Dobzhansky）发现进化的单位是种群，而种群又是一个遗传可能性的异质储存库。[①] 这一发现极大地缩短了进化理论所需要的时间。种群能够对环境压力做出即时反应。虽然生物个体具有做出适应性躯体改变的能力，但经历那些能够将改变传递给后代之改变过程的，其实是种群（通过种群的选择死亡率）。也就是说，躯体改变的可能性是选择的对象，而环境选择作用于的是种群。

现在，我们来考察这两种随机系统各自对整个进化过程的贡献。很显然，这两者都是由选择元素来引导改变方向的，这

———————

① 杜布赞斯基(1900—1975)，俄国出生的美国生物学家、遗传学家，现代综合进化论的奠基人之一。其《遗传学与物种起源》(*Genetics and the Origin of Species*)一书于 1937 年出版，实现了遗传学与自然选择学说的综合，继承和发展了达尔文主义，为现代综合进化论的创立做出了重大贡献。——译者注

些改变最终又都被纳入到进化的整体图景中。

这两种随机过程的时间结构必然是不同的。在随机基因改变的情况下，DNA的新状态从受精的那一刻起便存在了，但要到稍晚些时才能为有机体对外界的适应做出贡献。换句话说，基因改变的第一重测试具有保守性。正是这种内部的随机系统，才确保了各个构成部分之间的内在关系具有形式相似性（即同源性），并能显著地遍布全身。此外，我们还可以预测，在众多同源性中，哪种类型的同源性是内部选择最为偏好的；答案首先是细胞，它们最令人惊奇的相似性将整个细胞生物的世界统一了起来。无论从何角度看，我们都可以在细胞内部找到类似的形式和过程。染色体之舞、线粒体和其他细胞质的细胞器以及鞭毛的极微结构之一致性，无论出现在植物还是动物身上，它们在形式上都极为相似——所有这些深刻的相似性都是在基本层面上坚守恒常性的内部选择结果。

当我们问及，在第一次细胞学的测试中幸存下来的那些改变未来的命运如何时，会得到一个类似的结论。在胚胎生命早期产生影响的那些改变，必定会影响到后续一整串时间更长也更复杂的事件链。

要想通过生物生活史的研究，对同源性的分布进行量化估计，是很难或不太可能的。主张同源性在配子产生、受精等非常早期阶段最为普遍存在的认识，其实就是辨识同源性程度的一个定量描述，是在给染色体数目、有丝分裂模式、双侧对称、五趾四肢、背中枢神经系统等特性设置一个数值。在量从不决定模式的世界里（见第二章内容），这样的评估是非常人为的。但这种预感（hunch）还是存在的。所有细胞生物（包括动

170

物、植物)所共享的唯一形式模式，就发生于细胞层面上。

从这些思路会得出一个非常有意思的结论：在所有的争议和怀疑之后，复演说理论还是站住了脚。一个先验的理由让我们可以预期：胚胎与祖先的胚胎之间，要比生物体的成体与其祖先的成体之间，有着更高的形式相似度。这与海克尔和赫伯特·斯宾塞（Herbert Spencer）所想象的极为不同——他们认为胚胎必定遵循着系统发生的路径。用更加否定的话语来说：路径之初发生偏离要比后期阶段出现偏离更加困难（可能性更小）。

如果我们同进化工程师一样，要从蝌蚪般自由游动的生物到蠕虫般固着生活于泥中的柱头虫之间，选择一条系统发生的路径，那么我们会发现，最简单的进化过程会避免在胚胎阶段出现过早、过于剧烈的干扰。我们甚至可能会发现，通过将渐成过程划分出阶段，其实是将进化过程简化了。那样的话，我们就会看到，一个如蝌蚪幼虫般自由游动的生物体，会在某一时刻蜕变成蠕虫般固着的成体。

变化的机制并非单纯是自由的，或单纯是创造性的。相 *171* 反，它有一个持续的决定机制，那些改变只有符合这一特定机制之变化类型，才有可能得以发生。内部可行性的选择过程筛选出来的随机基因改变系统，会为系统发生带来普遍同源的特征。

如果我们现在考虑另一个随机系统，我们可能会得到一幅完全不同的图景。虽然没有任何学习或躯体改变可以直接影响到 DNA，但很显然，躯体的改变（即著名的获得性状）通常都具有适应性。就个体的生存、繁殖、简单的舒适和减轻压力等方面来说，适应环境的改变是很有用的。这样的调适会发生在许多层面，但在每个层面上，都会带来真正的或看起来的益处。比如，当你到达一个高海拔的地方时，大口喘气是有好处的；但你若要在高山上待很长时间，那么最好还是学会不去大口喘气。拥有一个可以适应生理应激的生理系统是好的，即使这种调适会导致对环境的顺应，而对环境的顺应又可能会引致成瘾。

换句话说，躯体调适总是会为基因改变创造一个环境，但基因改变是否会随之发生，则是另一个问题了。让我暂且把这个问题放一边，先来考虑一下躯体改变能够带来的变化范围。很显然，这个范围或者说改变可能性的集合，将会为进化过程中的随机因素设定一个能够达到的极限。

躯体改变的一个共同特征是显而易见的：所有这些改变都是定量的，或者如计算机工程师所说的模拟的。在动物体内，中枢神经系统和 DNA 在很大程度上（或许完全）是数字的，但生理的其余部分则是模拟的。①

因此，在比较第一个随机系统的随机遗传改变与第二个随机系统的反应性躯体改变时，我们又会碰到第二章中所强调的普遍原则：量并不决定模式。基因改变可能是高度抽象的，与它们最终的表型表达相去甚远；毫无疑问，它们的最终表达可能是定量的，也可能是定性的。但躯体改变则要直接得多——172 我相信它们完全是定量的。据我所知，用于描述物种共享模式

---

① 需要注意的是，在深层认识论层面上，数字的和模拟的之间的对比确实非常鲜明，正如数字系统组成要素之间的对比一样。这种对比或不连续性便是身体和基因之间的基本障碍（即防止拉马克遗传之障碍）。

（即同源性）的描述性命题，从未受到习惯或环境诱发的躯体改变的干扰。

换句话说，达西·汤普森所展示的对比（见图9），似乎是植根于（即产生于）这两个伟大的随机系统间的对比之中。

最后，我必须将思维过程与生物进化中的双随机系统进行一个比较。思维过程也是以这种双重系统为特征吗？（若不是的话，那么本书的整个结构都将是可疑的。）

首先，非常重要的是要注意到，我在第一章中提出的"柏拉图观念"在今天是可能的，因为各种论证都与二元神学的偏好恰恰相反。生物进化与心灵之间的相似性，不是通过假设一个"隐藏于进化过程机制中的设计者或工匠"而创造出来的，相反，它是通过假设"思维亦是随机的过程"而创造出来的。19世纪达尔文的批评者（尤其是塞缪尔·巴特勒）想要把他们所谓的"心灵"（即一种超自然的圆满）引入到生物圈中。今天我要强调的是，创造性思维必须始终包含这一个随机元素。探索性过程——心灵无止境的试误过程——只有通过走上随机铺设的路径才能到达一个新的阶段，在经过尝试之后，其中有些路径大概会因生存目的而被选择出来。

如果我们认为创造性思维在根本上是随机的，那么人类心灵过程的几个方面就会向我们暗示出一个正面的类比。我们正在寻找的是一个对思维过程的二元划分，它的两半都将是随机的，但两半的随机成分又有不同，其中一半的随机成分是数字的，而另一半的随机成分将是模拟的。

解决这个问题的最简单方法，似乎就是先考虑掌控和限制结果的选择过程。这里所提出的两种测试思想或观念的主要模式都是我们所熟悉的。

第一种就是对一致性的检验：根据我们已知的或所相信的事物，新的观念是合理的吗？诚然，即便有许许多多的合理性，并且正如我们已经看到的，"逻辑"是关于世界运作的一个差劲模型，但对于思想者心灵中要出现某些观念而言，某种程度的协同性或一致性（无论它是缜密的还是非现实的），仍是第一位的要求。相反，新观念的起源几乎完全（也许不完全）依赖于我们已有观念的重组和结合。

173   事实上，在大脑内部的这个随机过程与另一个产生随机基因改变的随机过程之间，有着惊人的相似性；对后者的内部选择可以确保新、旧事物之间的一致性（conformity）。而且，当我们越仔细研究它们时，它们之间在形式上的相似性似乎就越明显。

在讨论渐成论和创造性进化的对比时，我曾指出，在渐成过程中，所有的新信息都必须被排除在外，这一过程更像是在阐述某个重要的重言式中的定理。我在本章也已指出，渐成的整个过程可被视为一个精确而挑剔的过滤器，要求成长着的个体内部必须符合特定的一致性标准。

我们现在注意到，颅内的思维过程也有一个类似的过滤器，它如同个体生物体内部的渐成过程一样，也要求满足一致性的标准，并通过一个类似于逻辑（即类似于通过重言式创建定理）的过程来强化这一要求。在思维的过程中，缜密性（rigor）就相当于进化过程中的内在一致性。

总而言之，颅内思维或学习的随机系统与进化的构成成分十分相似，其中，进化中的随机基因改变是由渐成过程选择出来的。最后，文化史学家所面对的是一个有着形式相似性的世界，这些相似性在经历许多代文化史后仍得以存留，这使得他们可以像动物学家搜寻同源性那样，去寻求相似的模式。

现在，我们再转向讨论学习或创造性思维中的另外一个过程，它不仅涉及个体的大脑，而且涉及生物体周遭的世界，我们会发现它类似于进化过程；在进化过程中，经验通过促使习惯和躯体的改变，而创造出了生物体与环境之间的关系，我们称之为适应（adaptation）。

生命体的每一个动作都含有一些试误的成分，而任何新的尝试都在一定程度上是随机的。即使新的动作只是某些已经熟知的动作类型（class）中的一员，但根据其新奇性，它多少还是会成为"就该这样做"这一命题的确认和探索。

但是，正如躯体改变一样，学习中也有限制和促进两个方面，它们负责对可以学习之事进行选择。其中有些限制和促进外在于有机体，有些则存在于内部。起初，人们在任一给定时刻所能学习的东西，都会受到先前学过的东西的限制或者促进。事实上，在基因结构设定的最终限制（应对环境之需时可以做出哪些即时的改变）条件下，有机体还存在学会学习的机制。在每一步学习中，环境影响都会退去，而逐渐走向遗传控制（见第 4 节对躯体改变的讨论）。

最后，我们必须把出于分析之便而分开讨论的两个随机过程重新放到一起。两者之间到底存在什么样的形式关系呢？

依我来看，这个问题的答案就在于数字过程与模拟过程的比较，换句话说，就在于名称（name）与被命名的过程（process）之间的对比。

但是，命名（naming）本身就是一个过程，它不仅发生在

174

我们的分析之中，而且还非常深刻而奥妙地发生在我们尝试分析的系统之中。无论 DNA 和表型之间的编码和机械力学关系(mechanical relation)是什么，DNA 在某种程度上仍然是一种指令体系，会对在表型中变得更加明显的关系提出要求——在这个意义上，也就是命名。

当我们认可命名是一种发生于我们所研究现象之中并对其进行组织的现象时，我们实际上是在承认，我们期待这些现象中存在逻辑类型的层级结构。

到目前为止，我们可以与罗素及其《数学原理》一起行进。但当前我们还不处于罗素的抽象逻辑或数学世界里，也无法接受一个空洞的名称或类别的层级结构。对于数学家来说，名称之名称之名称(names of names of names)或类之类之类(classes of classes of classes)都已经是耳熟能详了。但是对于科学家来说，空洞的世界是不充分的。我们正在试图解决数字(即命名)和模拟之间交互关系和相互作用的问题。命名过程本身是可命名的，而这一事实也迫使我们以一种交替(alternation)来取代《数学原理》所提出的简单的逻辑类型阶梯。

换句话说，为了分析起见，我将进化和心灵过程作为两个随机系统分别进行讨论，但为了将它们重组起来，我又不得不把这两个随机系统看作交替的(alternating)。在《数学原理》中看似由非常相似的步骤(名称之名称之名称，等等)所构成的一个阶梯，将会成为两类步骤间的交替。要从名称过渡到名称的名称，我们必须经历给名称进行命名的过程。这里必须始终有一个生成的过程，在此过程中，类是它们在被命名之前就得以创建了。

这个极其庞大而复杂的问题便是第七章的主题。

第七章

从分类到过程

太初有道，道与神同在，道就是神。 176

——《圣经·约翰福音》(1：1)

证明给我看。

——以萧伯纳的《皮格马利翁》(*Pygmalion*)为原型的音乐喜剧
《窈窕淑女》(*My Fair Lady*)中的歌词

我在第三章展示了一些混合的案例，让读者思考由这些案 177
例显示的"两种描述比一种描述更好"这种近乎陈词滥调的说
法。该系列案例最后都终结于我对解释的描述。我断言，至少
有一类解释是由抽象重言式对过程或者现象进行描述的过程所
构成，而描述又被映射到该重言式上。可能还有其他类型的解
释，或者也有可能是这样的，即所有解释最终都会归结为我所
定义的那类解释。

毫无疑问，大脑除了自身的通道、开关以及自身新陈代谢

能量的供给之外，不含有任何物质的东西，所有这些物质硬件
也从不进入到对心灵的叙述之中。大脑可以思考猪或者椰子，
但猪或椰子绝无可能存在于大脑中；在心灵中没有神经元，只
有关于猪和椰子的观念（ideas）。因此，心灵及其所思之物间
总是存在某种互补性。以猪或椰子的观念替换掉事物本身的编
码或表征过程，已经在逻辑类型结构中迈出了第一步，甚至是
一大步。名称并非所命名之物，而有关猪的观念亦非猪本身。

即使我们想到一些超出皮肤界限的更大回路系统，并统称
它们为心灵，比如在心灵中包括了人、他使用的斧头、他正在
砍伐的树以及树上的斧痕①；即使所有这一切都被看作一个单
一回路系统，符合了第四章的心灵标准，但在心灵中仍然没有
树，没有人，没有斧头。所有这些"对象"只是在更大的心灵系
统中，以自身的表象和信息的形式表征出来。我们可以说，它
们只是在心灵中展示出自身或者自身的特性。

无论如何，在我看来，以下情况似乎是千真万确的：某些
类似关系的东西，诸如我在前面提到的重言式与有待解释的对
象之间的关系等，贯穿于我们的整个研究领域。从猪和椰子等
迈向编码世界的第一步，就把思想者投入到了一个抽象的同时
（我相信）也是一个重言式的宇宙之中。完全可以将解释（ex-
planation）定义为"将重言式和描述并置"的过程。这只是过程
的开始，它使解释成为人类的专利。我们会说，狗和猫只是接
受事物原本的样子，他们当然没有任何推理能力。但并不尽
然。我论证的着力点在于，知觉过程正是一种逻辑分类的动

---

① 参见 *Steps to an Ecology of Mind*，p. 458.

作。每一个表象都是多层级编码和映射所构成的复合体。狗和猫当然都有他们自己的视觉表象。当他们看着你的时候，他们当然是看到了"你"。当狗被跳蚤咬到的时候，狗肯定有一个"那里在发痒"的表象。

当然，我还是要将这一推论应用于生物进化领域中。不过在尝试这么做之前，有必要对形式和过程之间的关系进行扩展，将形式的概念类比于我一直所称的重言式，将过程的概念类比于有待解释的现象集合。形式与过程的关系，正如重言式与描述的关系。

这种二分法源自我们"向外"观看现象世界时的科学心灵，它也是我们试图分析的各种现象之间的关系特征。这种二分法存在于我们自身和我们话语对象之间藩篱的两侧。自在之物是无法直接探究的，自在之物之间存在的关系，相当于自在之物与我们之间的关系。它们（即使是那些有生命之物）无法直接体验彼此——这对于理解生命世界具有非常重要的意义，也是一个必要的先决条件。至关重要的是这样的预设：观念（ideas）（就该词非常广泛的意义而言）要具有效力和真实性。观念即我们所能认识之物，除此之外，我们别无所知。那些将观念结合在一起的规则或"定律"即是"真理"（verities）。它们与我们所能到达的终极真理无限接近。

为使本论题更易于理解，我先来描述一下我自己对新几内亚文化的分析过程。[①]

---

　　① 参见 Gregory Bateson，*Naven*，1936. Reprint. Stanford, Calif. ：Stanford University Press，1958.

　　我所做的田野研究在很大程度上受到两件事的影响，一是我在新几内亚期间收到了鲁思·本尼迪克特（Ruth Benedict）《文化模式》（*Patterns of Culture*）一书手稿的副本，二是与玛格丽特·米德（Margaret Mead）和里欧·福琼（Reo Fortune）合作进行的田野研究。玛格丽特后来将她从田野调查中得出的理论结论公开发表于《三个原始社会中的性别与气质》（*Sex and Temperament in Three Primitive Societies*）①一书中。读者们如果有兴趣想进一步了解这些理论观点背后的故事，也可以参考我的《纳文》（*Naven*）、米德的《性别与气质》（*Sex and Temperament*），当然还有本尼迪克特影响深远的《文化模式》②。

　　本尼迪克特试图通过使用诸如阿波罗型（Apollonian）、酒神型（Dionysian）、偏执狂型（paranoid）等术语，构建出一个文化类型学。而《性别与气质》与《纳文》等书的重心则从对文化形态（cultural configurations）的描述，转向了对我们所研究的人（即文化中的成员）的描述。我们仍然使用本尼迪克特用过的相关术语。事实上，她的类型学术语也是从描述个人特质的语言中借用过来的。在《纳文》一书中，我用一整章的篇幅尝试用克雷奇默（Kretschmer）③的旧式分类法，将人分成了"循环性"

---

①　New York: William Morrow & Co. , 1935.

②　New York: Houghton Mifflin & Co. , 1934.

③　恩斯特·克雷奇默（Ernst Kretschmer, 1888—1964），德国精神病学家，他研究了人类的构成并建立了类型学。他将人的体格类型分为三种，即肌肉发达的强壮型、高而瘦的瘦长型和矮而胖的矮胖型；将人的气质也分为三种，即躁郁气质、分裂气质和黏着气质。——译者注

（cyclothyme）①和"分裂性"（schizothyme）气质。我把这种类型学看作一种抽象地图，可以在上面剖析我对雅特穆尔男人和女人的描述。

这种剖析，特别是区分性别类型的事实，与《文化模式》中的观点并不一致，它远离了拓扑结构，走向了有关过程的问题。很自然地，我会把雅特穆尔的资料视作男女之间互动的例证，这种互动会在男人和女人身上产生出不同的气质，而这正是我建构人的类型学的基础。我想看到的是，男人的行为如何促进和决定了女人的行为，以及反过来的过程。

换句话说，我从分类或类型学开始，转而去研究那些由类型学归纳出来的差异是如何产生的过程。

而下一步则要从过程再转到过程类型学（typology of process）。我使用分裂生成这一概括术语标示这些过程；在为过程贴上标签后，再对它们进行分类（classification）。如此一来，一种可行的基本二分类就变得显而易见了。这些互动过程都具有促进分裂生成（即首先确定个体内的特性，然后在这一特性之上生成过度的压力）的普遍潜能，它们事实上又可以被分成两大类过程，即对称型（symmetric）和互补型（complementary）过程。我用"对称型"一词描述如下所有互动形式，即所有可用竞争（competition）、对抗（rivalry）、相互竞争（mutual emulation）等词或词组刻画出来的过程（即 A 做的某些特定行为会激发 B 做出同

180

① 这些几乎过时的术语来自躁郁症和精神分裂症的对比。根据克雷奇默的说法，循环性代表了那些有躁狂抑郁症的人的气质，而分裂性则代表了潜在的精神分裂症患者的气质。参见克雷奇默的《体格与性格》（*Physique and Character*）（英译本，1925 年），以及我的《纳文》（1936 年）中的第十二章。

样的行为，进而，B 又可激发 A 做出进一步的同样行为。如此类推。比如，A 的大肆吹嘘会刺激 B 吹嘘得更为厉害，反之亦然）。

相反，我用"互补型"一词描述那些 A 和 B 的行为虽然不同但彼此相辅相成的互动序列（例如，支配与顺从、展示与观看、依赖与养育等）。我注意到，这些配对的关系同样也可以是分裂生成的（例如，依赖可以促进养育，反之亦然）。

至此，我就有了一个关于过程的分类或类型学（而不是关于人的分类）。而且，从这种分类可以很自然地问道：这些被命名了的过程之间的互动又将会产生出什么呢？比如，当对称型的竞争（它本身会产生过度竞争导致的对称型的分裂生成）与互补型的依赖－养育关系混合在一起，会发生些什么呢？

毫无疑问，这些被命名的过程之间存在惊人的相互作用。研究发现，对称型和互补型的互动是彼此消解抵消（即对彼此关系有着反作用）的。因此，当互补型的分裂生成（例如，支配与顺从）变得太过失衡的时候，在关系中略微增加一点点竞争性，就会舒缓彼此之间紧张的关系；相反，如果彼此竞争得太厉害的时候，一点点的依赖关系也会让关系缓和下来。

随后，在终端链接（end-linkage）①的主题下，我又对互补型命题一些可能的排列组合进行了考察。结果显示，英国和美国的中产阶级在公共场所尤其在芭蕾舞剧院中的观剧行为之间存在差异，这种差异与以下事实有关：在英国，观看行为凸显

---

① B. Bateson, "Regularities and Differences in National Character" in G. Watson, *Civilian Morale* (Boston: Houghton Mifflin, 1942). 收入《心灵生态学导论》一书.

的是孝道功能（即与依赖和顺从相关）；而在美国，观看行为凸显的是双亲功能（即与养育和支配相关）。

这些结果在其他地方已经有所阐述。在当前脉络中，重要181的是要注意到，我的研究是在对过程进行分类和对过程进行描述之间交错进行的。我沿着这把交替的梯子（并非刻意地）从描述上升到类型学的词汇。但这种对人的分类又让我回过头去研究造成人之所以会有如此分类的过程。随后这些过程又被我所命名的类型划分了类别。再下一步则是从对过程的分类转向研究分类了的过程之间的相互作用。图 7-1 呈现了一面是类型学、另一面是过程研究的锯齿形阶梯图。

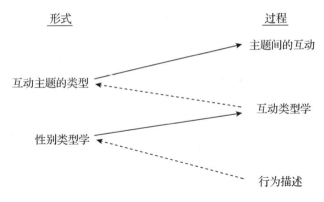

图 7-1 雅特穆尔文化分析的层次

箭头表示我的论证方向

现在，我要论证的是，隐含或内在于上述个人故事中的关系182（即从形式到过程再返回到形式的锯齿形序列），可以为许多现象的映射（mapping）提供有力的范式，其中有些现象已被提及过。

我认为，这一范式并不只局限于有关某一特定理论是如何建构起来的个人叙事，而且它也反反复复地出现在由第四章界定的心灵过程所主导的现象组织中。换句话说，当我们把逻辑类型的概念从抽象的逻辑领域搬到现实中，并开始将真实的生物事件映射到这一范式的层级结构时，将立刻发现，在心灵和生物系统的世界，其层级结构并不仅仅是由类（classes）、类之类（classes of classes）以及类之类之类（classes of classes of classes）构成的列表，它同时也是形式与过程之间的辩证关系所形成的锯齿状阶梯。

我还将进一步指出，感知的本质也遵循着这一范式；学习也效仿着同样的锯齿状范式；在人类社会里，爱情与婚姻或者教育与社会地位之间的关系也一定遵循类似的范式；在进化过程中，躯体改变与系统发育变化之间以及随机与自然选择之间的关系，也存在这种锯齿状形式。我认为，类似的关系在更加抽象层面上的物种和变异、连续性和间断性以及数和量之间也是存在的。

易言之，我想提出来的是，在我对新几内亚文化故事的分析中，我只是相当模糊地描述了一种关系的大致轮廓，但实际上，这种关系可以用来解决伦理学、教育学和进化论等领域中存在的大量古老谜团和争议。

我是从一种区分开始的，这应归功于霍斯特·米特尔施泰特（Horst Mittelstaedt）①，他曾指出有两类（sorts）方法可以完

---

① 霍斯特·米特尔施泰特（1923—2016）是德国生物学家和控制论专家。他与埃里希·冯·霍尔斯特（Erich von Holst）在 1950 年一起展示了"传入原理"（Das Reafferenzprinzip），该原理是关于有机体如何能够将传入（内部产生的）感觉刺激与传出（外部产生的）感觉刺激分离开来。这一概念主要涉及中枢神经系统与其周围神经系统之间的互动过程。——译者注

善一个适应性行动。^① 我们假设这个适应性行动是拿枪打鸟。第一种情况是使用步枪。射击手顺着来复枪的瞄准器看过去，会注意到瞄准目标的一个偏差。他去纠正这个偏差，也许这又造成一个新的偏差，他再一次纠正这个偏差，直到他满意为止。然后，他将扣动扳机射击。

重要的是，这些自我纠正行为都发生于单个射击行为之内(within)。米特尔施泰特用反馈(feedback)一词来描述完善某一适应性行动的这一大类方法的特征。

相比之下，我们再来看一下另一种情况，这时射击手是用霰弹猎枪射击飞着的鸟，或者他在桌子底下用左轮手枪进行射击，此时他就无法校正射击目标。在这种情况下，射击手必须综合感官收集到的信息，并在综合信息的基础上完成计算；有了这种计算的(近似)结果，他就可以开枪了。在这个单一行动中没有纠正错误的可能性。要想改善瞄准，纠正过程就必须在一大类(a large class)的动作基础上进行。这个射击手要获得使用霰弹猎枪或者在桌下进行手枪射击的技能，他就必须使用飞靶或者假人靶反复练习射击技巧。在长期的练习中，他必须调整自己的神经和肌肉的设置(settings)，以便在关键事件中能够"自动地"做出最佳表现。米特尔施泰特把这类方法称为校准(calibration)。

在这两种情况下，"校准"与"反馈"的关系类似于较高层级

---

① 我把走向这种启示的第一步归功于米特尔施泰特于 1960 年所发表的螳螂如何捕蝇的研究报告。参见："The Analysis of Behavior in Terms of Control Systems" in *Transactions of the Fifth Conference on Group Process* (New York: Josiah Mac, Jr., Foundation, 1960).

逻辑类型与较低层级逻辑类型之间的关系。使用猎枪时进行的自我纠正，必定只有在不断练习（即过去已完成的一类动作）中所获得的信息基础上才是可能的。这一事实恰好显示了上述关系。

当然，使用步枪的技能也可以通过练习来提高。如此改进的动作成分在步枪和猎枪的使用中都是共同的。通过练习，射击手会改进他的站姿，学会扣动扳机时不干扰对目标的瞄准，学会开火的瞬间及时调整以避免过度纠正，等等。改进步枪射击的这些组成部分均有赖于练习，神经、肌肉和呼吸的校准信息都是由一类已经完成了的动作提供的。

然而，就瞄准动作而言，逻辑类型的对比相当于单一动作与一类动作之间的对比。看起来，米特尔施泰特所谓的校准正是我所称的形式或分类，而他所谓的反馈则与我讲的过程相当。

下一个明显的问题涉及三个二元法之间的关系，即形式与过程、校准与反馈、高层级与低层级的逻辑类型。它们是同义词吗？应该说，形式与过程、校准与反馈确实是互为同义词，但高层级与低层级逻辑类型之间的关系则要复杂得多。如前所述，很显然，结构可能决定过程，而反过来，过程也可能决定结构。因此，在结构的两个层级之间必定存在一种关系，它是以对过程的干预描述为中介的。我相信，这就是真实世界中与罗素从类到类之类进行抽象推理相对应的情形。

让我们来看看在一个层级化例子中存在的反馈与校准之间的关系，比如一个装有火炉、恒温器设备且有人居住的住宅的温度控制例子（见图 7-2）。

184

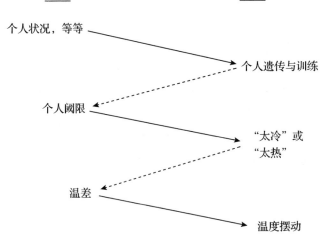

图 7-2　室温控制的层次

箭头表示控制的方向

处于最低层的是温度。从一个时刻到另一个时刻（一个过 185 程）的实际温度影响着连接整个住宅系统的温度计（一种感觉器官），这一影响是以这样的方式实现的：温度变化会通过一片双层金属板的弯曲度显示出来，以此来控制火炉电路联结（一个开关，一种校准）的闭合或断开。当温度高于某一个点时，开关就会跳到"关"的状态；当温度低于某一个点时，开关则会跳到"开"的状态。因此，房子里的温度就会在这两个阈值之间摆动。在这个层级上，该温控系统就如一个我在第四章所描述的简单伺服电路（servo circuit）。

然而，在装有温度计的同一个小盒子里还有一个校准器，控制着这个简单的反馈电路。在这个盒子上有一个旋钮，房主可以通过转动它来改变恒温器的设置或温差，以使房子里的温度在这个设定的温差范围内摆动。要注意的是，在盒子里放置有两个校准器：一个是控制状态的开/关（ON/OFF），另一个是控制系统运行温度范围的高/低（HIGH/LOW）。如果之前的平均温度是 65 华氏度，房主可能会说："最近太冷了。"然后他从自身的经验样本（sample）进行判断，会将温度设定为某个他觉得更加舒适的范围。这种温差（对反馈的校准）本身是由某种反馈控制的，这一反馈的感觉器官不是安置于客厅的墙壁上，而是长在房主的皮肤上。

而房主的温差——通常被称为阈限——则是由另一个反馈系统所决定的。他可能曾在寒冷地带生活或锻炼过，因而变得比较耐冷；他可能由于长期居住在热带地区，因而变得不那么耐冷。他甚至可能会对自己说"我身体变得太弱了"，从而进行户外训练，这样他的校准机制也因而发生改变。除此之外，促使他进行特殊训练或暴露于寒冷的环境中，也可能是他的社会地位发生了变化，比如他成为一名僧侣或士兵，这样其阈限也会根据特定的社会地位而被校准。

也就是说，反馈和校准是在一个序列层级结构中不断交替进行的。需要注意的是，每一次完整的交替（从校准到校准，或从反馈到反馈），我们所分析的关联范围（the sphere of relevance）就已经随之扩大了。在锯齿状阶梯的最简单、最低层级一端，关联范围包括了火炉以及闭合或断开的开关；往上一层，关联范围就是一整座房屋，它的室温在一定温度范围内摆动。再往上一个层次，温度则会在更大的关联范围内变化，此时的关联范围不仅包括了房屋，还包括了在较长一段时间里房主的状况，比如他在这段时间里从事着各种各样的户外活动。

沿着锯齿状阶梯每上一个层级，关联范围就会扩大。换言之，每一层级的感官所收集信息的逻辑类型也会随层级转换而不断变化。

让我们来看另一个例子：当一汽车司机以每小时 70 英里①的速度行驶时，交通警察的感觉器官（或许是雷达）就会发出警报。交通警察的感知阈限或速度差会提醒他，要对任何高出或低于限定每小时速度 10 英里的车速做出反应。

该警察的速度差是由当地警察局局长设定的，而当地警察局局长则根据州政府发来的雷达信号（即校准）进行自我修正行动后发出指令。

州政府则根据立法者眼中选民的意愿进行自我修正行动，选民则根据他们对民主党和共和党政策的偏好，在立法机构内设定一个速度校准范围。

在这里，我们同样注意到一个由校准和反馈不断交替而成的上升阶梯，越往上，关联范围也随之越来越大，信息越来越抽象，决策越来越宏观。

当然，在警察系统和法院系统内以及所有等级制度中，最不可取的莫过于在非相邻的层级之间有直接接触。对于整个组织来说，在汽车司机和州警察局局长之间建立一条沟通渠道并非好事。这种沟通渠道不利于警察的士气。同样，也不应该允许警察直接与立法机关沟通，因为这会有损警察局局长的权威。

在层级结构中，向下跳两级或多级也是不可取的。比如，

---

① 1 英里约为 1.61 千米。——译者注

警察不应直接去控制汽车的油门或刹车系统。

任何层级之间（向上或向下）跳跃的后果在于，适合于某一层级决策基础的信息会被其他层级用作决策基础，这便造成逻辑类型中一个常犯的错误。

在立法与行政系统中，这种逻辑层级的跳跃被称为事后立法（ex post facto legislation）。在家庭中，类似的错误被称为"双重束缚"。在遗传学中，魏斯曼屏障阻止了获得性状的遗传，似乎也防止了上述逻辑层级跳跃可能带来的灾难。因为若允许躯体状态直接影响到基因结构，就有可能会破坏生物体内部组织的层级结构。

187　　在罗素的逻辑类型层级结构的简单抽象范式中，当我们比较学习步枪射击和学习猎枪射击时，就会出现另一个复杂的问题。两种学习操作都包括了控制论的自我修正序列。然而，当这些修正序列被视为学习的脉络时，两者之间的系统差异就会立即显现出来。

来复枪的例子是相对比较简单的。需要修正的误差（即需要使用的信息）是枪管的目标瞄准器与靶标方向之间的差异，也就是视线瞄准与目标之间的差异。即便是神枪手也许都还要沿着以下回路绕上许多遍：收到有关误差的信息，进行修正，收到新的误差信息，再进行修正，直到接收到零误差或最小误差的信息，才最终开火。

这里需要注意的是，神枪手并没有——或者也不需要——把有关第一轮修正中所发生事情的信息带入到他下一轮的计算之中。他所需要的唯一相关信息就是关于当下这一刻的误差。他无须去改变他自身。

学习用猎枪的射击手的情况就完全不同了。对他来说，瞄准和射击并不是分开的，因而也就不允许他在扣动扳机之前修正其瞄准。① 瞄准－射击其实是一个单一动作，其成功或失败都必然被作为信息传递给下一次射击。要改进的是整套操作，因此整套操作便成了信息的主题。

在下一次射击时，射击手必须根据新靶标的位置，加上他在前面几轮控制回路中他的动作信息，再加上关于这些动作结果的信息，来计算他本轮的动作。

比如，在对另一个靶子进行的第三轮射击中，理想地来说，他应该利用第一轮和第二轮中所发生事情间的差异信息。他或许会使用一个非语言、动觉层面上的信息，并在肌肉意象（muscular imagery）中对自己说："这感觉好像有些矫枉过正了。"

来复枪射击手只需要在控制回路中分几趟、绕几个来回就可以了；但猎枪射击手必须积累他的技能，要像中国套盒那样将他前面几次的连续经验打包起来，每一个这样的经验都存在于他先前所有相关经验所积累得到的信息脉络之中。②

根据这一范式，当"逻辑类型"的观念从数理逻辑哲学家的抽象领域被移植到这个喧嚣的生物世界中时，它似乎呈现出了相当不同的样貌。我们现在所面对的是一个递归顺序（orders

188

---

① 我自己在第二次世界大战期间学过射击，用的是军用自动枪。教练让我背对着一棵大树，离它约六英尺远。我的右手紧紧抓住挂在臀部枪套里的武器。我要跳起来，跳的同时还要转身，在我的脚落地之前要提起枪支并开火。最好是能够击中树，但整套操作的速度和流畅度，比准确性要来得更加重要。

② 拷问相关性标准会把我们带到遥远的脉络和其他学习层次的问题上。

of recursiveness)的层级结构，而不是一个种类的层级结构。

利用这些有关校准和反馈的实例，我想问的是：在现实世界中，是否有必要对上述两个概念加以区分呢？在对于家庭恒温器和交通执法两个较长的描述链中，这些现象本身是否包含了如此的组织二分法(或具有了组织二分法的特征)？又或者，这个二分法只是由我的描述人为编造出来的吗？我们能够想象出没有反馈和校准的内在交替的描述链吗？也许这类交替就是将适应性行为统合在一起的世界的基本方式？是否需要扩展心灵过程的特性(见第四章)以将校准和反馈囊括在内呢？

当然，有一些人更愿意相信这是一个由校准占主导的世界，根据恩斯特·迈尔的说法，那些类型学家永远无法理解自然选择。还有一些人的眼里则只有过程或反馈。

显而易见的是，以"没有人能两次踏入同一条河"这一名言闻名于世的赫拉克利特(Heraclitus)，若是看到猎枪射击者的沉思，将会非常高兴。他或许会正确地说："没有人可以用同一支猎枪射击两次。"因为每次射击时，射击手都是不同的人，是经过不同程度校准的人。不过，稍过一会儿，当他记起自己的名言"一切都是流动的，没有什么是静止的"的时候，赫拉克利特可能就会反悔了，并否定所有校准的存在。毕竟，静止是校准的本质。静止点正是流变世界的启程点。

我认为，解决这个问题取决于我们对时间性质的理解(我也相信，抽象的罗素悖论也是在论证中引入了时间才得以解决的；见第四章)。

学习用猎枪射击这一持续事件必然是不连续的(discontinuous)，因为关于射击手自我的信息(即校准所需的信息)，

只有在他开火射击之后才能获得。确实，开枪之于用枪，如同
母鸡之于鸡蛋。塞缪尔·巴特勒最著名的说法是：母鸡是一个
鸡蛋创造另一个鸡蛋的途径。我们应该把这一说法纠正为：如
果一只母鸡后来能够成功地孵养一大窝小鸡，那就证明了孵出
她的那只蛋是一只好蛋。而如果一只野鸡被打了下来，那么枪
的操作就是准确的，射击手的校准也是准确的。

这种观点使学习枪支操作的过程必然成为不连续的。只有
在依次射击的时刻分别累积起来的经验中，学习才能发生。

同样，由于与时间相关联的缘故，房子的恒温控制系统和
交通执法系统也必然是不连续的。如果任何事件的发生都依赖
于其他种类事件的多重样本的某种特性，那么时间必然会在这
个样本的累积中流失，而所流失的时间会打断时间依存事件的
发生，从而产生一种不连续性。但是，在一个纯粹的物理因果
关系的世界里，并不存在这样的"样本"。样本是描述所制造出
来的人工制品，是心灵的创造物，也是心灵过程的塑造者。

若没有间断性，没有阈限，那么就难以想象一个有感觉、
有组织和有沟通的世界。如果感觉器官只能接收有关差异的信
息，如果神经元要么放电，要么不放电，那么阈限就必然成为
生命世界和心灵世界相互联结在一起的一个特征。

明暗对照画法（chiaroscuro）固然很好，但是布莱克坚定地
告诉我们：智者看到了轮廓，因而才将它们画了出来。

第八章

那又怎样？

192　　　　啊！不要跟我说什么需要不需要；

　　　　最卑贱的乞丐，也有他不值钱的身外之物；

　　　　人生若没有超越天然需要的其他享受，便与禽兽的生活无异。

　　　　　　　　　　——莎士比亚《李尔王》①

193　女儿：那又怎样？你告诉了我们几个蛮有道理的假设以及伟大的随机系统。我们是要从这儿接着去想象，这个世界究竟是怎样的吗？但是……

　　父亲：哦，并非如此。我还告诉了你关于想象的局限性呢。所以你应该知道，你无法想象如其所是(as it is)的这个世界。[为什么要强调"是"(is)这个小字眼呢？]

―――――――――

　　① 莎士比亚的著名悲剧《李尔王》讲述了：年迈的李尔王退位后，被大女儿和二女儿赶到荒郊野外，后其三女儿率军前来救父，却被杀死，李尔王伤心地死在了她的身旁。——译者注

我还告诉过你关于思想之自我验证的力量——这个世界在某种程度上变成了（正在变成）人们想象之中它的样子。

女儿：那就是进化吗？这种观念的持续转变和悄无声息的变化，是要让所有的观点彼此都达成一致吗？但它们其实永远也做不到的。

父亲：是的，的确如此，所有都是围绕着真理在变换盘旋，就如"5 加 7 将继续等于 12"一样。在观念的世界里，数与量依然是相对立的。人们也许一直会以数字作为量和数的共同名称。他们可能还会继续被自己的坏习惯所误导。如此类推。然而，是的，你对进化的想象是准确的。达尔文所称的"自然选择"是重言式或预设的显现，即那些能持续更长时间保持为真的事物，比那些不能这么长时间保持为真的事物，的确能保持为真更长的时间。

女儿：是的，我知道你就喜欢背诵那个句子。但真理就永远是真的吗？难道你称之为真理（verities）的这些东西，都是重言式的吗？

父亲：等等，请等一下。这里至少有三个紧密联结在一起的问题。

首先，并非一直为真。我们对真理的观点当然是会变化的。

其次，圣奥古斯丁所谓的永恒真理，在离开我们的观察之后是否还永远为真，我就不知道了。

女儿：但是，如果它的确是重言式的，你还能知道吗？

194

父亲：不，当然不知道。但如果这个问题一旦被提及，我就无法避免发表些观点了。

女儿：哦，是这样吗？

父亲：是哪样？

女儿：重言式？

父亲：好吧。我的观点是，受造之物，即心灵过程的世界，既是重言式的，又是生态式的。我的意思是，这是一个缓慢的自我疗愈的重言式。就其本身而言，受造之物的任何大的部件都倾向于重言式落生，即朝着观念和过程内在一致性的方向稳定下来。但时不时地，这种一致性会遭到撕裂，重言式也会破碎，就像扔进了一块石头后的池塘水面那样。随后，重言式会立即开始缓慢的疗愈。疗愈可能是无情的。整个物种可能会在此一过程中遭遇灭绝。

女儿：但是，爸爸，从这个"始终会开始疗愈"的想法开始，你不就可以带来一致性了嘛。

父亲：所以说啊，重言式是不会被打破的，它只是被推到另一个抽象层级，即另一个逻辑类型。对，就是这样。

女儿：那到底有多少个层级呢？

父亲：这个我就不得而知了。我无法知道它最终是否为一种重言式，也不知道它到底有多少个逻辑层级。我处于它的内部，因此也就无法知道它的外部界限——如果它真有的话。

女儿：这真的让人感觉很沮丧。这一切究竟有什么意义呢？

父亲：不，不是这样的。如果你正在谈恋爱的话，你就不会问那样的问题了。

女儿：你是说，爱情才是重点吗？

父亲：还不是。我是在对你的问题说"不"，而不是回答它。这是一个为西方工业家和工程师提出的问题。本书通篇都在讲这个问题的错误性。

女儿：你在书中从来没说过呀。

父亲：我从来没有说过的事数不胜数。不过，我还是回来回答你的问题吧。用你的话来说，它有数以百万计——无限多——的"重点"。

女儿：但那不就跟没有重点一样了嘛。它是一个球体吗，爸爸？

父亲：啊，好吧，这倒是一个可取的隐喻。多维球体，也许是这样。

女儿：嗯——一个自我疗愈的重言式，它也是一个球体，一个 *195* 多维的球体。那又怎样？

父亲：但是，我不是一直在告诉你：没有所谓的"怎样"。要么有数百万个重点，要么就没有重点。

女儿：那为什么还要写这本书呢？

父亲：那就不同了。这本书，或者你我进行的谈话，等等——所有这些都只是浩瀚宇宙中渺小的碎片。这个完全自我疗愈的重言式根本就没有你可以列举出的"重点"。但是，当你把它细分成一个个极小的碎片时，那就是另一回事了。当宇宙被解析的时候，"目的"就显现了。这正是佩利所称的"设计"，或者达尔文所说的"适应"。

女儿：所以，这本书只是解析的一个人工制品？但为什么要解析呢？若整本书都是一种解析，那究竟为什么要写这本书呢？

父亲：是的，本书一部分是解析，也有一部分是综合。并且我假设，在一个足够大的显微镜下，没有什么观念会是错误的，没有什么目的是破坏性的，也没有什么解析是误导性的。

女儿：你是说，我们只能刻画出任一整体的某些部分。

父亲：不，我是说，当我们想要描述整体的时候，部分是很有用的。

女儿：所以，你是想描述整体？但是，当你做到了之后，你还要干吗呢？

* * *

父亲：好吧，如我所说，就当我们是活在一个能够自我疗愈的重言式中，它现在或多或少经常遭遇程度不一的撕裂。这就好像我们宇宙时空中的邻居那里发生的情况一样。我猜想，重言式生态系统的某些撕裂——某种意义上——对它来说甚至是有利的。它自我疗愈的能力也是需要锻炼的，正如阿尔弗雷德·丁尼生（Alfred Tennyson）①所说："不然再好的习俗也会毁了天下。"

———————————

① 出自英国维多利亚时期著名诗人阿尔弗雷德·丁尼生（1809—1892）的《亚瑟王传奇》（*Idylls of the King*）。他在该诗中写道："新旧更替，上帝旨意，因势利导，挽了狂澜，不然再好的习俗也会毁了天下。"（The old order changeth, yielding place to new, And God fulfills himself in many ways, Lest one good custom should corrupt the world. ）——译者注

当然，死亡也有积极的一面。不管这个人有多好，如果他活的时间太长，也会变成一个有害的讨厌鬼。黑板上写满的信息终须被擦掉，上面的漂亮字迹也终须还原成随风飘落的粉笔灰。

女儿：但是……

父亲：诸如此类。在更为庞大、更为持久的生态环境中，存在生死的次级轮回。但对于庞大系统的死亡，我们又该说些什么呢？我们的生物圈会死吗？也许对于上帝或湿婆来说，这是无所谓的。但对于我们来说，它是我们所知道的唯一世界呀。

女儿：但你的书也是其中的一部分啊。

父亲：当然是的。但是，对的，我明白你的意思，当然你也是对的。鹿和美洲狮都不需要存在的理由，而我的书也一样，它作为生物圈的一部分，也不需要任何理由。哪怕我说的完全是错的！

女儿：那鹿或美洲狮也会错吗？

父亲：任何物种都可能进入进化的死胡同，我认为，对于遭遇灭绝的物种来说，它本身也是造成灭绝错误的一部分。正如我们都了解的，现在人类也随时可能毁灭自己。

女儿：那又怎样？为什么要写这本书？

父亲：这里面有一些骄傲吧，也还有一种感觉，就好比我们都像旅鼠一样，向海里走去，但至少有一个旅鼠会一边记笔记一边说："我早就告诉过你会是这样的嘛。"若相信我真的可以阻止整个旅鼠种族被海水吞没的命运，这要比说"我早就告诉过你会是这样的嘛"来得更加傲慢

196

自大。

女儿：我觉得你是在胡搅蛮缠，爸爸。我不认为你是那只记载着其他旅鼠自我毁灭过程的唯一智者旅鼠。这不像你啊，没什么可说的了。没有人会买一只酷爱讥讽的旅鼠写的书的。

父亲：哦，是的。书能大卖当然是好事啊，不过我想这总是一个惊喜吧。然而，这并不是我们现在正在讨论的事啊。（而且你会惊讶地发现，酷爱讥讽的旅鼠所写的很多书实际上还真是很畅销呢。）

女儿：那又怎样？

父亲：对我来说，经过 50 年不断揣摩这些观点，我逐渐明白了，稀里糊涂是最要不得的。一直以来，我都很痛恨稀里糊涂，也一直认为这是宗教产生的必要条件。但事情似乎并非如此。

女儿：哦，那才是这本书真正的内容吗？

父亲：你看，他们宣扬信仰（faith），宣扬屈服（surrender）。但我想要的是明晰（clarity）。你可以说，信仰和屈服是维持人们不断寻求明晰的必要条件。但我一直以来都在试图避开那类会掩盖思考明晰性中存在漏洞的信仰。

女儿：请继续。

父亲：嗯，我的想法经历过若干转折。其中之一便是我看到了弗雷泽关于巫术的看法①，它其实是上下颠倒或者里外

——————————

① 弗雷泽（James George Frazer，1854—1941）系英国人类学家和民俗学家，提出"巫术先于宗教"的第一人。——译者注

置换的。你也知道，传统观点认为宗教是由巫术演化而来的，但我认为恰恰相反——巫术是一种堕落的宗教。 *197*

女儿：那你究竟不相信什么？

父亲：好吧，举个例子来说，我并不相信祈雨舞（rain dance）的最初目的是让"老天"（it）下雨。我怀疑，这其实是一种对更加深刻的宗教需求的恶性曲解，宗教需求的是要确立我们作为所谓生态重言式（ecological tautology）中成员的身份，这一生态重言式是生命与环境的永恒真理。一直以来，人们都有着一种倾向——几乎成了一种需要——想把宗教庸俗化，将它变成为娱乐、政治、巫术或者"权势"。

女儿：那超感知力（ESP，即 extrasensory perception）呢？物质化呢？灵魂出窍经验呢？还有唯灵论呢？

父亲：所有这些都是些症状，都是为了逃脱越来越难以忍受的赤裸裸的物质主义而矫揉造作做出的错误努力。所谓的奇迹，不过是物质主义者对于如何逃脱他自身物质主义信仰的一个想法罢了。

女儿：是不是无路可逃？我不太理解。

父亲：哦，是的。不过，你看，巫术真的只是一种伪科学。正如应用科学一样，巫术总是讲控制的可能性。因为如此序列化的思维方式已经内置于你所有的思想套路之中，你是根本无法从中摆脱出来的。

女儿：那么你是怎么摆脱的呢？

父亲：啊，是的。对赤裸裸的物质主义的回应不是奇迹，而是美——或者，当然也可能是丑。一小段贝多芬交响曲，

第八章 那又怎样？ | 241

一支哥德堡变奏曲，一个单个有机体，一只猫咪或一棵仙人掌，第二十九首十四行诗，又或者老水手（Ancient Mariner）的海蛇。你记得的，老水手说完"在不知不觉中，神保佑他们"后，信天翁就从他的脖子上掉到了海里。①

女儿：可是你没有写那本书。那才是你应该写的书啊，一本关于信天翁和交响曲的书。

父亲：你说得没错，但是，你看，我不能这么做。我必须先写这本书。现在，在讨论了心灵、重言式和内在差异等之后，我或许才可以开始为交响乐和信天翁去做准备……

女儿：请继续。

父亲：不，你明白，要将美-丑映射到一张扁平的纸上，是不可能的。当然，一幅画可能很漂亮，但画在平面纸上是否漂亮，那不是我要讨论的。我的问题是：美学的理论会被映射到什么样的平面上呢？如果你今天问我这个问题，我还可以尝试给你一个回答。换作两年前，这本书还没有写完的时候，我是回答不上来的。

女儿：好吧。那今天你会怎么回答呢？

父亲：在这本书中，还有意识的问题我没有触及——或者只提过一两次。意识和美学是未触及的两个大问题。

---

① 出自英国素有"鬼才"之称的最伟大的古典浪漫主义诗人之一、湖畔派代表塞缪尔·泰勒·柯尔律治（Samuel Taylor Coleridge）的著名长诗《古舟子咏》（*The Rime of the Ancient Mariner*）。诗中，老水手无端射死了象征好运的信天翁，并由于良心发现而对自己的不道德行为知耻、惭愧和悔恨，于是惶惶不可终日，不断自责。而信天翁一词的英文 Albatross 也因此引申为"沉重负担"之意。——译者注

女儿：但是图书馆里满屋子尽是关于那些"未触及"问题的书啊。

父亲：不，不是这样的。未触及的是这样的问题："美学"和"意识"应该被映射到什么样的平面之上？

女儿：我还是不明白。

父亲：我的意思是大致是这样的："意识"和"美学"（无论这些词是什么意思）要么是所有心灵（正如本书中所定义的）都具有的特征，要么都是些副产品，是从这些心灵中产生出来的奇幻创造物。无论是哪种情况，对于心灵的主要定义都必须容纳进关于美学和意识的理论。正是那样的主要心灵定义，才是下一步必须映射到的平面。描写美-丑的词汇和论述意识的术语，都必须在本书阐述的思想或类似思想的基础上进行阐明（或映射）。就是这么简单。

女儿：简单？

父亲：是的，简单。我的意思是说，"这就是必须做的事情"这一命题本身非常简单明了，而不是说做此事是简单的。

女儿：嗯。那你要怎么开始呢？

父亲：万事开头难。

女儿：好吧。别去管那些了。你到底要从哪里开始呢？

父亲：这些问题之所以从未得到解答，总是有其原因的。我的意思是，我们可以把这一点，即许许多多的人都曾尝试过，但仍不得其解的这一历史事实，当成我们寻找答案的第一条线索。答案一定在某种程度上被掩盖了。一定是这样子的：这些问题的提问方式总是带出一种虚假的线索，引导着提问者们去做徒劳的寻觅。这是一种障眼法(a red herring)。

女儿：怎么说呢？

父亲：那还是让我们来看看我在本书中摆放在一起的、那些"小学生"都知道的自明之理吧，看看是否其中一个或多个自明之理掩盖了对意识或美学之问的答案。我相信有一个人、一首诗或一只壶……或一幅风景画……

女儿：你为什么不直接把所谓的"小学生"都知道的事列出一份清单呢？然后我们就能在清单上检验"意识"和"美"的观念了。

父亲：这里就有一个清单啊。首先，列出了心灵的六大标准(见第四章)：

(1)"心灵"是由本身非心灵的部件构成的，它内在于这些部件的某种组织之中。

(2)这些部件是由时间进程中的事件启动的。虽然外部世界的差异是静态的，但是如果你与它们发生关联时，这些差异就会产生事件。

(3)心灵附带有能量。刺激(作为一种差异)本身并不提供能量，但是刺激的反应者具有能量，其能量通常是由新陈代谢提供的。

(4)之后，因与果便形成了循环性(或更复杂的)链条。

(5)所有的信息都会被编码。

(6)最后，也是最重要的，就是产生了逻辑类型这一事实。

$$* \quad * \quad *$$

这些都是界定相当明确的观点，而且彼此契合。也许这个列表有些冗余，可以再精减一些。但在此刻，这并不重要。除了这六点之外，本书还有其他的部分。它们讲述了我所说的双重描述的不同类型，比如，从双眼视觉到"伟大"随机过程的结合效应，以及"校准"和"反馈"的结合效应。或者我们也可以称双重描述为"缜密和想象"，又或者"思想和行动"。基本上就是这样。

女儿：好的。那么，你将把美、丑和意识的现象附加到哪里呢？

父亲：别忘了那个神圣的东西。这是本书没有涉及的另一个问题。

女儿：哦，拜托老爸，你别这样。当我们想问问题的时候，你却回避跳开。似乎总有其他问题。你起码得先回答一个问题。哪怕一个就好了。

父亲：不是的。你还不明白。卡明斯（E. E. Cummings）是怎么说来着？"永远都是回答越棒的人，他问的问题也越难。"差不多就是这个意思。你发现，我每次都不是在提问另一个问题，而是使同一个问题变得更大些。神圣的东西（无论那意味着什么）肯定与美的东西（无论那又意味着什么）存在（某种程度的）相关性。如果我们能够了解它们是怎样关联的，那么我们或许就会明白这些词语的意义了。又或者，这

200

根本就不是必要的。每当我们在这个问题上加上一点相关的东西时，就给我们所期待的答案增加更多的线索。

女儿：所以，现在我们有了这个问题的六个组成部分了？

父亲：六个？

女儿：是啊。当我们开始这个讨论的时候，是两个。现在是六个了，也就是意识、美、神圣，以及意识与美间的关系、美与神圣间的关系、神圣与意识间的关系。

父亲：不对，应该是七个。你忘了还有这本书。你刚刚说的六个组成部分构成了一个三角形的问题，而这个三角形又与本书中的内容相关联。

女儿：好的。请继续说下去。

父亲：我想把我的下一本书叫作《天使不敢涉足之地》（*Where Angels Fear to Tread*）①。每个人都想让我快点去写。但若带着一个过于简单化的问题就冲进去，那会是非常庸俗的、还原主义的且是亵渎的（随你怎么叫）。这对于我们的三个新原则来说，是一种罪恶，是反美学、反意识和反神圣的罪过。

女儿：但是，哪里违背了呀？

父亲：啊，对了。那个问题证明了意识、美、神圣三者之间的密切关系。意识像一只吐着舌头的狗一样，跑来跑去——艺术点说，就是犬儒主义——正是它提

---

① 该书正式出版时名为《天使的畏惧》（*Angels Fear*）。——译者注

出了这个过于简单化的问题，并且塑造了一个庸俗的答案。想要去意识到神圣或者美的本质，这正是还原论的愚蠢。

女儿：这些都和本书有关吗？

父亲：是的。的确是相关的。如果第四章中的标准清单是单独成文的话，它就会如孩子们说到的那样"粗糙"，成为一个对过分简化问题的庸俗回答，或是一个对庸俗问题过于简化的回答。但是，正是由于本书对双重描述、"结构和过程"以及双随机系统进行了精心论述，才使本书不致陷入庸俗。至少我希望如此。

女儿：那下一本书呢？

父亲：它将从《天使不敢涉足之地》的疆域地图开始。

女儿：一张粗俗的地图？

父亲：也许吧。我不知道随着这张地图而来的会是什么，但所来者会将它置于更广泛和更困难的问题之中。

附　录

与时间脱节的时代^①

　　我在 1978 年 7 月 20 日教育政策委员会的会议上指出，从学生的角度来看，当前的教育过程简直就是一种"坑骗"。本文就来解释这一观点。

这是一个关于陈旧过时的问题。虽然大学今天教授的很多东西都是新的、最前沿的，但我们所有教学所基于的预设或前提却是古老的，而且我敢断言，是陈旧过时的。

我指的观念包括：

(1)将"心"和"物"分开的笛卡尔二元论。

(2)奇怪的物理主义隐喻描述。我们仍使用它们来解释心灵现象，如"力量"（power）、"张力"（tension）、"能量"（energy）、"社会力"（social force），等等。

(3)反美学的预设。这是培根、洛克和牛顿很久以前

---

① 发给加利福尼亚大学校董会的一份备忘录（1978 年 8 月）。

为物理科学制定的预设，即所有(包括心灵)的现象都可以并应该用量化术语来加以研究和评价。

从三个方面说，由诸如此类想法所产生的世界观——潜在的和部分无意识的认识论——都是陈旧过时的：

(1)从务实角度看，很显然，这些前提及其推论导致了贪婪、巨大的过度增长、战争、暴政和污染。从这个意义上说，我们的前提每天都在被证明是错误的，而学生们对此只是一知半解。

(2)从理性角度看，这些前提也都是过时的，而系统论、控制论、整体医学、生态学以及完形心理学等，都为我们提供了理解生物世界及其行为更好的方式。

(3)从宗教基础方面看，如我前面所述，这些前提早在100年前就已经变得明显不可接受而过时了。在达尔文进化论的影响下，这一观点就已经由诸如塞缪尔·巴特勒和克鲁泡特金亲王(Prince Kropotkin)①等思想家相当明确地表述出来。甚至早在18世纪，威廉·布莱克就看到，洛克和牛顿的哲学只能产生出"黑暗撒旦的磨坊"(dark Satanic mills)。

我们文明的每一个方面势必因而遭受到广泛的分裂。在经

---

① 克鲁泡特金(1842—1921)是俄国革命家和地理学家，无政府主义的重要代表人物之一，"无政府共产主义"的创始人。——译者注

济学领域，我们面对着两幅夸张的人生漫画——资本主义或共产主义；我们都被告知，在这两种宏大的意识形态之间的斗争中，我们必须选边支持其中的一方。而在理性思考领域，我们又被各种冷酷无情的极端观点和强烈的反智主义狂热洪流不断撕扯着。

至于在宗教方面，宪法保障的"宗教自由"似乎也在推波助澜：出现了一个奇怪的、完全世俗化的新教，以及一大堆各式各样的巫术崇拜和对宗教全然无知的人们。在罗马天主教会放弃使用拉丁文的同时，成长中的一代则正在学习梵文的圣歌，这绝非偶然！

因而，在这个1978年的世界里，当我们试图经营一所大学，维持"卓越"的标准时，我们却面临着日益增长的不信任、庸俗、精神错乱、对资源的过度开发、对人的戕害，以及急功近利的商业主义，面对着贪婪、沮丧、恐惧和憎恨的刺耳声音。

校董会把注意力集中于那些可在表层处理的事务，以回避陷入各种极端主义的泥沼，这是可以理解的。但我始终认为，深层下面存在的陈旧过时的事实，最终将迫使我们去面对它。

作为一所理工学院，我们的确做得很不错。我们至少可以教授我们的年轻人成为工程师、医生和律师。我们可以传授那些能够在商业界获得成功的相关技能，但其背后的工作哲学依然还是老一套的二元论实用主义。不过如此罢了。这或许不是一所杰出大学的主要职责和功能所在……

但不要以为教师、行政人员和校董会就是唯一的过时者，而学生是聪慧明智、品质高雅和紧跟时代的。他们和我们一样也都过时了。我们都同处在一条名为"只在 1978 年"的船上，这是一个脱节的时间点。在 1979 年，我们借助于心灵过程的两大对立面——缜密性和想象力，应该会知道得多一点。如果只依赖于这两大对立面中的任意一个，都将是致命的。只凭缜密性会麻木至死，只凭想象力则会精神错乱。

"半斤"和"八两"（Tweedledum and Tweedledee）同意大战一场；相互对立的两代人都同意社会"权力"具有物理维度，而且会为这个奇怪的抽象物大战一场，这难道不是一件幸事吗？（在其他的时代和地方，大战通常都是为了"荣誉""美人"甚至"真理"而进行的……）

让我们从另一个角度来看一看这场乱战，我认为 20 世纪 60 年代的学生们是正确的：他们认为，他们所接受的教育乃至几乎整个文化，都存在一些极大的问题。但我也相信，他们对问题根源的诊断是错误的。他们为"代表权"和"权力"而战。总的来说，他们赢得了这场战斗。现如今，我们的校董会和其他机构都有学生代表。然而，越来越明显的是，赢得这些"权力"之战并未给教育过程带来什么改变。我所称的陈旧过时问题依然如故；而且，毫无疑问，若干年之后，我们还将一遍遍地看到，为着同样的虚假问题而展开的同样战斗。

的确存在一些深层次的问题……而且，我并不相信这些问题是让我们束手无策的必经磨难。

有一种自由来自我们对事物必然性的认识。有了这种认识之后，就知道如何采取行动了。只有在你部分无意识的反射中，你认识了自行车移动平衡规律之后，你才能自由地骑自行车。

我现在必须要求你们做一些思考。相比于校董会通常要求你们做的有关自身历史定位的直觉思考，我要你们做的思考更具有技术性和理论性。我认为，一所优秀大学的校董会没理由要像媒体那样具有反智主义的倾向。事实上，将这些倾向强加于我们身上，实在是一种侮辱。

因此，我建议分析一下所谓的"过时"失衡过程，我们或可更准确地称失衡过程为"单面进步"（one-sided progress）。显然，之所以会发生过时现象，说明在系统的其他部分必然存在一些改变，与这些改变相比较而言，过时的东西在某种程度上就显得滞后落伍了。在静止的系统中，根本就不会有所谓的过时！

206 进化过程似乎有两个组成部分，而心灵过程似乎也同样有着双重结构。且让我将生物进化作为一个比喻或范式，来介绍我接下来要谈的思想、文化变迁及教育。

生存①有赖于两个相对的现象或过程，两种获取适应性行为的方式。进化必须始终像雅努斯（双面人）一样，面朝两个方向：对内，朝向发育规律和生物的生理机能；对外，朝向环境的莫测变化与要求。生命的这两个组成部分，以非常有趣的方式相互形成对照：内部的发展——胚胎发育或"渐成作用"——具有保守性，要求每一个新事物都必须符合或兼容那些维持原

---

① 我用生存一词的意思是，历经世代变迁仍能维持稳定状态。或者，用否定的语气来说，生存是为了避免我们所能关切的最大系统的死亡。从银河系的角度来说，恐龙的灭绝是微不足道的，但这并不足以使恐龙得安慰。对于那些大于我们自己生态系统、有没有我们都必然会生存下去的更大系统，我们也不用太关切。

状的规则。如果我们回想一下自然选择对解剖结构或生理过程中的新特性的作用，那么很明显，这个选择过程的单面性将会偏好那些不会扰乱制度的新事物。这是必要的最低限度的保守主义。

相反，外部世界则始终不断变化，准备好接受那些经历了变化且几乎仍要变化的生物。没有任何动植物会是"现成的"（ready made）。虽然内部因素坚持匹配兼容性，但它对有机体的发展和生命来说还远远不是充分的。生物本身必须不断改变自己的躯体。它必须通过用进、废退、习惯、苦难（hardship）及养育来获得某些躯体的特征。然而，这些"获得性状"必定无法传给后代。因为它们必定无法被直接纳入到 DNA 中。用组织学的术语来说，这个命令——如生育具备强壮肩膀的婴儿，以更适应做矿工——必须通过渠道来传递。在本例中，这个渠道便是通过自然的外部选择，挑选出那些刚好（得益于基因的随机重组和突变的随机创造）具有潜质发展更加强壮肩膀、能承受煤矿工作重压的矿工后代。

在外部压力下，个人躯体会经历适应性改变，但是，自然选择只作用于种群的基因库。我们还要注意到常被生物学家们所忽视的这个原则：称为"在煤矿工作"的获得性状，为选择出具有"发展更加强壮肩膀潜质"这一遗传改变设定了新脉络。这个获得性状并没有被携带进 DNA 并通过 DNA 遗传下去，但它也并不因而变得不重要。它仍是为自然选择设定条件的习惯。

请注意以下这个具有相反效果的原则：在社会层面获得的不良习惯，也一定会为选择出那些终将致命的遗传倾向设定好

207

脉络。

现在，我们可以来看一看心灵和文化过程中的陈旧过时现象了。

如果你想了解心灵过程，就看看生物进化；反之，如果你想了解生物进化，就去看看心灵过程吧。

我想提醒诸位再次注意，生物学的内部选择必须始终强调新事物与刚刚过去的前一时刻事物间的相容性，在漫长的进化时间中，正是内部选择决定了那些令上一代生物学家感到欢欣鼓舞的生物"同源性"。正是内部选择才具有保守性，而这种保守主义在对胚胎发育和对抽象形式的保护中表现得最为强势。

我们熟悉的心灵过程类似于胚胎发育的过程，重言式①便是通过它，得以扩展并分化为多重定理的。

一言以蔽之，保守主义根植于一致性和相容性，这些特性与我所称的心灵过程的缜密性是一致的。我们必须在此处寻找陈旧过时的根源。

每当我们思考如何修正或对抗陈旧过时的时候，那些令我们感到困惑、恐慌的悖论或困境就会出现。但这不过是一种恐惧罢了，即我们唯恐一旦放弃陈旧过时的事物，我们就一定会失去一致性、清晰性、相容性，甚至会失去理智。

然而，陈旧过时还有另外一个方面。很显然，如果一个文化体系的某些部分"滞后"了，必然有其他部分演进得"太快"

---

① "重言式"是一个技术术语，用以指称诸如欧几里得几何学、黎曼几何学或算术之类的命题集合或网络。此命题集合源自任意公理或定义的一个设定集群；一旦公理被声明，就不可能有"新的"信息可以被添加到这个集群中。一个定理的"证明"即在于表明这个定理的确是完全潜藏于已有的公理和定义之中。

了。陈旧过时就存在于这两个部分间的鲜明对比之中。如果滞后部分源于自然选择在体系内部所做的那一半选择的话，那么我们自然可以推知，过于快速的"进步"——如果你愿意这么说的话——就源于外部选择过程之中。

果然，事实正是如此。"时间脱了节"，因为掌握进化过程方向的两个组成部分步调不一致：想象力部分超出了缜密性部分的范围。对于像我这样保守的老人来说，其结果就非常像是精神错乱，或者像精神错乱的姐妹——噩梦一般。梦是一个未经内部缜密性或外部"现实性"修正的过程。

在某些领域，我上面所说的已经是耳熟能详的了。众所周知，法律滞后于技术；同样众所周知的是，与衰老有关的陈旧过时其实是思维方式的过时，它使得年长一辈很难跟上年轻人的习俗；等等。

但是，我已经说过的要比这些具体例子所传达的内涵更丰富一些。它们看起来似乎都可作为一个非常深刻而普遍的原理的实例，该原理具有的普遍性已被表明可同时适用于进化过程和心灵过程。

我们正在论证处理的是一类抽象关系，它作为许多变化过程中一个必要的组成部分不断重复出现，且有着各式各样的名称。其中有些名称是我们所熟悉的，如模式/量、形式/功能、字面意义/精神实质（letter/spirit）、缜密性/想象力、同源/类比、校准/反馈，等等。

某一个体可能会中意于这种二元论中的一部分或另一部分，我们因此称其为"保守主义者""激进分子"或者"自由主义者"，等等。但是，这些成对名称背后的认识论真理坚持认为，将人分化为对立的两极确实是生命世界必要的辩证。没有"黑夜",何来"白天"? 没有"功能",何来"形式"?

实际的问题在于组合。认识到这些对立两极之间的辩证关系后,我们又该怎么办呢? 站在这种对立性游戏的某一边去玩,会是轻松的,但政治家风范(statesmanship)要求的远比选·········
边站来得多,而且,说实话,也困难得多。

我建议,如果校董会有任何重要职责的话,那么从准确意义上说,就应该是体现政治家风范的责任——超越大学政治中的任何党派偏见或特定潮流。

让我们来看看形式与功能之间的对立是如何实现的,请记住问题始终是一个时间掌控的问题:应如何安全地加速形式的·····
改变,以避免陈旧过时呢? 又如何对功能改变的描述进行总结并编码,而不是过快地将它放入形式的语料库中呢?

＊　　＊　　＊

209　　生物进化的规则很简单:功能在躯体上的即刻效应永远都不会被载入到个体的遗传编码中。然而,种群基因库在自然选择下会发生改变,因为自然选择可以识别差异,尤其是识别出那些更具适应功能的能力差异。阻止"拉马克遗传"发生的障碍,恰恰保护了这些基因系统,使它们在应对环境中可能出现的反复无常的需求时,不致变得太快。

但是,在文化、社会制度以及优秀的大学中,并没有同等的障碍。创新在未经长期可行性检验的情况下,会被不可逆转地应用于正在运行的系统中;保守人士所构成的核心会抵抗必要的改变,但同时他们也无法保证,这些特定的改变是否真的需要予以抵制。

　　个体的舒适与否，已经成了社会改变的唯一选择标准；个体成员与其种群之间的逻辑类型的基本对立被遗忘了，直到新的事物状态又（不可避免地）为个体带来新的不舒适感。对个体死亡和悲伤的恐惧，使我们相信消除流行病一定就是"好的"，但只有在经历了预防医学 100 年的发展之后，我们才发现人口已经过度增长了。诸如此类。

　　只是简单地加快结构改变，或者简单地放慢功能改变，都不能避免陈旧过时现象的出现。很明显，全面的保守主义或者对改变的过度渴望，都不是避免陈旧过时的恰当方式。这两种心灵习惯的对立组合可能会比任何一个单独的习惯要好得多。但众所周知的是，对立的系统总是受到不相关决定的影响。比如，对手的相对"优势"可能会主导某个决定，而不管其论据是否具有相应的优势。

　　与其说腐化的是"力量"，不如说腐化的是有关"力量"的神话（myths）。如上所述，"力量"如同"能量""张力"及其他准物理学的隐喻（quasi-physical metaphors）一样，都是不可信的，而"力量"是其中最危险的隐喻。对神话般的抽象概念垂涎三尺的人，必然总是贪得无厌的人！作为教师，我们不应该宣扬那样的神话。

　　作为一名选手，个体在对抗性竞赛中很难看到还有比输赢二元结果更深远的东西。就像一名棋手，他总想下些刁钻的棋，以快速取胜。这种原则——总是去寻找最好的棋局，是很难达到的，同时也是难以维持的。棋手必须把目标放得更远，看到更大的格式塔。

210

因此，我们要回到我们最初的出发点——但要从更广阔的视角来审视它。这个地方是一所大学，而我们就是大学的校董会。所谓更广阔的视角，就是关于多元的视角。我因此要提出的问题是：作为校董会成员，我们是否愿意为促进学生、教职员工以及校董会会议桌旁的各位发展出具有更加广阔视角的智慧而贡献一分力量，让它引导我们的系统在缜密性与想象力之间重新回归于恰当的同步与和谐？

　　为人师表的我们，是否有这样的智慧？

格雷戈里·贝特森

术语解释表

适应(adaptation)：有机体看似更适应其环境和生活方式 *211* 的一种特性。达成此适应的过程。

模拟的(analogic)：见"数字的"(digital)。

布朗运动(Brownian movement)：是由分子间相互碰撞而引起的，使分子呈现不可预测的锯齿状持续运动。

协同进化(coevolution)：一种进化改变的随机系统，其中两个或更多的物种以这样的方式相互作用：物种 A 的变化为物种 B 的自然选择奠定了基础。而后，物种 B 的变化，反过来又为物种 A 选择更多类似的变化奠定了基础。

控制论(cybernetics)：处理控制、递归和信息等问题的一个数学分支。

数字的(digital)：如果一个信号与其他信号之间存在不连续的差异，那么这个信号就是数字的。"是"与"否"就是数字信号的例子。相反，当一个信号的强度或数量被用来表示参照物中的连续可变量，这个信号就被认为是模拟的(analogic)。

遗觉的(eidetic)：如果一个心灵表象(mental image，又译心像或意象)具有一个知觉的所有特征，特别是当它涉及感官，使其看似由外部传入时，就认为这是遗觉的。

能量(energy)：在本书中，我用"能量"一词来表示一个有维度的量，即质量乘以速度的平方(mv^2)。包括物理学家在内的其他人，则是在许多其他意义上使用这个词的。

熵(entropy)：任何集合中各组成部分之间关系的混合、未分类、未分化和不可预测及随机[见"随机的"(random)]的程度。反之，则是负熵，即一个集合中的排序、分类或可预测的程度。在物理学中，某些排序与可用能量的数量有关。

渐成论(epigenesis)：在胚胎发育过程中，每一个阶段都与前一个阶段的状况相关联。

认识论(epistemology)：是科学的一个分支与哲学的一个分支相结合的产物。作为科学，认识论研究特定的生物体或生物群体是如何认识、思考和决策的。作为哲学，认识论研究认识、思考和决策过程中的必然局限性及其他特征。

灵活性(flexibility)：见"压力"(stress)。

遗传学(genetics)：严格地说，遗传科学涉及生物体的遗传和变异的各个方面，以及生物体内部生长和分化的过程。

基因型(genotype)：是决定表型[见"表型"(phenotype)]的遗传因素之组成部分及指令的集合。

同源性(homology)：两种有机体之间的形式相似性，即A的某些部分之间的关系与B相应部分之间的关系类似。这种形式相似性，被认为是进化相关性的证据。

观念(idea)：在本书所提供的认识论中，心灵过程的最小单位是一种差异、区分或有关差异的信息。在日常用语中，所谓的"观念"似乎就是这些单位所构成的复杂集合。但比方说，日常用语并无把握将青蛙的双侧对称或者单个神经冲动的信息称为观念。

信息（information）：可以带来影响的任何差异。

线性的（linear）和**线形的**（lineal）：线性的是描述变量之间关系的数学术语，即当它们在直角笛卡尔坐标上相互作用时，结果将是一条直线。线形的描述了一系列原因或参数之间的关系，这一关系序列不会回到起始点。线性的与非线性的相对，线形的则与递归的（recursive）相对。

逻辑类型（logical types）：以下是一系列的例子。

(1)名称非所名之物，而是比所名之物的逻辑类型更高的不同逻辑类型。

(2)类是比其所属成员的逻辑类型更高的不同逻辑类型。

(3)室内恒温器的调节钮所发出的指令或做出的控制，比温度计做出的控制的逻辑类型要高。（调节钮是安装在墙上，可以决定室温变化的装置。）

(4)风滚草（tumbleweed）一词与灌木（bush）或树木（tree）的逻辑类型是一样的。它不是某一物种名称或植物属名称；更确切地说，它是一类植物的名字，其成员共享着某一特定的生长和传播方式。

(5)加速度比速度（velocity）的逻辑类型更高。

突变（mutation）：在传统的进化理论中，后代可能因以下原因不同于其双亲。

(1)DNA 中的改变，称为突变。

(2)有性生殖中的基因重组。

(3)个体为了回应环境压力、习惯、年龄等方面而获得的

213

术语解释表 | 261

躯体改变。

(4)躯体偏离（somatic segregation），即胚胎渐成过程中基因的遗漏或重组，导致了具有分化基因组成成分的组织（patches of tissue）。基因改变总是数字的[见"数字的"（digital）]，但现代理论更倾向于（有充分的理由）相信，总体来说，正是细微的变化构成了进化。人们认为，细微的突变结合在一起，历经数代之后，会形成更大的进化差异。

负熵（negentropy）：见"熵"（entropy）。

个体发生（ontogeny）：个体的发育过程；即胚胎加环境和习惯所造成的一切改变。

视差（parallax）：当观察者的眼睛做与观察物相应的运动时，所产生的观察物之运动状态（appearance）；一只眼睛所见物体的明显位置与另一只眼睛所见该物体的明显位置之间的差异。

拟表型（phenocopy）：一种表型[见"表型"（phenotype）]与其他表型共享着某些特定的特征，这些特征是由遗传因素引起的；而在拟表型中，这些特征是因环境压力下的躯体改变引起的。

表型（phenotype）：构成真实生物体描述的命题集合；一个真实生物体的外观和特征。见"基因型"（genotype）。

系统发生（phylogeny）：一个物种的进化史。

前时特征（prochronism）：这是一个一般事实，即生物的外形中携带它们过去成长的证据。前时特征之于个体发生，正如同源性[见"同源性"（homology）]之于系统发生。

　　随机的（random）：若无法从先前的某个事件或系列事件

中预测下一个事件，或者系统遵循的是概率规律时，我们就称此事件的序列是随机的。要注意的是，我们所说的随机事件，始终只能是在某一有限的范围之内。一枚诚实的硬币的下落，我们可以称之为随机的。每次掷出的时候，落下时是正面和反面的概率是永远不变的。但这是一定限度之内的随机性，即非正即反，别无他选。

还原主义（reductionism）：发现可以覆盖所有已知事实的最简单、最经济且（通常也是）最凝练的解释，可以说是所有科学家的任务所在。但是，如果逾越了这一点，过于强烈地坚持最简单的解释就是唯一的解释，那么还原主义就成了一种恶习（vice）。我们可能需要在更大的格式塔内理解事实。

圣礼（sacrament）：是内在灵性恩典外在可见的象征。

躯体的（somatic；希腊文 soma，躯体）：当我们想要强调个体生命中的某些特征是由环境影响或实践所带来的躯体改变所引起的，我们就说这一特征是躯体起源（somatic origin）。

随机的（stochastic；希腊文 stochazein，以箭向目标射击；即以某种程度上随机的方式将事件分散开来，其中有一些事件会达成想要的结果）：如果一系列事件与随机的构成部分及选择过程相结合，从而仅使某些特定的随机结果可以保存下来，那么我们就称这个序列是随机的。

压力（stress）：即熵的缺乏，它是当外部环境或内部疾病对机体的调节能力做出过多或自相矛盾的要求时会产生的一种状态。当机体用尽了可用的自由选择时，就会缺乏同时也需要灵活性（flexibility）。

重言式（tautology）：一个相关联命题的集合，其联结

(links)的有效性不容置疑。但并未声明命题的真实性。例如欧几里得几何学。

分类（taxon）：动植物分类中的单位或集合（如科、属、种）。

拓扑学（topology）：数学的一个分支，它忽略数量，只处理组成部分之间的形式关系，尤其是那些可以用几何学进行表述的组成部分。拓扑学研究的是那些在量失真的情况下仍保持不变的性质（如面或体）。

中英文术语对照表

A

Abduction 溯因推理

Abraxas 阿布拉克萨斯

Acclimation 顺应

acquired characteristics 获得性状

adaptation 适应

Aesop 伊索

aesthetics 美学

alternation of generations 世代
交替

Ames, A., Jr. 埃姆斯

Ashby, R. 阿什比

asymmetry 不对称性

attributes 属性

Augustine, Saint 圣奥古斯丁

autonomy 自主性

B

Bacon, F. 培根

Baer, K. E., von 贝尔

Bateson, M. C. 贝特森

Bateson's rule 贝特森规则

Beethoven, L. van 贝多芬

Benedict, R. 本尼迪克特

Berkeley, Bishop 贝克莱主教

Bernard, C. 伯纳德

bias 温差

Bigelow, J. 比奇洛

bilateral symmetry 两侧对称

binomial theory 二项式理论

biological values 生物学量值

bithorax 双胸

Blake, W. 布莱克

Bly, Peter 彼得·布莱

Brownian movement 布朗运动

Buber, M. 布伯

Butler, S. 巴特勒

buzzer circuit 蜂鸣回路

C

calibration 校准

Cannon, W. 坎农

Carroll, L. 卡罗尔

Cartesian dualism　笛卡尔二元论

change　改变

character　特性

climax, ecological　生态极峰相

coding　编码

coevolution　协同进化

comparative anatomy　比较解剖学

consciousness　意识

conservative laws　守恒定律

context　脉络

convergent sequences　趋同序列

corresponding stages　相应阶段

cretura　受造之物

cross-species communication　跨物种的沟通

cybernetics　控制论

cyclothyme　循环性

D

Darwin, C.　达尔文

death　死亡

depth, perception of　深度知觉

Descartes, R.　笛卡尔

description　描述

　double　双重描述

deutero-learning　二次学习

difference　差异

digital coding　数字编码

Ding an sich　自在之物

discontinuity　不连续性

discrimination　辨别

divergent sequences　趋异序列

DNA　脱氧核糖核酸

Dobzhansky, T.　杜布赞斯基

Donne, J.　多恩

dormitive explanation　催眠解释

double bind　双重束缚

Dryden, J.　德莱顿

E

embryology　胚胎学

emergence　生成

emptiness　空虚

end-linkage　终端链接

energy, collateral　并行的能量

enlightenment　启蒙

epigenesis　渐成论

Epimenides　埃庇米尼得斯

epistemology　认识论

eternal verities　永恒真理

Euclid　欧几里得

explanation　解释

exploration　探究

F

Fibonacci series　斐波那契数列

flexibility　灵活性

forgetting　遗忘

form　形式

　and function　形式与功能

Fortune, R. F.　福琼

G

games, theory of　博弈论

gene pool　基因库

genetic assimilation　遗传同化

genetic control　遗传控制

genetics　遗传学

genocopy　基因型

Gnosticism　诺斯替教

Goethe, J. W. von　歌德

golden section　黄金分割

Great Chain of Being　存在巨链

Gresham's law　格勒善法则

growth　生长

H

habit　习惯

Haeckel, E. H.　海克尔

Hampden-Turner, C.　汉普登-特纳

Hendrix, G.　亨德里克斯

Heraclitus　赫拉克利特

heraldry　纹章学

holism　整体论

homeostasis　稳态，体内平衡

homology　同源性

I

Iatmul　雅特穆尔

image formation　表象形成

imagination　想象力

Industrial Revolution　工业革命

information　信息

interaction　交互作用

J

Jung, C. G.　荣格

K

Kant, I.　康德

Keats. J.　济慈

Koehler, O.　凯勒

Koestler, A.　凯斯特勒

Korzybski, A.　科日布斯基

Kropotkin, Prince　克鲁泡特金亲王

ostensive communication 明示沟通

P

Paley，W. 佩利

paradox 悖论

parallax 视差

parsimony，rule of 简约规则

part-for-whole coding 部分代整体编码

parthenogenesis 单性生殖

parts and wholes 部分与整体

Pasteur，L. 巴斯德

pattern 模式

physical metaphors 物理隐喻

Plato 柏拉图

play 游戏

pleroma 普累若麻

Plotinus 普罗提诺

population 种群

practice 实践

prediction 预测

presuppositions 预设

Principia Mathematica 《数学原理》

probability 概率

processes 过程

Prospero 普罗斯彼罗

psychedelic experience 精神恍惚

Pythagoras 毕达哥拉斯

Q

quantity 量

R

rain dance 祈雨舞

ratio 比率；比例

recapitulation 复演说

reductionism 还原主义

redwood forest 红杉林

relevance 相关性

religious freedom 宗教自由

rhythms 节奏

rigor 缜密性

ritual 仪式

Rosenblueth，A. N. 罗森布鲁斯

Rosetta stone 罗塞塔石碑

runaway 失控的

Russel，B. 罗素

S

sacrament 圣礼

sacred 神圣的

schismogenesis 分裂生成

schizophrenia　精神分裂症

schizothyme　分裂性

segmentation　体节数

selection　选择

　　external　外部选择

　　internal　内部选择

self　自我

self-healing　自我疗愈

self-knowledge　自我知识

sexes　性别

Shaw, G. B.　萧伯纳

Shiva　湿婆

situs inversus　内脏逆位

somatic change　躯体改变

Spencer, H.　斯宾塞

Spencer-Brown, G.　斯潘塞-布朗

spiral　螺旋

stability　稳定性

statistics　统计学

steam engine　蒸汽机

　　with governor　带有调节器的
　　蒸汽机

Stevens, W.　史蒂文斯

stimulus　刺激

stochastic process　随机过程

stochastic sequence　随机序列

survival　生存

symmetry　对称性

symptomatic cure　对症治疗

synaptic summation　突触总和

T

tautology　重言式

Teilhard de Chardin　德日进

teleology　目的论

template　模板

Tennyson, A.　丁尼生

thermodynamics, second law of
　　热力学第二定律

thermostat　恒温器

Thom, R.　汤姆

Thompson, D'A. W.　汤普森

Tolstoi, L.　托尔斯泰

Tombaugh, C. W.　汤博

totemism　图腾崇拜

touch, sense of　触觉

transference　移情

transformism　种变说

trial and error　试误

Type A behavior　A型行为

typology　类型学

U

use and disuse　用进与废退

V

Venn diagrams　维恩图
verities　真理
Von Neumann，J.　冯·诺依曼

W

Waddington，C. H.　沃丁顿

Wallace，A. R.　华莱士
Watt，J.　瓦特
Weissmann，A.　魏斯曼
Whorf，B. L.　沃夫
Wiener，N.　维纳

Y

Young，G.　扬

图书在版编目(CIP)数据

心灵与自然:应然的合一/(英)格雷戈里·贝特森著;钱旭鸯译.
—北京:北京师范大学出版社,2019.10(2023.3 重印)
(心理学经典译丛)
ISBN 978-7-303-24758-5

Ⅰ.①心… Ⅱ.①格… ②钱… Ⅲ.①心理学理论 Ⅳ.①B84-0

中国版本图书馆 CIP 数据核字(2019)第 116993 号

北京市版权局著作权合同登记 图字:01-2015-8473 号

Original English Title:Mind and Nature:A Necessary Unity
By Gregory Bateson
Copyright ⓒ 1979 by Gregory Bateson
All rights reserved. 版权所有,侵权必究。

图 书 意 见 反 馈　gaozhifk@bnupg.com　010-58805079
营 销 中 心 电 话　010-58807651
北师大出版社高等教育分社微信公众号　新外大街拾玖号

XINLING YU ZIRAN:YINGRAN DE HEYI

出版发行:	北京师范大学出版社　www.bnup.com
	北京市西城区新街口外大街 12—3 号
	邮政编码:100088
印　　刷:	北京盛通印刷股份有限公司
经　　销:	全国新华书店
开　　本:	787 mm×1092 mm　1/32
印　　张:	9.5
字　　数:	210 千字
版　　次:	2019 年 10 月第 1 版
印　　次:	2023 年 3 月第 3 次印刷
定　　价:	78.00 元

策划编辑:周益群		责任编辑:周益群　孔　军	
美术编辑:李向昕		装帧设计:李向昕	
责任校对:段立超　丁念慈		责任印制:马　洁	

版权所有　侵权必究
反盗版、侵权举报电话:010-58800697
北京读者服务部电话:010-58808104
外埠邮购电话:010-58808083
本书如有印装质量问题,请与印制管理部联系调换
印制管理部电话:010-58805079